A TRAVERS LE DAUPHINÉ

Lyon. — Typographie de B. BOURSY, rue Mercière, 92.

A TRAVERS
LE DAUPHINÉ

VOYAGE PITTORESQUE ET ARTISTIQUE

PAR

LE Bon ACHILLE RAVERAT,

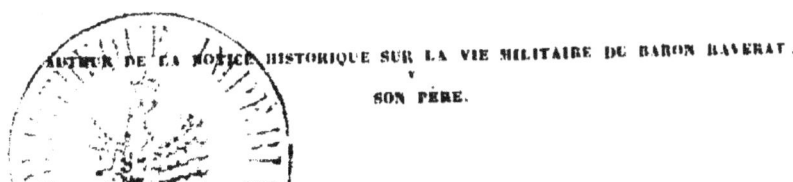

AUTEUR DE LA NOTICE HISTORIQUE SUR LA VIE MILITAIRE DU BARON RAVERAT,

SON PÈRE.

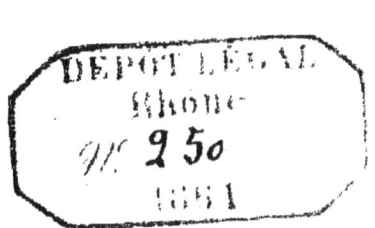

GRENOBLE
LIBRAIRIE MAISONVILLE ET FILS ET JOURDAN,
Rue du Quai, 8.

1861

PREMIÈRE PARTIE.

INTRODUCTION.

C'est au cœur de l'hiver, lorsque la bise souffle et que la neige tombe ; c'est dans une chambre bien close et sur un bon fauteuil ; c'est au coin du feu, en un mot, que l'on aime à se rappeler les excursions entreprises pendant la belle saison et qu'on en projette d'autres pour la saison suivante.

Quoi de plus doux, lorsque le corps repose, que de laisser sa pensée s'envoler, vagabonde, planer sur les précipices, les torrents, les montagnes, les vastes horizons, et nous dérouler le tableau complet de nos courses pittoresques !.....

Et pourquoi aime-t-on à raconter ou à entendre des récits de voyage ? C'est que les voyages nous présentent un mélange d'aventures, d'objets et de couleurs qui charme notre esprit et provoque notre curiosité ! C'est qu'ils multiplient nos jouissances, agrandissent notre héritage et nous donnent l'univers pour domaine !......

PREMIÈRE PARTIE.

I

Départ de Lyon. — Arrivée à Grenoble. — Sassenage.
La fée Mélusine. — Mme l'Etudiante.

Ce fut donc au milieu de l'hiver que, aiguillonné par la lecture d'une nouvelle description du Dauphiné et par les récits de deux jeunes Grenoblois attachés à mon cabinet de dessin, je projetai avec Francisque J***, mon associé, de faire, l'été suivant, une course au monastère de la Grande-Chartreuse. Nos deux Grenoblois, Léon C*** et Lucien B***, devaient être de la partie et nous servir de *ciceroni*.

Au commencement du mois de juin, à cinq heures du soir, le bâton à la main et le sac d'artiste sur le dos, nous montons sur l'impériale de la diligence de Grenoble, nous disons adieu à Lyon pour quelques jours, et fouette cocher, nous voilà partis !

A Saint-Symphorien-d'Ozon se trouve le premier relais de poste. Je cherchai vainement, à l'extrémité du village, une vieille tour éventrée que j'avais vue dans ma jeunesse, en faisant une petite excursion avec mon bon camarade Bonirote, alors élève de l'école de Saint-Pierre, dont il est maintenant l'un des professeurs, après avoir créé et dirigé pendant trois ans l'école de peinture d'Athènes, où il a laissé les meilleurs souvenirs comme homme et comme artiste. Cette tour avait disparu, ainsi que les murailles qui faisaient de ce village une petite place forte, souvent disputée par les comtes de Savoie, les dauphins et les archevêques de Vienne, avant que le Dauphiné devînt province française.

Après quelques lieues sur une route alternée de montées et de descentes, nous arrivons à Vienne à la chute du jour; nous nous arrangeons dans notre petit coin de manière à passer la nuit le moins désagréablement possible.

Il n'est rien, selon moi, de plus insipide qu'un voyage la nuit, surtout sur cette route; les heures sont d'une longueur désespérante; impossible de fermer l'œil! Pas d'autre distraction que le roulement monotone de la voiture, accompagné des jurements du postillon et des coups de fouet à l'aide desquels il stimule son attelage. Ajoutez à cela les piailleries des marmots et leurs autres gentillesses, quand un malheureux hasard vous a donné, — ce qui n'arrive que trop souvent, — des nourrices pour compagnes de voyage.

Au milieu des vastes plaines de Saint-Jean-de-Bournay, les premières lueurs du matin commencent à paraître et dessinent à l'horizon la silhouette noire et dentelée des Alpes dauphinoises, rendue, par l'effet du soleil levant, aussi dure que si elle eût été découpée à l'emporte-pièce. Une courte mais rapide descente nous conduit à Rives, petit bourg très-vivant, arrosé par la Fure, cours d'eau intarissable qui sort du lac de Paladru et imprime la vie à de nombreuses usines; après Rives, c'est la ville de Voiron (*Oppidum Voronum*), renommée par son commerce de toiles.

De notre impériale, nous pouvons voir sur la grande place un des monuments les plus intéressants de la ville : c'est une fontaine d'origine moderne.

Un bassin en pierre d'où s'élèvent des rochers groupés avec art, tapissés de mousse et de plantes aquatiques et qui semblent gardés par quatre lions en bronze dont la bouche lance des filets d'eau; au-dessus de ces rochers, une colonne carrée, dans les faces de laquelle sont creusées quatre niches, qui abritent des statues en pierre représentant les quatre principales rivières du Dauphiné, et tenant une urne dont l'eau s'épanche en abondance sur les rochers où elle forme de fraîches cascatelles ; enfin, supportées par la colonne elle-même, deux vasques superposées et de différente grandeur laissant échapper une nappe liquide sans cesse renouvelée par un jet d'eau qui s'élance de la vasque supérieure. Tel est ce monument, dont le mélange de sculpture, de rustique et d'architecture présente à l'œil autant d'élégance que d'originalité.

A la sortie de Voiron, la diligence passe devant la Brunerie, belle propriété qui appartenait au maréchal Dode, et devant d'élégants châteaux dont les blanches façades se montrent sur le revers de collines boisées ou au milieu de la plaine plantureuse de Moirans ; puis, laissant à gauche des grottes profondes creusées dans des escarpements et appelées *trous des Sarrasins*, elle descend dans la vallée au fond de laquelle l'Isère roule ses eaux rapides, devenues limoneuses par la fonte des neiges. A notre gauche, les montagnes de la Grande-Chartreuse et le pic de Chalais, à droite, celles de Saint-Nizier et la dent de Moirans, forment une imposante barrière. Voreppe, qui défend l'entrée de la vallée, le Fontanil, la Buisserate, et quelques autres villages, sont traversés au galop. Dans la matinée, un soleil radieux éclaire une nature vraiment grandiose ; nous entrons en ce moment à Grenoble par la porte de France, placée sous le canon des forts Rabot et de la Bastille.

La ville me plut beaucoup ; elle était parée et endimanchée, les femmes avaient mis leurs plus fraîches toilettes ; des guirlandes de verdure et des draps blancs garnis de fleurs décoraient le devant des maisons ; des reposoirs s'élevaient à chaque carrefour, et des processions se déroulaient au milieu d'une foule tour-à-tour distraite ou recueillie. C'était la Fête-Dieu.

A la suite du dîner que nous avait offert la famille de notre ami Lucien, nous allâmes, en compagnie de quelques étudiants en droit, visiter une des sept merveilles du Dauphiné, située à une lieue et demie de Grenoble, de l'autre côté du Drac, que l'on traverse sur un pont suspendu, près de l'endroit où ce torrent se perd dans l'Isère. Je veux parler des Cuves de Sassenage.

A l'extrémité supérieure d'une profonde anfractuosité de la montagne de Sassenage, située à l'ouest de Grenoble, et en remontant un torrent, le Furon, on trouve cette prétendue merveille, qui ne doit sa réputation qu'à l'ignorance et à la crédulité des siècles passés. Elle consiste en deux bassins creusés par la nature au fond d'une petite grotte, et contenant toujours de l'eau qui vient par infiltration. Le niveau de l'eau varie selon le temps et la saison, et la quantité qui s'y trouve le jour de la fête des Rois annonce aux villageois, d'une manière infaillible, dit la chronique, une récolte plus ou moins abondante en vins et en autres denrées.

Tout le monde, aujourd'hui, sait à quoi s'en tenir à ce sujet. Aussi est-ce un malheur pour le curé actuel de Sassenage dont les prédécesseurs trouvaient dans cette grotte un revenu assez important : les paysans de l'endroit faisaient alors dire des messes ou apportaient de pieuses offrandes à l'église pour appeler sur leurs champs, leurs vignes et leurs troupeaux les bénédictions du ciel, et se rendre favorable la puissance inconnue qui élève ou abaisse les eaux des Cuves de Sassenage.

Mais à côté de cette merveille, si peu digne d'être remarquée, il en existe une véritable qui fait l'admiration de tous les voyageurs.

Une cascade, d'un volume d'eau considérable,

tombe en bouillonnant d'une caverne creusée dans la montagne et béante sur le précipice ; ses eaux affluent dans le torrent dont je viens de parler, et que, au moyen d'une planche apportée par le guide, on traverse plusieurs fois avant d'arriver à la naissance du ravin.

On ne peut entrer dans cette caverne que par un couloir latéral s'ouvrant à côté de la petite grotte qui renferme les Cuves. L'œil est émerveillé du spectacle inattendu qu'il y découvre.

C'est une salle spacieuse à laquelle aboutissent deux fissures étroites et tourmentées d'où se précipitent tumultueusement des eaux qui se rassemblent dans un réservoir naturel, avant de se dégorger au dehors en cascade écumeuse. Le mugissement des eaux et mille bruits inconnus qui partent de ces profondeurs où nul n'a jamais pénétré, la crainte de glisser sur la roche humide et de se perdre dans le gouffre ; tout vous cause un tressaillement involontaire, augmenté encore par l'aspect menaçant de l'intérieur de la caverne, qu'un jour terne et blafard vient à peine éclairer de ses rayons obliques.

Ce n'est pas sans un vif sentiment de bien-être que l'on revient au grand soleil. Quel plaisir on éprouve à voir les oiseaux planer dans les airs, à entendre bruire les insectes sous l'herbe, à respirer à pleins poumons les parfums de la montagne! Comme les yeux se reposent avec délices sur les bois touffus qui longent le torrent, sur les prairies émaillées de fleurs, et les vergers qui viennent finir aux premières maisons du village !....

Il est de mode chez la plupart des touristes qui visitent Sassenage, de le comparer à Tivoli... Je ne connais pas Tivoli ; je n'imiterai donc pas ces voyageurs dans leur enthousiasme de convention. Tout ce que je puis dire, c'est que Sassenage avec ses cavernes, sa cascade, ses cascatelles, ses ponts, ses aqueducs, ses moulins, ses forêts, ses rochers moussus, est le but de nombreuses excursions fécondes en émotions les plus vives et les plus opposées.

Ne quittons pas ce village sans aller voir son vieux château et sans parler d'une tradition merveilleuse qui se rattache à son histoire.

La famille des premiers barons de Sassenage était une des plus illustres du Dauphiné ; son origine est fort ancienne, et, comme dans la plupart des grandes maisons, on y trouve une fable. La légende lui donne pour souche primitive la fée Mélusine, sirène moitié femme et moitié serpent, et en raconte des choses extraordinaires. — Trois jours avant la mort du chef de la famille, Mélusine apparaissait au château, à une croisée qui ne s'ouvrait que dans cette circonstance solennelle ; puis elle parcourait les corridors qu'elle faisait retentir de ses cris lugubres, glaçant d'épouvante les habitants et semant la terreur dans toute la contrée.

Cette fable est toute bretonne, et l'on rencontre aussi une fée Mélusine qui joue le même rôle dans la famille des Lusignan. Comment ces traditions ont-elles été apportées dans le Dauphiné ?.... Y aurait-il eu alliance entre les deux maisons ?.....

Cette fée, ajoute la tradition, avait également pour séjour les deux grottes que nous venons de visiter, et que l'on nomme le *trou aux fées* ; les Cuves lui servaient de baignoires, et un bloc de pierre, placé à côté, s'appelle encore aujourd'hui la *table de Mélusine*. Les Druides lui rendaient une espèce de culte, et ce culte, dans un pareil lieu, était bien fait pour frapper l'imagination des peuples barbares et superstitieux habitant l'ancien pays des Allobroges.

Selon toute apparence, le mystère de ces Cuves fut exploité par les ministres de la religion druidique ; plus tard, quelques prêtres chrétiens ne craignirent pas de profiter de ces préjugés populaires ; ils vendaient une certaine petite pierre, dite *pierre ophtalmique*, qui avait la réputation d'être souveraine pour les maladies des yeux, et qui, de même que les Cuves, a perdu tout crédit.

Depuis que ces naïves croyances ont disparu ou n'existent plus que dans l'esprit des nourrices qui en effraient leurs marmots, il ne reste à Sassenage d'autre célébrité que son site agréable et ses excellents fromages, exportés au loin et qui ne le cèdent en rien aux fromages les plus renommés.

Avant de continuer ce voyage, avertissons nos lecteurs qu'ils peuvent compléter nos descriptions par la vue des admirables photographies de MM. Muzet et Bajat, dont MM. Maisonville et fils et Jourdan, de Grenoble, sont les éditeurs.

Ces messieurs, artistes autant que négociants, ont entrepris de vulgariser partout les sites admirables qui abondent dans le Dauphiné et la Savoie. Leur collection, bien connue des voyageurs qui traversent Grenoble et des baigneurs qui fréquentent les eaux thermales, comprend déjà plus de 230 numéros et s'accroît chaque jour.

Nous y avons remarqué surtout de très-belles vues du Mont-Blanc, des vallées de l'Oisans et de la Grande-Chartreuse, et nous partageons l'avis de

M. Adolphe Joanne, qui met sur la même ligne que les photographies de Baldus, celles éditées par MM. Maisonville et fils et Jourdan.

De retour à Grenoble, nous flânons quelques instants au Jardin-de-Ville dépendant de l'hôtel de la Préfecture, autrefois le palais de l'Intendance ; nous nous promenons autour de la place en longeant les anciennes fortifications qui, tout en ruines qu'elles étaient en 1815, opposèrent à l'ennemi une si vigoureuse résistance ; nous visitons des ouvrages plus complets qui, depuis cette époque, ont été élevés dans la plaine et sur la montagne, et qui font de Grenoble le premier boulevard de cette frontière.

Nos nouveaux amis, les étudiants, nous avaient accompagnés dans cette tournée, à la suite de laquelle nous entrâmes dans une brasserie située en dehors des remparts.

Je fis dans cet établissement une rencontre fortuite, dont je ne parlerais point si elle n'avait eu pour résultat une soirée charmante.

La plupart de nos étudiants, menant de front le travail et les amours, avaient engagé des jeunes filles de la ville à se rendre au jardin de la brasserie, où les sons du violon et de la flûte indiquaient que l'on pouvait prendre le plaisir de la danse, tout en savourant la bière fraîche et mousseuse. Heureux privilége de la jeunesse ! nous sommes bientôt avec ces nouvelles arrivantes les meilleurs amis du monde ; elles nous font à leur tour les honneurs de la valse, comme leurs cavaliers nous avaient fait les honneurs de la ville.

Mais, ô surprise ! l'une d'elles s'approche de moi et me serre la main avec amitié. — C'était une jeune et jolie grisette que j'avais connue à Lyon quelques années auparavant.

Vive, légère, mais bonne et franche, elle avait suivi à Grenoble un doux ami, auquel elle avait inspiré une tendre passion qui promettait d'être durable. Elle me présente à ce jeune homme qui, de nos étudiants, se trouvait justement celui avec lequel je m'étais le plus lié pendant notre course à Sassenage.

Grâce à cette présentation et à ce patronage, notre nouvel ami redouble de prévenance ; il nous engage à prolonger notre séjour à Grenoble, et nous offre même son logis. Le peu de temps dont nous pouvions disposer nous fit, bien à regret, refuser cette invitation.

— Eh bien ! messieurs, puisqu'il en est ainsi, reprit notre étudiant, je n'insisterai pas ; mais comme vous avez l'intention de vous mettre en route demain avant le jour, vous allez être obligés de coucher hors de la ville, vu la prescription rigoureuse dans toutes places de guerre de fermer les portes de dix heures du soir à cinq heures du matin... Cette circonstance me donne donc l'espoir de vous voir accepter pour cette nuit l'hospitalité dans une maison que je possède *extrà muros* à Corenc, près ud couvent de Montfleury. Demain matin vous serez tout transportés sur la route de la Chartreuse....

L'offre fut acceptée à l'unanimité.

Aussitôt nous voici, touristes, étudiants et étudiantes, nous dirigeant vers la maison de campagne, où, comme par enchantement, nous trouvons table mise, chargée d'une collation et de divers rafraîchissements, table autour de laquelle il fallut prolonger la soirée sur les instances réitérées de notre aimable amphytrion et de sa belle amie.

II

Le Sapey. — Arrivée au couvent de la Grande-Chartreuse. —
Négociations pour y entrer.

Debout à trois heures du matin, après avoir serré la main à notre hôte et embrassé notre hôtesse, nous nous mettons en devoir de gravir la montagne du Sapey (1).

C'est le chemin le plus direct de Grenoble à la Grande - Chartreuse, mais il est le plus rude et n'est praticable que pour les piétons et les bêtes de somme.

On laisse derrière soi le riche bassin du Graisivaudan, à l'extrémité duquel est bâtie la ville de Grenoble et où vient déboucher la vallée du Drac. On traverse le hameau de Chantemerle caché comme un nid d'oiseau sous des arbres fruitiers ; on ne tarde pas à quitter la région des vignes qui occupent les

(1) Le nom de *Sapey* dérive sans doute de *sapinière*, *sapinaie*, lieu qui produit des sapins.

flancs inférieurs de la montagne et à atteindre la région des sapins. Nous laissons à gauche la gorge de Sarcenas, qui va se perdre dans des montagnes qu'aucun touriste n'a encore parcourues, et traversant un ruisseau qui jaillit d'un rocher, nous entrons dans une vallée supérieure, rafraîchie par les eaux rapides du Vence, dominée par l'énorme et disgracieux mont Saint-Eynard et par Chamechaude, par le mont Jalat et par l'Ecoutou, par Charmant-Som et par une crête que sa forme particulière a fait surnommer *le Casque de Néron*. Un clocher surmonté du coq traditionnel et recouvert de lames de ferblanc, reluisant aux premiers rayons du soleil, nous annonce le village du Sapey, éloigné dans les champs de deux ou trois portées de fusil. Nous nous arrêtons dans une auberge placée sur la route, environ une demi-heure, juste le temps de prendre un morceau de pain et de fromage et un verre de ce vin gros et plat que l'on récolte sur les bords de l'Isère.

Après avoir traversé d'immenses prairies se développant sur un terrain rapide, nous arrivons au col de Porte, à l'endroit le plus resserré et le plus élevé de la vallée, dans une épaisse forêt de hêtres et de sapins, où de nombreux sentiers se croisant en tous sens, forment un labyrinthe dont il paraît difficile de trouver les issues.

Ces vallées sont peu fréquentées ; ce n'est point comme dans les pays de plaine, où la culture des champs exige sans cesse la présence des villageois. Ici, on n'en rencontre qu'à de rares intervalles : quelquefois un bûcheron guidant une paire de bœufs attelés à un tronc d'arbre garni encore de son écorce; d'autres fois, un muletier conduisant ses bêtes chargées de charbon de bois, que de pauvres gens fabriquent au milieu des forêts.

Indécis sur le chemin à prendre, et ne trouvant personne à qui demander une indication, le plus prudent fut donc de nous arrêter et d'attendre que le hasard nous envoyât un guide.

Bientôt, en effet, deux gardes forestiers parurent, et nous mirent sur la bonne route.

Nous gagnons enfin le débouché de la forêt et du col de Porte. Jusque-là on monte toujours, et la vallée, enfermée entre deux montagnes énormes, n'offre qu'une série non interrompue de bois et de pâturages, sans lointains, sans perspectives, sans rien qui puisse distraire les yeux; mais, au-delà du col, elle perd de son aspect monotone; on aperçoit à une lieue de distance les chaumières éparses du hameau des Cottaves, et à deux lieues, les groupes d'habitations et le clocher de Saint-Pierre-de-

Chartreuse. Puis, passant entre la petite chapelle de Saint-Hugues et le vaste bâtiment abandonné, appelé le Grand-Logis, on descend jusqu'à un torrent où commencent alors les beautés grandioses et pittoresques qui vont maintenant surgir à chaque pas.

Ce torrent, le Guiers-Mort, prend sa source au-dessus du village de Saint-Pierre, dans la montagne du Cucheron qui le sépare d'un autre torrent, le Guiers-Vif. Ces deux torrents coulent dans une direction différente, enceignent l'énorme massif, au milieu duquel est construit le couvent de la Grande-Chartreuse, et vont se rejoindre, après un parcours de quelques lieues, vers le bourg des Echelles; là, confondant leurs eaux, ils perdent leur prénom pour ne conserver que leur nom de famille.

Le Guiers-Mort dément son surnom : il roule impétueux dans des bas-fonds encombrés des débris de la montagne et s'engouffre entre des rochers menaçants qui semblent une barrière impossible à franchir; mais, par bonheur, le génie des anciens Chartreux a surmonté tous ces obstacles et dompté la nature.

Un pont d'une seule arche, jeté hardiment sur l'abîme, rapproche ces deux rives, qui paraissaient destinées à une éternelle séparation. Le pont lui-même, appelé le pont du Grand-Logis, est une véritable forteresse ; il est précédé d'un bâtiment dont les murailles sont percées de meurtrières, et aboutit à un autre bâtiment également fortifié. — Je dirai tout-à-l'heure pourquoi les Chartreux avaient pris ces précautions.

Gardé autrefois par de vigilantes sentinelles, ce pont, maintenant privé de surveillants, permet au voyageur de traverser le torrent et de pénétrer dans le véritable domaine des Chartreux, dans ce que l'on appelle *le Désert*.

Un chemin montueux, mais très-praticable, conduit devant la Courrerie, ancienne demeure du Dom courrier des Chartreux. A côté de ces bâtiments en ruines, on voit un jardin potager qui alimente les cuisines du couvent, et un cimetière destiné à recevoir la dépouille terrestre des ouvriers et des gens chargés des travaux serviles du monastère, ainsi que celle des étrangers qui y meurent pendant leur séjour.

De la Courrerie, on commence à découvrir les clochers ardoisés et les hautes toitures fortement inclinées de la Grande-Chartreuse, et enfin les murailles qui lui servent d'enceinte et qui sont bastionnées comme celles d'une place de guerre.

D'une architecture simple et puissante, le couvent

actuel est édifié à côté des ruines de l'ancien couvent, dans une éclaircie de la forêt, au pied de rochers abrupts. Sur la gauche, en dehors de l'enceinte, un grand bâtiment carré de forme moderne est destiné à recevoir les dames qui ont affronté les fatigues d'un semblable voyage; il se nomme l'*Infirmerie*, et l'entrée en est interdite aux hommes.

Tous ces bâtiments sont placés au centre d'un vallon, figurant un triangle très-allongé, dont la base repose sur le Guiers-Mort et dont les à-côtés montent en se rapprochant l'un de l'autre jusqu'au col des Bergeries de Bovinant (1), d'où s'élèvent les cimes décharnées du Grand-Som (grand sommet.) Un ravin, presque à sec durant l'été, mais débordant à la fonte des neiges, sillonne ce vallon dans toute sa longueur.

« Ventre affamé n'a pas d'oreilles !... » dit le proverbe.

« Estomac vide n'a pas d'yeux !... » ajoutons-nous en façon de variante.

Après une course de plus de huit heures par des chemins raboteux et par un air apéritif, nous sentions que Messer Gaster réclamait un supplément à la portion de pain que nous lui avions donnée le matin avec vraiment trop de parcimonie. Aussi fû-

(1) *Bovinant*, source des Bouviers.

mes-nous d'abord à peu près insensibles aux beautés de tous genres qui se développaient à nos regards, et remîmes-nous à la suite du dîner le plaisir de les examiner plus attentivement ; mais nous allions avoir à subir encore de nouvelles épreuves....

— « Pardon, messieurs, nous dit avec l'accent méridional le plus coloré le frère portier qui nous recevait à l'entrée du couvent, trois seulement d'entre vous peuvent pénétrer dans notre maison ; quant à l'autre, *elle* peut se rendre à l'Infirmerie, ajouta-t-il en soulignant avec malice le pronom personnel du genre féminin. Conformément aux statuts de l'ordre, les femmes ne sauraient être admises à visiter l'intérieur du monastère... »

A ces derniers mots, nous restâmes un instant stupéfaits, comme des gens sur qui la foudre serait tombée ; mais, tout-à-coup ! malgré la faim qui nous talonnait, et malgré notre respect pour l'habit religieux, nous laissâmes échapper un rire homérique en présence du vénérable frère.

Evidemment Francisque, avec sa grosse barbe noire, Léon, avec sa large et joviale figure, et moi, avec ma forte moustache, nous ne ressemblions guère à des femmes ; il n'y avait donc que Lucien qui pouvait, à un œil peu clairvoyant, passer pour avoir répudié le vêtement féminin : sa taille fluette, son teint pâle, son menton imberbe, ses grands cheveux blonds et bouclés, sa blouse serrée à la ceinture, inspiraient de la défiance au trop fidèle gardien qui nous barrait le passage.

Impossible de forcer la consigne ; nos négociations sont vaines, et notre pauvre Lucien, confus du doute dont il est l'objet, est menacé de compter les clous de la porte, lorsqu'un heureux hasard vient aplanir toute difficulté.

Un jeune peintre de Grenoble, à l'air distingué, à la figure bienveillante, spirituelle et encadrée dans une barbe blonde très-soignée, M. Diodore Rahoult, chargé de quelques travaux d'art pour le couvent qu'il habitait depuis plusieurs mois, paraît sur le seuil de la porte.

— « Eh quoi! mon frère, voilà comme vous accueillez mes amis, dit-il en venant presser la main à Lucien et à Léon, et en saluant avec courtoisie Francisque et moi; qu'y a-t-il donc ?... »

Explications données, lui aussi ne peut maîtriser un immense éclat de rire ; puis, son hilarité apaisée, il fait évanouir les craintes chimériques du frère portier, en répondant de Lucien comme d'un véritable et franc garçon.

Nous sommes alors introduits dans la cour et remis aux mains d'un petit vieillard très-alerte, accouru à notre arrivée en trottinant et branlant la tête. — C'est le bon frère Jean-Marie, chargé de recevoir les voyageurs qui viennent visiter le couvent.

Il nous conduit dans une salle où nos yeux cherchent à s'assurer si nous sommes dans une salle de réfection. Pour tous meubles, un crucifix et quelques tableaux représentant divers épisodes de la vie de saint Bruno, qui, tout édifiante qu'elle peut être, n'était pour nous, dans ce moment du moins, que ce que la perle était pour le coq de la fable. Nous étions dans une salle d'attente : quel désappointement !......
Frère Jean-Marie va prévenir de notre visite le père coadjuteur, la règle étant de présenter tous les voyageurs à ce haut dignitaire.

Dom coadjuteur, ou plutôt comme on dit au couvent par abréviation, le *coadjut* est en prières.... Un peu de patience, il ne tardera pas à nous recevoir !...

En effet, nous sommes bientôt admis dans sa cellule. Les formes les plus douces, les plus affables, président aux questions qu'il nous adresse sur notre pays, notre état, le motif de notre voyage; puis, satisfait de l'interrogatoire, il nous permet de séjourner au couvent, où nous devons, toutefois, nous conformer aux règles de la maison. Nous prenons congé de ce bon religieux, nommé Dom Ephrem, enchantés de son accueil, et, j'oserai le dire ! désireux surtout de nous restaurer...

Mais encore un retard ! le dîner n'est pas prêt, et frère Jean-Marie, pour nous faire prendre patience, nous offre un petit verre de liqueur et une promenade sous les cloîtres. La première proposition est aceptée, quant à la seconde, elle est refusée net. Les minutes pour nous sont des heures ; enfin, on se met à table !..

Pas n'est besoin de dire combien nous faisons fête au dîner, malgré l'aspect vraiment peu engageant de la maigre pitance que l'on nous sert ; du pain dur et de mauvaise mine, une carpe frite qui n'a que les arêtes, des pommes de terre, à la préparation desquelles le frère cuisinier s'est montré savant dans l'art d'économiser le beurre, une assiette de fraises à peine mûres, quelques noix rances et du fromage sec composent ce menu arrosé d'un vin détestable. Une tasse de café accompagne ce dîner d'anachorète.

— A la couleur et au goût de cette décoction, on serait tenté de croire que la fève dont elle est extraite n'a pas été cueillie à Moka, mais bien plutôt à Saint-Laurent-du-Pont, où les châtaigniers sont abondants.

Je serais injuste de me montrer exigeant et de

faire, au sujet de ce dîner même, la plus légère critique, car j'appris que les frères avaient encore moins pour se nourrir. De la soupe claire, un peu de laitage et quelques racines cuites à l'eau en quantité à peine suffisante, sont leur ration ordinaire. Que l'on se rappelle leurs jeûnes quotidiens, leurs veilles prolongées, leurs exercices religieux à toute heure du jour et de la nuit, et l'on comprendra difficilement comment ils peuvent vivre (1) ! — Comme on le voit par notre repas, les voyageurs ne sont guère mieux traités, et l'usage de la viande est formellement prohibée à la Grande-Chartreuse.

Notre faim satisfaite, nous pouvons alors examiner avec plus de loisir le pays où nous a portés notre goût du pittoresque, et jeter un coup-d'œil rétrospectif sur l'histoire de ce couvent, asile des enfants

---

(1) Voici le programme de ces exercices religieux : Levés à cinq heures et demie, les Chartreux se rendent à l'église à cinq heures trois quarts pour l'office de prime, à huit heures pour l'office de tierce et la grand'-messe, à dix heures pour l'office de sexte, à onze heures pour l'action de grâces qui suit leur repas, à midi et quart pour l'office de nones, à deux heures trois quarts pour les vêpres. A six heures du soir, ils disent les complies en cellule et se couchent à six heures et demie; à onze heures, ils disent en particulier l'office de matines, et se réunissent à l'église à onze heures trois quarts ; l'office se termine à deux heures. Ils disent ensuite l'office de la Vierge en cellule, et se couchent vers trois heures.

de saint Bruno, qui ne fut pas toujours celui de la paix et de la vie contemplative, car des événements malheureux y apportèrent trop souvent le trouble, l'incendie et la dévastation.

III

Le Désert. — Coup-d'œil historique sur la Grande-Chartreuse.

La vallée où le couvent est bâti était anciennement un lieu désert, qu'une ceinture de rochers, de précipices, de torrents, de forêts, isolait du reste du monde. L'aigle et le vautour planaient sur ces vastes solitudes; les loups, les sangliers et les ours en étaient les seuls habitants. Tout semblait condamner cette contrée à un éternel abandon, quand un homme, inspiré par l'amour de la retraite, frappé de sa sombre et sauvage majesté, résolut de venir s'y fixer.

En 1084, saint Bruno, issu d'une grande famille de Cologne, docteur renommé par ses connaissances, quitta Paris, où il enseignait la théologie, et se rendit auprès de son ancien disciple, saint Hugues, évêque de Grenoble, qui lui avait indiqué ce désert comme le lieu le plus propre pour réaliser ses desseins de retraite. Suivi de ses compagnons, au nombre de six, il l'explora en tous sens et éleva un ermitage au pied d'un rocher, où la nature a creusé une grotte qui laisse échapper une source fraîche et limpide. Un petit oratoire fut érigé sur le rocher.

Bientôt les vertus du saint lui attirèrent des disciples ; de nouvelles cabanes furent bâties, et une grande partie de la forêt défrichée. On eut à lutter contre les bêtes fauves ; les torrents détruisirent les habitations de la colonie naissante, qui, aidée par les bienfaits de saint Hugues, dut songer à en rebâtir d'autres un peu plus bas, à l'endroit appelé depuis lors *Notre-Dame de Casalibus*. Là, si elles étaient à l'abri des torrents, elles ne l'étaient pas des avalanches qui les écrasèrent maintes fois. Eclairés par plusieurs années d'expérience, les religieux, sous la conduite de l'abbé Guigues, dit *le Vénérable*, cinquième prieur, s'établirent en 1133 près de l'emplacement occupé aujourd'hui par le couvent, qui n'a plus à craindre aucun de ces fléaux.

Sous saint Bruno, et sous ses premiers successeurs, les cabanes construites en branchages et en herbes sèches étaient groupées autour de la chapelle. Plus tard, le nombre des cénobites ayant augmenté, et avec eux la richesse, on édifia un vaste monastère où la communauté se trouva rassemblée

Mais il ne fut pas donné au fondateur de l'ordre de

demeurer longtemps au milieu de ses compagnons de retraite. Le pape Urbain II l'appela à Rome et voulut le combler d'honneurs et de dignités. Saint Bruno refusa ces biens périssables ; il se rendit néanmoins en Calabre, où il fonda un couvent dans lequel il mourut en l'année 1101.

Cette partie des montagnes du Dauphiné, que l'on nomme *le Désert*, fut concédée gratuitement à saint Bruno par un riche et pieux seigneur, Humbert de Miribel.

L'acte de donation, approuvé par saint Hugues, était, avant la Révolution, déposé dans les archives du couvent ; il se trouve maintenant à la bibliothèque publique de Grenoble.

A mon avis, ce nom de *Chartreuse*, qui a occupé l'esprit des étymologistes, et sur lequel ils ont émis tant d'opinion, vient tout simplement de cet acte ou chartre : (*carta, cartusia*, pays donné en vertu d'une chartre, pays de la Chartreuse).

C'est sous le dauphin Guy II, dit le Gras, que se fit cette donation ; les autres dauphins et la noblesse de la province enrichirent à l'envi ce couvent ; des forêts et des pâturages dans les montagnes, de vastes domaines dans les plaines lui furent octroyés. Seigneurs des villages de Saint-Pierre et de Saint-Laurent, qui se trouvent aux deux extrémités du Désert, ainsi que des villages d'Entremont, de la Ruchère, d'Entre-Deux-Guiers, de Villette et de Miribel, les Chartreux s'étendirent de tous côtés. Avec leur patience, devenue proverbiale, ils tracèrent des chemins, construisirent des ponts, exploitèrent les forêts, creusèrent des mines, élevèrent de nombreux troupeaux, et par une sage administration, acquirent d'immenses revenus.

On doit leur rendre cette justice, que les richesses ne les corrompirent point ; contrairement à la plupart des autres ordres monastiques, ils surent conserver intactes la sévérité de leur discipline et la stricte observance de la règle de leur fondateur.

Leur renommée s'étant répandue dans tout l'univers chrétien, on vit des couvents, au nombre de cent soixante-quatorze, s'établir sur le modèle du leur, et se régir d'après les lois de saint Bruno, dont les bases leur font un devoir du silence, de la prière et du travail.

Toutes ces maisons relevaient de la Grande-Chartreuse devenue chef-d'ordre, maison-mère, où chaque année les prieurs étrangers venaient assister au chapitre présidé par le général supérieur, afin de délibérer sur les intérêts communs.

De nos jours, les maisons étant moins nombreuses, les réunions générales n'ont lieu que tous les trois ans.

Pour que le lecteur puisse juger de l'importance de cet ordre et de l'estime dont il jouissait auprès du Saint-Siége, je dirai que les Chartreux seuls ont le privilége de posséder leur supérieur dans la maison-mère, tandis que les supérieurs des autres ordres, sans aucune exception, doivent résider à Rome, où se tiennent annuellement les assemblées générales.

Cet ordre est également célèbre par le grand nombre d'archevêques, cardinaux et autres prélats qu'il a fournis ; quelques-uns mêmes ont été béatifiés, canonisés, et tiennent un rang illustre dans les fastes de l'Eglise.

Je ne terminerai pas ce résumé sans citer quelques dates néfastes de l'histoire de la Grande-Chartreuse.

Plusieurs fois, pendant la longue période du Moyen-Age, elle devint accidentellement la proie des flammes. Après l'incendie de l'année 1510, elle fut reconstruite sur l'emplacement actuel, non loin des ruines des anciens bâtiments. Elle fut mise souvent à contribution par les Routiers et autres bandits qui, jadis, infestaient la contrée.

Le 4 juin 1562, le terrible baron des Adrets, maître de Grenoble, y envoya un détachement de soldats huguenots sous les ordres du capitaine Furmeyer. Prévenu à temps, le prieur Pierre Sarda avait mis en sûreté les richesses du couvent et distribué ses religieux dans d'autres maisons; lui-même s'était chargé des saintes reliques, dont la plus remarquable était le crâne de saint Bruno placé dans une châsse entourée de pierres précieuses d'une grande valeur. Les Huguenots trouvèrent la Chartreuse sous la garde de deux vieux religieux qui n'avaient pu suivre leurs frères; ils la pillèrent de fond en comble, et y mirent le feu. Trente ans après, ils y reparurent et la saccagèrent encore.

On serait dans une grave erreur si l'on pensait que les Huguenots seuls se rendirent coupables d'attaques contre la Grande-Chartreuse. Elle trouva, parmi les seigneurs catholiques du voisinage, des ennemis aussi ardents, qui cependant ne pouvaient invoquer pour excuse la différence de religion.

Incendié de nouveau, mais fortuitement, le 10 avril 1676, le couvent fut reconstruit, tel qu'on le voit de nos jours, par le supérieur Dom Masson, sur les plans d'un frère architecte.

Après des Adrets et ses Huguenots, voici Mandrin

et ses contrebandiers!... Les portes des deux entrées du Désert avaient bien suffi pour arrêter ce fameux chef de bande, mais avec une audace inouïe il réussit à escalader le passage du Frou et le col de la Ruchère, d'où il tomba à l'improviste sur la proie qu'il guettait depuis longtemps, et qui lui valut un riche butin (1).

La Grande-Chartreuse eut une période de paix qui dura jusqu'à la Révolution, époque à laquelle, en vertu d'une loi de l'Assemblée nationale qui supprimait les couvents, elle devint propriété de l'Etat, de même que ses magnifiques forêts. Ses riches et nombreux domaines furent vendus comme biens nationaux. Quant aux religieux, ils s'étaient dispersés ; quelques-uns étaient rentrés dans leur famille ; d'autres, prenant le chemin de l'exil, s'étaient réfugiés dans les maisons de leur ordre à l'étranger. Le supérieur général, Dom Nicolas Geoffroy, s'étant fixé à Rome, d'où il dirigeait les intérêts de la communauté, ne tarda pas à rendre son âme à Dieu, loin des vallées et des forêts de la Grande-Chartreuse.

(1) Quoique l'histoire de Louis Mandrin, publiée en 1755, l'année même de sa mort, ne fasse aucune mention de cette expédition, elle est tellement accréditée au couvent et dans la contrée, que j'ai cru pouvoir la consigner ici.

Cependant plus heureux que tant d'autres monuments historiques, dont il ne reste aujourd'hui que des ruines, les bâtiments échappèrent à la dévastation ; ils ne furent point vendus, faute d'acquéreurs: leur démolition ne pouvant être d'aucun profit aux vautours de la bande noire, à ces tristes spéculateurs qui s'abattaient sur les châteaux et sur les abbayes pour les démolir et en retirer pour les revendre le fer, le plomb et les autres matériaux.

Un fermier de l'administration des Domaines et un garde forestier habitèrent seuls le couvent jusqu'à la Restauration, qui le remit aux quelques religieux échappés à la tourmente révolutionnaire. Mais la faveur de ce gouvernement se borna là ; il ne put leur rendre toutes leurs anciennes propriétés.

Depuis leur retour, soutenus par les dons de personnes pieuses, par l'élève et la vente de leurs troupeaux et par l'exploitation sur une grande échelle d'un commerce d'excellente liqueur, ils continuent comme autrefois à héberger gratis pendant trois jours les voyageurs nécessiteux, à faire tous les matins une distribution de soupe aux mendiants, à visiter et à secourir les malades des environs, et à recevoir cette foule d'artistes, de touristes, d'amateurs et de curieux de toutes contrées, qui, dans la belle saison, apportent aux beautés naturelles de ces montagnes le tribut de leur admiration, et à la caisse du frère économe celui plus fructueux pour la communauté, et qui est dû au bon accueil dont ils sont l'objet.

Revenons à nos quatre voyageurs qui, à la suite de leur dîner, trouvant la journée trop avancée, durent se borner à faire une courte promenade autour du couvent. — Le jeune peintre Rahoult était des leurs. — Cette promenade fut vraiment délicieuse.

Un petit chemin situé en face de la porte d'entrée, nous mène, en remontant la vallée, au milieu de la forêt de sapins, qui, dans ces contrées parviennent à une hauteur prodigieuse. A voir ces troncs unis et droits comme des colonnes et leurs branches élancées comme les nervures d'une voûte, on se croirait dans une cathédrale. La demi-obscurité produite par l'épaisseur du feuillage, simulait le jour mystérieux tamisé par les vitraux coloriés ; le beuglement d'un taureau, uni au son lointain qu'un bouvier de la Chartreuse tirait d'une flûte d'écorce, ressemblait aux grandes voix de l'orgue. — Il n'y avait pas jusqu'à la fumée de nos pipes, se déroulant en spirales capricieuses comme la fumée de l'encens, qui ne complétât l'illusion....

Bientôt nous passons devant la chapelle de Notre-Dame de Casalibus, entourée de fleurs et de verdure, et élevée en 1440 par le général Dom François de Marême au même lieu qu'occupaient autrefois les *petites cabanes* des premiers cénobites. Elle est l'objet des soins particuliers des jeunes frères, et leurs mains pieuses y réparent au retour de chaque printemps les ravages de l'hiver. Un porche, soutenu par deux colonnes et exhaussé de quelques degrés, précède la porte d'entrée. Le plafond représente un ciel bleu parsemé d'étoiles, et les murailles sont ornées de tablettes où sont écrites les litanies de la Sainte-Vierge. A quelques pas plus loin, au sein d'une clairière, se trouve le rocher de moyenne hauteur sur lequel est assis l'oratoire de Saint-Bruno.

Cet oratoire fut édifié vers l'année 1640 par le révérend père Dom Jacques de Merly, pour remplacer celui qui tombait en ruines, et que le saint lui-même avait bâti de ses propres mains. L'intérieur est couvert d'inscriptions et de peintures représentant les six premiers compagnons de saint Bruno ; l'autel est, dit-on, la pierre sur laquelle ils offraient à Dieu le saint sacrifice de la messe. L'extérieur est simple, rustique, et ne possède d'autres ornements que des festons de lierre, des tapis de mousse et des touffes d'œillets et de giroflées sauvages. Mais quelque modeste qu'en soit l'apparence, cet oratoire parle à l'imagination : c'est là que priait le fondateur de l'ordre des Chartreux.... Au pied du rocher coulent réunies les deux sources qui prennent naissance dans la grotte elle-même, et qui vont se perdre en murmurant dans le fond du ravin ; c'est à ces sources qu'il se désaltérait.

Quatre fois dans le cours de l'année, on vient célébrer la messe dans ces deux chapelles. Les religieux s'y rendent processionnellement, et le jeudi ils dirigent leur promenade vers ces lieux consacrés. Des croix plantées de distance en distance, leur rappellent quelque épisode de la vie de saint Bruno ; le Désert est plein de son souvenir, et chaque source, chaque rocher, chaque détour de la forêt est comme une page où ils peuvent lire l'histoire de leur bienheureux patron.

Je ne connais rien de plus charmant que cet endroit ; rien ne manque à cette oasis bornée de tous côtés par la forêt. Le vert foncé des sapins qui lui forme un cadre un peu sévère, en fait encore mieux ressortir la grâce toute virgilienne, assez rare dans ces contrées.

A propos de la grotte Saint-Bruno, relevons une

méprise échappée, sans doute, à la plume facile et à la verve intarissable d'un de nos plus célèbres romanciers. Il affirme, dans un ouvrage où il relate ses impressions de voyage, que des deux sources de la grotte, l'une est d'une fraîcheur glaciale et l'autre d'une chaleur douce. — C'est une erreur : l'eau de ces deux sources est à une basse température, et notre romancier a ajouté une plaisanterie à toutes celles qui ornent ces prétendues impressions, écrites avec infiniment d'esprit, mais qui manquent de la première des conditions : la vérité.

De retour au couvent, nous consacrons les dernières heures de la journée à en visiter l'intérieur.

D'une architecture simple, il est construit en très-belles pierres qui ressemblent à du marbre. Il n'a survécu des anciens bâtiments incendiés en 1676 que quelques portions des cloîtres facilement reconnaissables à leur style ogival, comme datant d'une époque antérieure à la masse de l'édifice. Couvert en ardoises sur un plan très-rapide, afin que les neiges, glissant, ne surchargent pas les toits, il est entouré de murailles élevées, arc-boutées elles-mêmes de puissants contreforts.

Dès que l'on a subi l'examen de l'œil inquisiteur du frère portier et qu'il vous est permis d'entrer dans cette enceinte, on arrive au milieu d'une cour spacieuse contenant deux bassins circulaires alimentés par l'eau que l'on y a amenée de la source de Saint-Bruno ; à droite, un corps-de-logis, où se trouvent la cellule du gardien et les laboratoires de la pharmacie et de la distillerie, placés sous la direction intelligente du procureur du couvent, seul dépositaire du secret de la fabrication des cinq espèces de liqueur, dites *des Chartreux*. — Le nom du respectable père Dom F. L. Garnier est, grâce à elles, connu dans le monde entier. — A gauche, un autre corps-de-logis qui renferme un petit hôpital et une salle pour les voyageurs pauvres ; plus loin, les magasins, les ateliers, les écuries ; en face, la façade principale flanquée de deux ailes en retour. Un perron de quelques marches donne accès dans un large vestibule où aboutissent les cloîtres, les corridors et autres passages qui desservent l'intérieur, et où s'ouvrent de vastes salles, au nombre de quinze, portant le nom des quinze provinces qui représentaient autrefois la division territoriale et religieuse de l'ordre. C'est là que logeaient les prieurs et leur suite, qui venaient jadis de toutes les Chartreuses de la chrétienté assister au chapitre général. Quatre salles seulement sont aujourd'hui affectées aux voyageurs et leur servent de réfectoires : c'est la salle de Bourgogne, la salle d'Aquitaine, la salle d'Allemagne et la salle d'Italie.

Les cloîtres datent du Moyen-Age ; ils se développent à perte de vue dans la masse des bâtiments, et entourent le cimetière, les petits jardins des pères et une vaste cour intérieure ; on y remarque de fort belles voussures et des arceaux à vitres plombées qui n'y laissent pénétrer qu'un jour mystérieux.

Les cellules, au nombre de quatre cents, de plain-pied avec les cloîtres, se distinguent les unes des autres par une sentence française ou latine tracée au-dessus de la porte, sentence où domine toujours l'idée de la mort. Chaque cellule se divise en trois pièces superposées et desservies par un escalier intérieur. La première pièce, qui tient lieu de grenier, contient une petite provision de bois à brûler. La troisième, dont tout l'ameublement consiste en une table de sapin et deux chaises, sert d'atelier ; enfin, dans la pièce intermédiaire se trouvent un prie-Dieu, un bahut antique et une pauvre couchette. On m'a assuré que cette couche est formée seulement d'un fagot de menu bois pour matelas et d'une simple couverture de laine grise qui recouvre le tout.

A la suite de ces trois pièces, est un petit jardin

placé en contre-bas et sur lequel prennent jour les fenêtres étroites de la cellule. Un mur élevé le sépare des autres jardinets, et le Chartreux, sans aucune communication avec ses voisins, prie et travaille dans le silence et l'isolement.

Les appartements du général et des grands officiers de la Chartreuse sont situés dans le corps-de-logis de droite, et je suppose qu'ils ont un ameublement plus confortable que celui qui se trouve dans la cellule des simples religieux.

Voici les cuisines où l'on remarque de grands fourneaux, une immense cheminée, des bancs de bois épais et deux tables formées chacune d'une dalle de pierre d'une dimension peu ordinaire. Des trous creusés en façon d'assiette dans l'épaisseur de ces tables, marquent la place des domestiques du couvent.

A côté des cuisines se trouve le réfectoire, vaste pièce à l'aspect glacial, à la voûte en ogive, éclairée par de longues fenêtres garnies de vitres plombées, et contenant pour tout mobilier des bancs et trois tables disposées en fer-à-cheval, recouvertes d'une nappe grossière, et où les pères et les frères prennent leurs repas en commun les dimanches et les fêtes seulement. — Le reste du temps, confinés dans leurs cellules, ils mangent seuls la ration qu'un servant leur apporte, et leur fait passer par un petit guichet.— Une chaire fixée à une certaine hauteur, est occupée ces jours-là par un Chartreux, qui fait à ses frères une lecture pieuse pendant la durée du repas. Chacun observe ponctuellement la règle suivante : « Les yeux sur la table ; les mains dans son écuelle ; les oreilles au livre et le cœur à Dieu. »

La salle du chapitre, dans laquelle on arrive par un large escalier partant des cloîtres, offre un caractère magistral que lui imprime le style lourd du XVIIe siècle. Là, se réunissaient les supérieurs de toutes les Chartreuses du monde, et l'on voit encore, dans une galerie voisine, la *Galerie des Cartes*, le plan géométrique de ces Chartreuses.

Cette salle capitulaire, d'une étendue et d'une hauteur remarquables, est garnie des vingt-deux tableaux copiés d'après les chefs-d'œuvre d'Eustache Lesueur, qui représentent les principales phases de la vie de saint Bruno. Les tableaux originaux enrichissent aujourd'hui le musée du Louvre, mais ils avaient été composés pour la Chartreuse de Paris. Une statue de saint Bruno, plus grande que nature, due au ciseau de Foyatier, est placée au-dessus du fauteuil que le supérieur occupe pendant les réunions capitulaires.

Les portraits de tous les généraux de l'ordre, depuis saint Bruno jusqu'à Dom Jean-Baptiste-Casimir Mortaise, le général actuel, sont peints dans les compartiments du plafond et dans les médaillons qui l'entourent.

Copies et portraits sont détériorés par le temps, mais le vieux frère Jean-Marie soutient qu'ils ont été lacérés par les *brigands* de la Révolution. — Notre nouvel ami Rahoult était chargé de restaurer ces peintures, et c'étaient ces travaux qui motivaient son séjour au couvent.

Une salle voisine contient la bibliothèque ; des vitrines indiquent en effet qu'elle a été de tous temps affectée à cette destination. Frère Jean-Marie, étendant une main tremblante vers les rayons où se trouvent encore 6 à 7,000 volumes, nous dit, les larmes aux yeux, que la Révolution avait tout pillé.

Ce brave Chartreux n'avait pas entièrement raison. La Révolution ne pilla pas ces richesses bibliographiques ; une commission nommée par le Ministre de l'instruction publique, s'était rendue au couvent et en avait rapporté les livres, manuscrits, chartres, etc., qui furent déposés fidèlement à la bibliothèque de la ville de Grenoble, où chacun peut les consulter.

De moyenne grandeur et très-simple, l'église est

faiblement éclairée par des vitraux coloriés; le chœur est entouré de stalles en bois, réservées spécialement pour les pères, et la nef, séparée du chœur par une grille, est destinée aux frères et aux novices. Des tribunes sont au-dessus de la porte d'entrée, et c'est là que se placent les étrangers qui veulent assister au service religieux.

Le plus bel ornement de cette église lui a été ravi à la suite de la Révolution : c'était un autel en marbre blanc donné par la Chartreuse de Pavie et qui se trouve maintenant dans la cathédrale de Grenoble.

Le monastère renferme en outre plusieurs chapelles qui toutes ont une destination spéciale.

On y remarque en premier lieu la chapelle de Famille, où les ouvriers et les domestiques du couvent se rendent pour entendre la messe; la chapelle des Morts, où l'on a recueilli les ossements des premiers religieux enterrés dans le Désert, et ceux des plus illustres officiers de la maison; la chapelle fondée par Louis XIII, éclairée par le haut et richement ornée de peintures et de statuettes; la chapelle des Reliques, où l'on conserve un grand nombre de reliquaires, dont l'un renferme une épine de la sainte couronne, rapportée par saint Louis à son retour des Croisades; — trésor précieux et d'une authenticité incontestable, affirme-t-on. — On y voit encore une chapelle souterraine; puis enfin, la chapelle de Saint-Sauveur, isolée du monastère et particulièrement destinée aux dames qui désirent assister aux offices divins.

A l'extrémité inférieure des cloîtres se trouve le cimetière, envahi par les ronces et les orties, au milieu duquel une fort belle croix en pierre, de style gothique, domine les modestes croix qui seules distinguent les tombes des supérieurs de la tombe des autres religieux, dont la place n'est marquée que par un léger renflement du terrain, sans inscription, sans date, sans aucun souvenir, car le simple Chartreux ne laisse rien après lui, pas même son nom.

Ce lieu du repos éternel n'est ni plus sévère, ni plus silencieux que les autres parties du monastère. Cependant, autrefois des pélerins y accouraient en foule pour être témoins des miracles qui s'opéraient sur la tombe de certains religieux; mais depuis que la foi s'est attiédie, les miracles ont cessé....

De vastes jardins, disposés en terrasses, font suite au cimetière et terminent la masse considérable des bâtiments, qui ont trois cents mètres de long sur cent de large. Par des prodiges d'industrie et de patience, les religieux forcent le sol ingrat de ces jardins à produire quelques fruits et quelques légumes.

En sortant du cimetière, je me souvins de l'épisode romanesque qu'y a placé contre toute vraisemblance le romancier dont j'ai parlé plus haut, et qui trouvait les sources de la grotte Saint-Bruno de température différente.

Le récit qu'il fait d'une visite entreprise à minuit dans le cimetière du couvent, où il rencontre un Chartreux occupé à creuser une fosse pour un frère récemment trépassé, la longue narration que ce même Chartreux le force d'écouter, et cette histoire du frère Jean-Marie qui, une torche à la main, dort appuyé contre un des piliers du cloître; tous ces détails forment à coup sûr un tableau fort émouvant; mais malheureusement ils sont tout-à-fait contraires aux règles et aux usages du monastère. L'auteur a tout sacrifié à la couleur, à la fantaisie et aux effets dramatiques.

Si je me permets de rappeler cet épisode, ce n'est point pour le critiquer, c'est seulement pour répondre d'avance aux objections que l'on pourrait élever contre moi-même, à propos de la rencontre bizarre que nous fîmes au couvent et que je relate dans le chapitre suivant.

Que le lecteur ne considère donc point cette anecdote comme une œuvre de pure imagination; qu'il ne croit pas que j'aie usé de la liberté de l'ingénieux et fécond romancier!.... Au besoin, je pourrais citer le nom de mon personnage.....

V

Bizarre rencontre : un dessinateur en capuchon. — Détails d'intérieur. — Duchesse et actrice.

Lorsque nous eûmes parcouru tout ce qu'il est permis aux voyageurs de visiter dans le couvent, nous allâmes, en attendant le repas du soir, nous reposer dans la cour principale, où nous jouîmes du calme d'une belle soirée.

Nous caressions de la voix et de la main les magnifiques chiens du Saint-Bernard, dont les Chartreux ont apporté la race dans leur monastère; nos yeux s'égaraient sur les cimes arides des montagnes ou s'arrêtaient sur les forêts qui en couvrent les flancs. L'air était pur et embaumé par le parfum pénétrant de l'angélique, croissant en abondance dans la cour, et que les troupeaux, de retour du pâturage, coupaient d'un dernier coup de dent avant de se désaltérer à la fontaine et de rentrer à l'étable. Un berger, jeune gaillard robuste et bien découplé, vint alors s'offrir comme guide et prendre notre heure pour nous conduire le lendemain au Grand-Som.

Nous nous disposions à quitter la cour lorsque nous vîmes venir à nous le père coadjut., suivi d'un simple novice. Celui-ci avait obtenu de son supérieur la permission de causer un instant avec moi, son ancien ami, disait-il, qu'il avait reconnu dans les cloîtres.

Qui fut étonné, sinon moi ? Je découvris dans les traits amaigris et sous le teint basané de ce novice, un de mes condisciples à l'école de dessin de Saint-Pierre, bon et gai camarade avec lequel je faisais chaque jeudi de si agréables courses aux environs de Lyon pour dessiner le paysage. — Douze à quatorze ans s'étaient écoulés depuis cette heureuse époque !......

Jean-Baptiste P*** était fils d'un maître-serrurier de Lyon. Il avait terminé ses études à la classe d'architecture, quand, à la suite des événements d'avril 1834, il dut s'éloigner de la France, autant pour éviter des poursuites politiques que pour donner libre carrière à son humeur aventureuse.

Il parcourut l'Italie, travaillant quelquefois chez des architectes, mais le plus souvent tirant le soufflet de la forge et frappant sur l'enclume.

Dénué de ressources pour passer dans l'Egypte, qu'il voulait visiter, il se rendit utile sur le vaisseau et obtint son passage gratis.

Après avoir végété quelque temps sur les bords du Nil, il eut l'heureuse chance de s'attacher à un entrepreneur chargé par le gouvernement britannique de construire à Jérusalem un hôpital et un temple pour la colonie anglaise.

Sur cette terre d'Orient, berceau de tant de religions, ses idées prirent une teinte de mélancolie et et de mysticisme qui allait influer sur sa destinée. Les moments de loisir que ses travaux lui laissaient, il les employait à visiter les monastères de la Palestine et les lieux consacrés par de saintes traditions.

Mais, poussé par le démon de l'inconstance, il abandonna son patron et les constructions commencées ; il revint en France par Tunis, Alger et l'Espagne. — A Alger, après avoir passé quelques jours auprès d'un de ses frères qui tenait un café chantant, et se trouvant à bout de ressources, il se résigna à faire entendre sa voix aux habitués de l'établissement de son frère. En Espagne, sous le costume de pèlerin, et appuyé sur un bourdon, il allait demander la soupe et le gite aux portes des couvents.

A son arrivée en France, il se dirigea sur la ville de la R***, et vint frapper à la porte du palais épiscopal, résidence de son oncle, Mgr V***, évêque du diocèse.

Edifiant tout le monde par une conduite exemplaire, il fut placé dans un séminaire par l'évêque, qui croyait reconnaître chez son neveu une vocation religieuse très-prononcée; mais son goût pour la solitude, ses idées mystiques, ses bizarreries nuisirent à ses études.

Il quitta donc le séminaire pour le couvent des Trappistes d'Aiguebelle, dont il s'éloigna bientôt, trouvant la règle trop sévère; puis, voulant essayer de la Grande-Chartreuse, il pria son oncle d'écrire à ce sujet au supérieur Dom Mortaise; et peu après, le couvent compta dans son sein un membre de plus sous le nom de *novice Jean-Baptiste*, lequel pensait trouver le repos dans le Désert.

Novice Jean-Baptiste en était là de son existence mouvementée quand le hasard me conduisit à la Chartreuse et me procura cette rencontre.

Avant de me quitter, mon ancien camarade me pressa la main et leva les yeux au ciel; il poussa un profond soupir et reprit lentement le chemin de sa cellule, en égrenant un chapelet et marmottant une patenôtre. Il paraissait se plaire dans son nouvel état, mais la fatalité le destinait à justifier une fois de plus la justesse de ce vieux proverbe : « l'homme propose, et le... diable dispose !... »

Après avoir subi les dures épreuves de deux ans de noviciat, et au moment enfin de prononcer des vœux irrévocables, notre apprenti Chartreux se lassa de la Chartreuse comme il s'était lassé de la Trappe et jeta le froc de saint Bruno par-dessus les buissons. Préférant alors la vie active à la vie contemplative, il entra dans la communauté des Frères de la Sainte-Famille, voués à l'enseignement de la jeunesse, en Savoie ; il échangeait la discipline du moine contre la férule de l'ignorantin.....

Il s'occupait avec ardeur de ses nouveaux travaux, quand l'amour, à son tour, vint se mettre de la partie et déjouer ses projets. — L'ex-novice entretenait une correspondance plus qu'amicale avec la mère d'un élève confié à ses soins. Devant les menaces du mari outragé, l'amoureux en capuchon dut fuir de la communauté et se réfugier à Yenne, où il se cacha chez un de ses camarades, ancien apprenti serrurier du père de P***, et établi dans sa ville natale.

C'est alors que par un concours de circonstances que je tairai, car elles figureraient mieux dans le roman de Gil Blas que dans cet opuscule, il fit la connaissance d'une dame M***, parente de son hôte et maîtresse de M. le comte de M***, pair de France. Par la protection de cette dame, il devint régisseur des vastes domaines que celui-ci possédait dans la Normandie. Il aurait peut-être conservé cette position, sans la mort prématurée du comte, qui amena la vente et la division des propriétés.

C'est vers ce temps-là que je revis l'ex-Chartreux. Il était fixé à Collonges, près de Lyon, où, comme piqueur, il conduisait les travaux sur une section du chemin de fer. Presque tous les samedis il venait à Lyon; et j'eus l'occasion de passer plusieurs soirées avec lui et d'entendre le récit de ses étranges pérégrinations. Son esprit de mysticisme s'était encore développé, mais en prenant une autre direction; il errait dans les régions chimériques de la politique et des théories sociales.

Depuis cette époque, je ne sais ce que mon pauvre P*** est devenu; mais je fais des vœux bien sincères pour qu'il puisse enfin rencontrer le bonheur qu'il a vainement cherché....

Après cette singulière rencontre, et l'obscurité

étant tout-à-fait venue, nous rentrâmes au réfectoire, et nous nous assîmes auprès de la cheminée où flambait un bon fagot, car les nuits sont toujours fraîches et humides dans cette haute vallée. La cheminée, à la mode des anciens temps, est surmontée d'un manteau assez vaste pour abriter une vingtaine de personnes à la fois et leur permettre de se chauffer à l'aise. Ses parois sont couvertes d'un nombre infini de signatures que les visiteurs ont tracées avec la pointe d'un couteau. Quelle sotte et déplorable habitude !....

Qu'un nom comme celui de César ou Napoléon soit inscrit sur un monument de l'Egypte ou au sommet des Alpes, je le comprends : ce nom est riche de souvenirs ; il anime le désert....... mais quand des noms vulgaires ou des noms inconnus se montrent avec prétention sur le socle d'une colonne, le piédestal d'une statue ou sur un édifice public, cela fait hausser les épaules et sourire de pitié. C'est encore bien pis lorsque ces noms sont accompagnés du nom de la ville et du nom de la rue, du numéro et même de l'étage de la maison qu'habitent leurs auteurs qui, parfois, ne craignent pas d'ajouter leur profession à cette longue litanie, le plus souvent véritable almanach de commerce.

La belle saison étant à peine commencée, il n'y avait point encore de voyageurs au couvent; frère Jean-Marie nous tenait compagnie.

— « Allons, allons, messieurs ! dit-il avec bonté et en homme qui voulait nous mettre à notre aise, allumez donc un cigare, vous devez fumer ?.... Dans ma jeunesse je fumais aussi ; mais, ma foi, depuis que l'âge est arrivé, je ne prends plus le tabac qu'en poudre.... «

Là-dessus il ouvrit sa tabatière en souriant, et y puisa une large prise, qu'il aspira en plusieurs fois.

Il nous apprit comment il était venu se fixer à la Grande-Chartreuse. Natif de Freybourg en Brisgau, il avait connu à la Chartreuse de la Part-Dieu, en Suisse, où il faisait son noviciat, plusieurs Chartreux qui, à la Révolution, s'y étaient réfugiés. Seun était son nom de famille; il le perdit à son entrée en religion pour prendre celui de frère Jean-Marie. En 1816 il accompagna le père Meissonnier, auquel il s'était attaché, et qui revenait en France.

Le père Dom Romuald Meissonnier, un des rares survivants des anciens Chartreux, avait été nommé général de l'ordre; son installation eut lieu le 8 juillet 1816 ; elle fut l'occasion d'une fête à laquelle prirent part les autorités civiles, militaires et religieuses, et la population des environs. Comme son grand âge et ses infirmités ne lui permettaient pas de faire le trajet à pied et lui interdisaient même l'emploi du mulet, il fut porté en litière de Saint-Laurent-du-Pont jusqu'au couvent par les plus robustes habitants du village. Il mourut peu de temps après son installation.

Quant à frère Jean-Marie, il n'avait jamais quitté la maison. Plein d'urbanité, doué d'un caractère des plus avenants, il était chargé de recevoir les voyageurs des deux sexes, — les dames à l'Infirmerie, et les hommes au monastère, — fonction dont il savait s'acquitter à merveille. Tous ceux qui l'ont connu conservent de lui un bon souvenir. Sa conversation ne manquait pas d'un certain intérêt; et comme il aimait à causer, il nous donna, sur notre demande, quelques renseignements sur l'administration du couvent et sur la règle et le régime que les Chartreux y suivent.

A cette époque, il y avait dix-huit pères et à peu près le double de frères, de servants et de novices. Les hommes qui s'enrôlent sous la bannière de saint Bruno apportent une dot en entrant au monastère et laissent leur nom de famille pour un nom de religion sous lequel désormais ils seront connus. Dès qu'un sujet s'est présenté au couvent et qu'il a été agréé par le supérieur général, il est placé sous la direction du maître des novices; il est mis en cellule, et il prend le titre de *postulant*. Cette première épreuve dure un mois. Ensuite, sous le nom de *frère*, il commence son noviciat, qui dure deux ans; après quoi, s'il est capable et si sa vocation paraît certaine, il prononce ses vœux, à l'église, devant toute la communauté; il reçoit l'ordination et prend alors le nom de *père*.

Les pères seuls célèbrent l'office divin; quant aux frères, les moins instruits restent dans la classe des frères *convers*, qui sont liés par des vœux, des frères *donnés* ou des frères *servants*, chargés des travaux vulgaires de la maison, dont ils sont tenus d'observer tous les réglements.

Sauf quelques légères différences, le costume est le même pour tous. Des bas de laine et une culotte de drap grossier; une robe longue ou cuculle, à larges manches, et à capuchon, également de laine, blanche pour les pères, brune pour les frères, serrée à la ceinture par une simple corde [*ceinture de cuir, et non une*] et par un chapelet à gros grains et à tête de mort; une dalmatique qui leur couvre le dos et qui se croise sur un scapulaire placé sur la poitrine; de gros souliers ferrés, des sabots ou seulement des sandales, selon la saison : tel est l'habillement des Chartreux. Le linge de corps leur est complétement interdit.

Certains d'entre eux ont les reins entourés d'une discipline, espèce de ceinture de crin qui les rappelle sans cesse à la pénitence, à la mortification ; et les plus timorés, les plus indignes aux yeux de Dieu, ne craignent pas d'ajouter quelques pointes de fer à cette discipline.

Les pères ne portent pas la barbe, mais les frères la laissent pousser ; tous ont la tête rasée, à l'exception d'une couronne de cheveux soigneusement réservée. Les autres habitants du couvent gardent leur chevelure intacte, mais très-courte.

La plupart des religieux possèdent un état manuel ; les uns sont menuisiers, tourneurs ou charpentiers ; ils scient et fendent le bois nécessaire à la consommation de la maison, les autres confectionnent les vêtements et la chaussure, relient des livres ou enluminent des images. Tout ce qui leur est nécessaire est fabriqué par eux. Quelques-uns mêmes ont des connaissances en pharmacie et en médecine.

Le gouvernement de la Grande-Chartreuse est un gouvernement absolu entre les mains d'un supérieur général, portant le titre de *Révérend Père* ou *Père général.* Il est élu pour trois années par les religieux à la réunion du chapitre ; il peut être réélu. Il nomme lui-même à tous les emplois du couvent, et ses officiers sont divisés ainsi : Dom *vicaire*, Dom *procureur*, Dom *coadjuteur*, Dom *sacristain* et Dom *scribe*. Tous lui doivent une obéissance aveugle, et aucun n'est dispensé de l'observance de la règle, excepté du silence, et encore dans de certaines limites. Il exerce son autorité sur toutes les Chartreuses du monde, qui, néanmoins, élisent elles-mêmes leur prieur ou vénérable.

Outre cet état-major et un personnel considérable, le couvent contient également, comme pensionnaires, des laïques et des ecclésiastiques. Un grand nombre de prêtres du diocèse viennent aussi y passer l'époque de leur retraite annuelle.

Parmi les pensionnaires ecclésiastiques, nous eûmes l'honneur de voir le respectable Mgr de Pins, qui administra le diocèse de Lyon depuis l'année 1816 jusqu'à la mort du cardinal Fesch, forcé par les circonstances politiques de s'éloigner de son siége archiépiscopal.

Parmi les pensionnaires laïques, se trouvait un M. de F···, petit vieillard très-riche, possédé de la manie de dorer tout ce lui tombait sous la main ; aussi les autels de l'église, des chapelles et des oratoires du couvent étaient-ils souvent dorés et redorés; toutes les statues des saints, tous les cadres des tableaux avaient passé par ses mains. — Au train dont il y allait, je crois qu'une bonne partie de sa fortune devait se dépenser à l'achat d'or en feuilles pour satisfaire son innocente manie....

Quelques pâtres sont attachés au couvent pour la conduite des troupeaux et pour la manipulation du beurre et du fromage, dont les Chartreux tirent un revenu assez rond. Mais de toutes leurs industries, la plus importante, sans doute, est la fabrication de liqueurs et d'essences végétales, extraites de certaines plantes particulières à leurs montagnes ; puis, la vente des chapelets, médailles, reliques et reliquaires ; celle d'un puissant spécifique contre les maux de dents, les coupures, foulures, brûlures, etc. ; enfin, celle d'une pâte minérale, connue sous le nom de *Boule d'acier*, qui a, dit-on, la propriété de guérir toutes les maladies des femmes.

Comment se fait-il que ces braves gens, tout-à-fait étrangers à la société des dames, puissent si bien connaître les infirmités de ce sexe, infirmités sur la nature desquelles s'étend très-longuement le prospectus imprimé qui enveloppe la fameuse *Boule d'acier* ?.... C'est une question assez délicate, et que conséquemment je n'osai pas adresser au vénérable frère Jean-Marie !...

A propos de la plus belle moitié du genre humain pour laquelle ces bons solitaires possèdent, comme nous venons de le dire, une panacée universelle, frère Jean-Marie nous raconta deux anecdotes sur deux dames qui avaient pénétré dans le couvent.

Sous la restauration, Mme la duchesse de Berry, dans un voyage en Dauphiné, visita la Grande-Chartreuse. Comme princesse du sang, elle n'eut pas à subir la proscription dont est frappé son sexe : les portes s'ouvrirent à deux battants devant elle. Le supérieur seul la reçut et l'accompagna partout ; mais elle ne trouva dans ces vastes bâtiments que la solitude la plus complète. Les pères, les frères et les autres religieux étaient consignés dans leurs cellules, et il ne lui fut pas même permis de passer la nuit dans l'intérieur du monastère : telle est la règle. Suivie seulement des hommes de sa suite, car les dames, malgré de vives réclamations, étaient restées au dehors, elle termina rapidement sa visite sans avoir vu la figure d'aucun Chartreux. Elle aurait pu coucher à l'Infirmerie, elle n'en fit rien : assez désappointée, elle aima mieux rentrer à Saint-Laurent-du-Pont.

Peu de temps après cette visite princière, le couvent en reçut une autre, mais toute de contrebande. Une actrice fort célèbre, Mlle D***, étant en représentation à Grenoble, vint, sous le costume d'un jeune étudiant et en compagnie de quelques artistes, sonner à la porte de la Chartreuse. L'aisance avec laquelle elle portait le costume masculin et fumait un cigare, n'inspira aucun soupçon au frère portier.

Elle fut introduite avec ses camarades, parcourut tous les bâtiments, et, plus favorisée que la duchesse de Berry, put voir les religieux, soit à l'église, soit même dans leurs cellules. Ce n'est que le lendemain, au réfectoire, qu'elle fut reconnue par un voyageur qui, deux jours auparavant, l'avait applaudie au théâtre de Grenoble.

Le couvent n'apprit la vérité qu'après le départ de l'artiste. Grand fut l'émoi qui s'empara de tous les religieux ; la désolation de l'abomination fut dans Israël !.... Le père coadjut. fut censuré, frère Jean-Marie sévèrement réprimandé, et le frère portier cassé de ses fonctions, mis aux arrêts et remplacé par frère Philippe, le gardien actuel. Le lit où le démon avait couché, le banc sur lequel il s'était assis, les divers lieux où il s'était arrêté, tout fut purifié par le feu : l'esprit malin fut exorcisé !....

Dans leur curiosité déçue, combien les pauvres femmes doivent maudire le bienheureux saint Bruno, assez peu galant pour leur interdire l'entrée du monastère. En vérité, mesdames, de quoi vos beaux yeux se sont-ils donc rendus coupables envers ce saint homme, pour qu'il exerce contre vous une semblable exclusion et cette vengeance d'outre-tombe?.... Voulez-vous commettre votre petit péché habituel? Contentez-vous de faire le tour du couvent et d'épier la sortie de quelques religieux! Vous avez, au reste, un curieux spécimen de ceux-ci dans la respectable personne de frère Jean-Marie, qui peut sans crainte, pour le salut de son âme, se trouver dans votre compagnie, agréable aux yeux du démon, mais dangereuse et réprouvée selon saint Bruno.

Voici d'ailleurs la sévère et singulière prescription que l'on trouve à l'égard des femmes dans les statuts disciplinaires de l'ordre : « Nous ne permet-
» trons jamais aux femmes d'entrer dans notre monas-
» tère, car nous savons que ni le Sage, ni le Prophète,
» ni le Juge, ni le premier modèle sorti des mains de
» Dieu, n'ont pu échapper aux caresses et aux trom-
» peries des femmes. Qu'on se rappelle Salomon,
» David, Samson, Loth, et ceux qui ont pris des fem-
» mes qu'ils avaient choisies, et Adam lui-même,

» et qu'on sache bien que l'homme ne peut recéler
» du feu dans son sein sans que ses vêtements soient
» embrasés, ni marcher sur des charbons ardents
» sans se brûler la plante des pieds... »

Après que frère Jean-Marie eut terminé le récit des visites de la princesse et de l'actrice, dont le souvenir, — je parle, bien entendu, de l'actrice seulement, — le faisait encore frémir d'indignation, il nous conduisit dans nos cellules, au modeste mobilier de bois blanc, composé d'un lit en forme de tombeau, d'un prie-Dieu, d'une table et de deux chaises, tous objets fabriqués de la main des Chartreux ; il nous engagea à prendre un peu de repos jusqu'au moment où il viendrait nous réveiller pour nous faire assister à l'office de matines, selon le désir que nous lui en avions témoigné.

Cette nuit, je la passai à la manière des religieux : je m'étais enveloppé dans une grosse couverture de laine, préférant dormir ainsi plutôt que dans des draps glacés et humides ; et bien qu'un fagot de bois ne se trouvât pas au fond de mon lit, en revanche, les feuilles de hêtres, qui tenaient lieu de paillasse et de matelas, n'offraient pas une couche plus moëlleuse que celle des autres habitants du monastère.

Nous étions couchés depuis deux ou trois heures à peine, quand le digne frère vint nous faire lever. Guidés par lui, nous entrons dans les cloîtres, qui, sans la pâle et vacillante clarté de nos chandelles, eussent été noyés dans la plus profonde obscurité. De minute en minute, le bruit criard d'une porte se faisait entendre, et de grands fantômes, les uns en robe blanche, les autres en cape noire, passaient devant nous en s'inclinant et semblaient glisser sur les dalles : c'étaient les Chartreux qui se rendaient à matines.... Je n'ai jamais vu de figures comparables à celles de ces hommes, figures sur lesquelles l'isolement et la prière avaient gravé l'impassibilité la plus glaciale.

A l'église, frère Jean-Marie nous fit placer dans les tribunes, où, l'office terminé, il devait venir nous reprendre. Les pères occupaient les stalles du chœur; les frères, les prie-Dieu de la nef. Ce lieu n'était éclairé que par une lampe suspendue à la voûte, et par la petite lanterne ronde dont chaque Chartreux était porteur.

Dans les grands orchestres de nos salles de spectacle, tous les musiciens ont, fixée à leur pupitre, une petite lampe dont la clarté complète celle du lustre principal, de même chaque prie-Dieu de cette église est muni d'une tige en fer destinée à recevoir la lanterne qui permet au Chartreux de lire son livre de prières.

De temps en temps les Chartreux interrompaient leurs chants et leurs prières; ils cachaient leur lanterne sous leur robe et s'étendaient sur la dalle; puis, ils se relevaient lentement, replaçaient la lanterne à leur pupitre, et continuaient l'office.

Cette demi-obscurité, ce caractère mystérieux, cette psalmodie sourde et monotone, ces voix caverneuses, ces hommes morts au monde, tout dans ce lieu avait quelque chose qui attristait l'âme. Nous regrettions presque d'avoir quitté nos lits, aussi n'attendîmes-nous pas la fin de l'office pour tâcher de les regagner. Un contre-temps vint encore augmenter nos regrets : nous nous égarâmes dans les cloîtres. Nous cherchâmes bien à retourner à l'église, mais ce fut en vain, chaque pas semblait nous égarer davantage. Nous ne voyions rien que nos ombres allongées; nous n'entendions rien que le bruit de nos pas retentissant sous ces voûtes sonores, et répercuté par les échos de ces profondeurs.... Force nous fut donc d'attendre patiemment la fin de l'office et la sortie des Chartreux. Celui auquel nous demandâmes le chemin des dortoirs se mit la main sur la bouche pour nous faire comprendre que la parole lui était interdite, mais d'un geste il nous indiqua la direction que nous avions à suivre.

VI

Ascension du Grand-Som. — Les Bergeries de Bovinant. —
Le Saut-du-Chartreux.

Le lendemain, à cinq heures du matin, Rahoult vint frapper à notre porte; malgré le sommeil profond dans lequel nous étions encore plongés, nous fûmes bientôt sur pied, prêts à nous mettre en route pour le Grand-Som. Le guide nous attendait dans la cour; et comme nous avions été à même d'apprécier les qualités toniques de la liqueur des Chartreux, nous eûmes soin de nous munir d'une bouteille que notre garçon mit dans son bissac.

La chapelle Saint-Bruno laissée à notre gauche, nous nous enfonçons dans la forêt, et nous arrivons à une belle prairie où paissaient une partie des troupeaux du couvent. La prairie est arrosée par des sources qui jaillissent de la partie supérieure, et les rigoles d'irrigation sont savamment disposées. Nous gravissons un sentier rapide pavé de larges pierres qui le préservent des dégradations que lui causeraient les fortes pluies du printemps et les eaux se précipitant à la fonte des neiges. — Partout on retrouve la prévoyance des Chartreux....

Au-dessus de la prairie, la forêt commence à s'éclaircir ; la végétation est moins vigoureuse, et ce dépérissement augmente jusqu'au point où la nature arborescente ne produit plus que des buissons.

Cette diminution des forces productives de la terre et l'absence de certaines essences d'arbres, je les avais déjà remarquées depuis que je parcourais ces montagnes. Un observateur peut indiquer, par l'étude des zônes végétales, le point où l'on se trouve au-dessus du niveau de la mer. La science, d'ailleurs, nous apprend que cent mètres d'élévation du sol font baisser la température dans la même proportion que le fait un demi-degré de latitude en s'éloignant de l'équateur. L'activité plus ou moins grande de la végétation est donc une conséquence naturelle de ces deux faits.

Au pied des montagnes de la Chartreuse, par exemple, on trouve des vergers, de la vigne et de magnifiques noyers, qui s'éclaircissent peu à peu pour faire place à des chênes et à des châtaigniers, lesquels sont remplacés à leur tour par des hêtres, des sapins, et ensuite par des mélézes, des bouleaux, des arbres rabougris, des buissons de genévriers s'élevant à peine à quelques pouces du sol, puis, par les pâturages, les mousses et les lichens qui rampent sur les rochers dénudés, et ne tardent pas à disparaître eux-mêmes sous la rigueur du froid et sous les neiges perpétuelles.

On est témoin de ce phénomène en montant au Grand-Som, et c'est aux Bergeries de Bovinant que finit la végétation ligneuse et que commence une autre végétation : herbe courte, fine, serrée, parfumée, que les moutons broutent avidement. On y remarque surtout une infinité de fleurs, aux formes les plus gracieuses, et un certain gazon d'un vert tendre et couvert de petites fleurettes qui passent par toutes les nuances du blanc le plus pur au carmin le plus vif, alors qu'elles sont plus ou moins ouvertes. D'autres croissent à côté de la neige; et rien ne me parut aussi bizarre que ce contraste des productions du printemps et des frimas de l'hiver. — Etant, je l'avoue, complètement étranger à la science qu'illustrèrent les de Jussieu et les Linnée, je ne connais point le nom scientifique des fleurs qui foisonnent dans ces lieux, je ne puis indiquer à quelle famille elles appartiennent ; tout ce que je sais et puis dire, c'est qu'elles sont charmantes, adorables.

Coquettes ! elles étalent avec orgueil leurs brillantes couleurs : elles ont tout pour plaire aux yeux..... Mais la nature leur a refusé le parfum si doux, si suave, qui trahit leurs sœurs de la plaine, modestement cachées sous les haies touffues de nos chemins.

Les Bergeries se composent de deux ou trois vastes bâtiments construits en pierres, bas, ramassés et d'une solidité suffisante pour braver les ouragans les plus furieux. Situées en haut de la vallée, au col de Bovinant, passage très-ardu descendant à Saint-Pierre-d'Entremont par la sauvage vallée des Eparres et séparant le Grand-Som des rochers du Renard qui forment la base d'un cône tronqué, elles appartiennent au couvent ; les troupeaux et les pâtres qui, pendant l'été, vivent dans ces régions supérieures, sont assurés d'y trouver toujours un abri pour la nuit et contre les orages et les intempéries des saisons.

Avant de gravir le Grand-Som, nous déjeunâmes non loin des Bergeries, près d'une source d'eau limpide. Notre déjeûner se composait de quelques œufs durs et de fromage apportés du couvent ; nous n'avions pour boisson que de l'eau fraîche, dont nous corrigeâmes la crudité par l'addition de quelques gouttes de rhum (1).

A notre dessert, et pour chasser un commencement de fatigue, nous eûmes recours aux vertus restaurantes de la liqueur des bons pères. Nous prîmes donc des mains du guide la bouteille que nous lui avions confiée.

Quelle fut notre surprise de voir le liquide singulièrement diminué!.... Je m'étais bien aperçu que pendant le trajet mon drôle soutenait ses forces en se mettant de temps à autre en communication avec la bouteille; mais j'étais loin de supposer qu'il y eût causé un semblable déficit.... Après tout, comme il faut que tout le monde vive, notre petite colère s'évanouit bientôt devant l'aveu ingénu du pauvre garçon : il n'avait jamais bu de cette liqueur tant vantée, et il n'avait pu résister à la tentation.

La bouteille circule de main en main; chacun

---

(1) Je recommande aux voyageurs novices de ne jamais boire de l'eau pure dans leurs courses, quelles que soient leur fatigue et leur soif: ils doivent toujours être munis d'un flacon de spiritueux quelconque et de l'indispensable tasse en cuir verni. Le voyageur expérimenté boit le moins possible dans le courant du jour; il évite ainsi cette transpiration abondante à laquelle succède toujours une grande lassitude et quelquefois un funeste refroidissement....

prend sa ration du précieux liquide autant pour oublier les fatigues passées que pour se préparer à braver les fatigues à venir. Nous levons ensuite notre camp et commençons l'escalade des croupes du Grand-Som.

Une première rampe se prolonge obliquement à droite des Bergeries jusqu'au pied du rocher abrupt où se trouve un étroit sentier qui cotoie l'abîme : c'est le Saut-du-Chartreux ou Mauvais-Pas.

Le guide, Rahoult, Léon et Lucien franchissent sans broncher ce pas difficile; Francisque le traverse à son tour, d'un pied moins sûr toutefois ; pour moi, j'hésite à m'y engager, mais poussé par l'amour-propre, je finis par suivre mes camarades. N'osant tourner la tête du côté du précipice, de crainte qu'un vertige ne me fasse faire une culbute dans laquelle on ne court que le seul danger de se briser les os et de se rompre le cou, tenant à l'intégrité de mes membres et aussi quelque peu à la vie, Dieu sait si je me cramponnais aux aspérités du terrain, pour passer sans accident le fameux Saut-du-Chartreux.

Cet endroit scabreux est ainsi nommé en souvenir d'un épisode dramatique des temps anciens. Un moine revenait de cueillir de ces plantes rares qui ne croissent que sur ces hauteurs désolées; poursuivi par un ours, il se trouva acculé contre le rocher, sans autre alternative pour échapper à la dent cruelle de son ennemi que d'affronter sa fureur en luttant corps à corps avec lui, ou de s'élancer dans l'abîme. Il prit ce dernier parti, après avoir recommandé son âme à Dieu. Une saillie du rocher et des broussailles le retinrent dans sa chute, où il se fût broyé mille et mille fois si la Providence n'eût veillé sur lui.

Suspendu entre ciel et terre, voyant l'ours s'efforcer d'arriver jusqu'à lui, ayant à résister aux attaques non moins dangereuses des vautours, il resta deux ou trois jours dans cette affreuse position, d'où il ne fut retiré qu'à l'aide de cordes apportées du couvent et avec grand renfort de bras.

Ce lieu, témoin des souffrances du pauvre moine, était impraticable de son temps. Pour parvenir au Grand-Som, on était forcé de faire un long détour que les voyageurs craintifs suivent encore de préférence. Avec beaucoup de peine et de travail, on a taillé cette corniche, et on l'a rendue à peu près praticable et telle qu'elle existe aujourd'hui.

Au-delà du Saut-du-Chartreux, nous trouvons les dernières neiges de l'hiver au fond des crevasses et sur les pentes exposées au nord. Le trajet n'offrant plus aucun danger, malgré l'herbe glissante et le terrain rapide, nous arrivons à la suite d'une série d'escalades au point culminant, à plus de deux mille mètres d'altitude.

Les Chartreux ont érigé sur cette cime une croix de grande dimension qui domine toute la contrée. Quelques années auparavant ils étaient parvenus à y placer une croix en fer, mais la foudre attirée sans cesse par le métal, ne lui permit pas de résister plus d'une saison. Depuis lors, ils l'ont remplacée par une croix en bois, dans laquelle il n'est pas entré la moindre parcelle de fer, ce qui la met à l'abri du fluide électrique, mais non des orages qui la renversent fréquemment.

Du point où s'élève ce signe vénéré, l'on découvre un des panoramas les plus étendus qu'il soit donné à l'homme de pouvoir contempler. On a devant soi un espace immense où surgissent des monts accumulés sur d'autres monts, et dont la plupart, couverts de neiges éternelles, se perdent à l'horizon ou dans la profondeur des nues; — au nord-ouest, ce sont les cimes des rochers d'Aliénard et les montagnes de Fourvoirie et de Chalais; — à l'ouest, c'est Chamechaude, le Saint-Eynard, Charmant-Som, le Casque de Néron, le Sapey, le massif de Sassenage, dominé par le pic de Moucherolle et le triple et inaccessible sommet des Trois-Pucelles, et en dernier plan, les montagnes du Vivarais et du Forez ; — au sud, voici la chaîne de la rive droite de l'Isère, où se trouvent la dent de Crolles ou le Petit-Som et le mont Saint-Pancrace, reconnaissable à sa large échancrure appelée le *Col du Pas-de-Fer ;* — sur la rive gauche, voilà les crêtes du Grand-Charnier, d'Allevard, du Gleyzin, des Sept-Laux, de la Grande-Lance, de Belledonne, de Chanrousse, de Taillefer, du pays d'Oisans, du Pelvoux, et dans la même direction, mais se fondant dans un vague lointain, la silhouette de celles de Briançon et du mont Viso ; — au nord, par-delà les monts de l'Epine et de la dent du Chat, à six lieues de distance, c'est le lac du Bourget, paraissant une petite mare ; — puis, de l'autre côté du Rhône au cours dessiné par une ligne de vapeurs blanchâtres, c'est le Grand-Colombier, ainsi que les autres montagnes du Bugey et du Jura ; — puis encore, tournant un peu à l'est, ce sont les Bauges, la dent de Nivolet, les Alpes de la Savoie et les Grandes-Alpes, barrières naturelles de la France et de l'Italie ; — enfin, le Mont-Blanc domine cet ensemble de toute la majesté d'un géant couronné.....

Pour conclusion, signalons à l'esprit ce que la

plume et le pinceau sont impuissants à rendre, ces jeux de la lumière, ces effets du soleil qui changent incessamment l'aspect de chaque objet, cette atmosphère dont la densité ou la transparence rapproche ou éloigne les distances, et l'on aura une bien faible idée du panorama qui se déroule aux yeux du voyageur placé sous la croix du Grand-Som.

En ramenant ses regards sur le sommet où il se trouve, il voit à une profondeur de mille mètres la vallée de la Chartreuse dont les hautes et sombres forêts, vues ainsi à vol d'oiseau, lui semblent une verte prairie, comme les bâtiments du couvent lui paraissent aussi petits que les cases d'un damier. La configuration du Grand-Som est telle, que le voyageur est placé juste au-dessus de l'endroit qu'il a quitté trois ou quatre heures auparavant.

Le sommet offre un plateau inégal, entièrement rocheux, excepté dans les dépressions qui retiennent la terre végétale, emportée partout ailleurs par les pluies et les vents. Les moutons grimpent jusque sur ces hauteurs pour brouter le peu d'herbe qui y pousse; ils appartiennent aux Chartreux ou à des châlets dépendant des hameaux situés au pied du Grand-Som, du côté opposé à la vallée du couvent.

Mes compagnons de voyage, Léon, Rahoult et

Lucien, tous trois enfants de Grenoble et familiarisés avec les beautés naturelles du Dauphiné, Francisque, qui avait parcouru les bords du Rhin, la Suisse et la Savoie, aux lignes non moins variées, regardaient ce spectacle avec une curiosité toujours nouvelle. Quant à moi, me trouvant pour la première fois en face d'un pareil tableau, j'étais transporté, enthousiasmé, ébloui ; j'étais muet d'admiration ; j'étais dans une extase inexprimable. J'avais besoin de me recueillir : c'était un nouveau monde ; c'était l'immensité !.... Et dire qu'il faudra rentrer à Lyon, s'emprisonner dans un cabinet de dessin d'où l'on n'a pour horizon que des cheminées et des toits enfumés !... Quelle riante perspective !....

— Eh ! mon Dieu ! plus d'allumettes !.... le vent vient d'éteindre la dernière.... Que faire maintenant pour avoir du feu ?....

Ces exclamations, qui venaient de me troubler au milieu de mes réflexions, étaient poussées par l'ami Léon, qui, tout dolent, regardait sa pipe, alors meuble inutile ; Francisque, Lucien et Rahoult, la cigarette à la bouche, étaient pareillement ébahis ; tous trois m'offraient à peu près l'image de poissons hors de l'eau.

— Et pas une allumette !.... répètent-ils d'un air

contrit. Aussi, pourquoi diable avoir laissé nos sacs au couvent!....

— Monsieur, êtes-vous fumeur?

— Non!

Alors je renonce à vous peindre leur désolation; vous ne la comprendriez pas....

— Et vous, monsieur, fumez-vous?

— Oui! Oui! oui!

Je ne vous la peindrai pas non plus; vous savez assez ce que doit éprouver un fumeur dont la dernière allumette vient de rater....

— Mon royaume pour un cheval!... s'écriait Richard III fuyant après la bataille de Bosworth. — Tout ce que l'on voudra pour une allumette!... proposent avec désespoir nos quatre fumeurs.

— Un petit verre de liqueur!... répond aussitôt le guide, sortant de sa poche amadou, pierre et couteau.

— Bravo! mon garçon!.... deux, trois verres!.... à en perdre haleine, si tu veux; mais vite, du feu! du feu!

Les pipes sont enfin allumées; nos artistes en aspirent avec délices le pénétrant parfum; des flots de fumée s'échappent de leur bouche, et je crois même de leurs narines. — La barbe blonde de Rahoult et la barbe noire de Francisque ressemblaient aux fissures d'un volcan.

L'heure était venue de songer au retour. La descente fut moins pénible que l'ascension, et le trajet de plus courte durée. A midi, nous rentrions au monastère.

VII

Nouveaux Schahabaham. — Frère Jean-Marie et M. Rahoult.

Une partie de l'après-dîner fut consacrée à une course délicieuse vers un pavillon rustique et solitaire, situé sur le flanc de la montagne. Un sentier bien ombragé, bien fleuri, partant de l'Infirmerie et traversant le petit torrent, conduit, par des lacets multipliés, à ce belvédère, but ordinaire des promenades de Mgr de Pins. De là, le regard embrasse dans son ensemble la masse des bâtiments de la Chartreuse, et la distance rapprochée permet d'en saisir les moindres détails.

Les dames se rendent habituellement à ce pavillon, où, poussées par la curiosité et par l'amour du fruit défendu, elles se tiennent à l'affût pour tâcher de découvrir quelque Chartreux vaquant à ses travaux dans l'intérieur des cours.

Avant de rentrer au logis, nous passâmes quelques instants à flâner devant l'Infirmerie, sous un groupe de hêtres d'une venue magnifique. Une verte pelouse invite le touriste à s'arrêter sous cet ombrage épais. Une heure s'y est vite écoulée, à causer, à fumer, et, le dirai-je, — serviles imitateurs de l'illustre Schahabaham de bouffonne mémoire, — à suivre de l'œil les évolutions gracieuses d'une foule de poissons qui peuplent un vaste vivier, alimenté par des eaux de source et servant à l'approvisionnement du monastère. Les truites, les anguilles, y vivent en compagnie des carpes et des brêmes, dans le meilleur accord; mais si leur existence est commune, leur destinée est bien différente. — On devine quels sont, de ces habitants aquatiques, ceux qui doivent figurer sur la table de l'état-major du couvent et sur celle des touristes de haute volée ; quant au menu fretin, on sait qu'il est le maigre apanage réservé aux simples Chartreux et aux modestes voyageurs.

J'ai dit que Rahoult était depuis plusieurs mois installé au couvent, et quelle était la nature de ses travaux..... Il occupait un appartement très-commode, composé de trois pièces, dont une lui servait d'atelier. Selon son caprice, il mangeait tantôt seul, tantôt avec frère Jean-Marie et quelques autres religieux. Il se plaisait beaucoup dans ce séjour, mais la table laissait quelque chose à désirer.

— Aussi, nous disait-il en souriant, chaque dimanche je fausse compagnie à mes Chartreux et je descends à Saint-Laurent, où la table, copieusement servie de l'hôtel Gondrand, varie très-bien le réglementaire ordinaire de la maison. Je suis aussi retourné deux ou trois fois à Grenoble pour montrer à mes camarades que je n'ai pas divorcé avec le monde, comme quelques méchantes langues en avaient répandu le bruit....

Vous devez comprendre, messieurs, que ces escapades scandalisent fort le bon frère Jean-Marie; mais le dimanche soir, à mon retour, j'en suis quitte pour une légère réprimande.

— Allons, monsieur Rahoult, me dit-il d'une voix nasillarde, embellie par l'accent tudesque, quelle conduite menez-vous pendant vos absences; vous courez la pretentaine, n'est-ce pas?...

— Je vous en raconterai bien une partie, mon frère, mais je ne puis tout vous dire.... Cependant, si vous y tenez....

— Non, non, je vous en dispense; je vous crois capable de tout.... libertin!...

Et le vieux religieux se bouche les oreilles, craignant d'être scandalisé.

La semonce finit habituellement par une petite tape qu'il me donne sur la joue, et par la recommandation de prier Dieu, au moins de temps en temps. A quoi je réponds à mon tour :

— Je vous laisse ce soin-là, mon frère; à chacun son métier; vous vous en acquitterez mieux que moi.

— Hum! hum! murmure à part lui le vieux moine, ce M. Rahoult est un gentil garçon, ma foi! il est toujours gai comme un pinson... C'est dommage qu'il aille si souvent à Grenoble, dans cette grande ville, ville d'étudiants et d'artistes. Ah! c'est à faire frémir!.... Certainement, je prierai Dieu pour lui; il y a beaucoup à faire, je le vois, mais la miséricorde divine est infinie....

— En attendant, libertin, prenez ce verre d'élixir et allez vous mettre au lit; vous paraissez accablé de chaleur..... Une autre fois, ne venez pas aussi vite....

Tout cela est dit avec une sollicitude vraiment paternelle; en vérité, messieurs, le frère Jean-Marie est un excellent homme....

Et notre jeune peintre contrefaisait à ravir la voix et le geste du vieux Chartreux.

Nous passâmes la soirée dans son atelier à examiner ses cartons. Il avait à repeindre les portraits de quarante à cinquante généraux disposés dans les médaillons qui ornent la grande salle du Chapitre. La plupart des anciennes peintures étaient tellement détériorées que l'on avait peine à y trouver la ressemblance du personnage. Mais notre artiste n'était pas arrêté pour si peu : il faisait poser devant lui les moines du couvent, qui sans doute étaient bien aises de rompre pour quelques heures la monotonie de leur existence, et tout fiers de faire passer leurs traits à la postérité, sous le nom vénéré du général Dom *un tel*. Il avait ainsi rassemblé un certain nombre de très-bonnes et fort belles têtes d'étude qui, bien certainement, lui serviront de modèles pour les sujets religieux qu'il peut être appelé à traiter et pour les tableaux de genre qu'il excelle à composer; avec elles il saura animer les paysages qu'il reproduit avec tant de fidélité et les nombreuses vignettes que son crayon est si habile à croquer.

Le lendemain, nous soldons notre carte, donnons notre offrande et quittons la Grande-Chartreuse, après avoir reçu du bon frère Jean-Marie les souhaits qu'il faisait pour que Dieu nous permît d'achever, sans accident, notre voyage. Rahoult nous accompagne quelques pas et nous met sur le chemin de Saint-Laurent-du-Pont.

Ce jeune homme nous était très-sympathique ; nous regrettâmes mutuellement de nous séparer ; mais il le fallait, lui pour retourner au couvent, nous pour continuer notre course de touriste (1).

(1) M. Diodore Rahoult s'est fait un nom dans la peinture, et ses œuvres tiennent un rang distingué dans nos expositions annuelles.

Il est l'auteur des charmants et spirituels dessins qui ornent un nouvel ouvrage qu'il publie sous le titre de *Grenoblo Malhérou*, et dans lequel il a rassemblé la plupart des poésies en patois du Dauphiné.

Depuis cette rencontre, je ne l'ai pas revu ; si cet ouvrage lui tombe sous les yeux, qu'il se rappelle son camarade de quelques jours, dans l'esprit duquel il a laissé un très-agréable souvenir.

VIII

Le Pont-Péran. — Fourvoirie. — Saint-Laurent-du-Pont.

Le chemin que nous suivions est latéral à celui qui, de l'entrée du Désert, par le Sapey, conduit au monastère, et le ravin seul les sépare. Il est tracé dans la forêt, et ombragé de manière à défier les ardeurs du soleil. Un petit sentier de traverse s'en détache à la Croix-Verte pour aller rejoindre le chemin de Val-Ombré, près du pont de la Tannerie.

Aucun lieu n'est plus frais ni plus pittoresque que ce sentier. J'engage les artistes à le parcourir; ils y trouveront des motifs de paysage, empreints d'un caractère de sublime grandeur et de sauvage poésie.

Depuis le couvent jusqu'à la Croix-Verte, on descend constamment par une pente assez douce; mais à partir de ce point, la descente devient très-rapide. Taillé dans le roc vif, où l'on voit encore les coups de pic et les trous de mine, ce chemin, ouvert par le supérieur Dom Leroux sur la fin du XV⁰ siècle, fut élargi en 1781, puis amélioré par le gouvernement pour faciliter l'exploitation des superbes forêts qui se trouvent dans ces parages.

Nous approchons du Guiers, perdu au fond de l'abîme, et n'annonçant sa présence que par le mugissement de ses eaux. Nous étions parvenus au *Pas-de-l'Ane*, passage dangereux, où, malgré les pierres disposées en forme de parapet, il peut encore arriver des accidents comme celui qui lui a valu son nom : un âne, pesamment chargé, s'était abattu et avait roulé dans le précipice. Un peu au-delà de ce mauvais pas, nous apercevons l'Aiguillette.

L'Aiguillette est une pyramide de rocher qui, du torrent, s'élève à une grande hauteur. On dit qu'un Anglais est monté jusqu'à la pointe. Quoique l'on soit habitué aux excentricités de ces insulaires, il est permis de douter de cette ascension. A moins d'avoir des ailes, quel moyen aurait-il pris ?...

Elle domine des ruines qui se rattachent à ses flancs et semblent ne faire qu'un avec le rocher. Ces ruines, couvertes d'herbes et d'arbrisseaux, se composent d'une muraille ébréchée qui barre le chemin dans toute sa largeur, et qui a été construite en même temps que lui. Les Chartreux avaient mis à profit un défilé très-étroit, en ajoutant à sa défense naturelle cette fortification, percée de plusieurs meurtrières et d'une arcade fermée autrefois par une porte solide. Un petit réduit, destiné à abriter la garde qu'ils y entretenaient en tous temps, flanque cette muraille, dont l'ensemble produit un effet très-original au milieu de cette nature sévère.

La porte de l'Aiguillette garantissait de ce côté le monastère de toute entreprise hostile, dans le cas où la double porte de Fourvoirie eût été forcée.

Un Chartreux revenant de Saint-Laurent-du-Pont, se reposait sur ces débris ; son capuchon, rejeté en arrière, laissait voir sa figure austère et méditative ; il semblait le gardien de cette porte déserte, ou plutôt le génie de l'ordre de saint Bruno pleurant sur les ruines et les malheurs de la communauté.

Etrange contraste ! au moment même où notre esprit était sous l'empire de ces illusions, l'air retentit des rires joyeux d'une caravane de jeunes voyageurs qui se rendaient au couvent.

Parmi eux se trouvaient plusieurs dames montées sur des mulets, et tremblantes quand ces bêtes, dont le pied est pourtant si sûr, passaient trop près du précipice.

Nous saluons le religieux qui nous rappelait les temps anciens, et les voyageurs qui nous représentaient les temps nouveaux ; puis nous dépassons la porte de l'Aiguillette, ornée d'un écusson aux armes de l'ordre des Chartreux : le globe terrestre surmonté d'une croix, au sommet de laquelle brillent sept étoiles, dont la plus élevée rappelle saint Bruno et les autres ses six compagnons de retraite. — De telles armes, pour ces hommes du désert dont l'humilité est une vertu, ne semblent-elles pas un nonsens ? Elles sont plus orgueilleuses que celle des empereurs d'Allemagne !...

La descente continue à être très-rapide ; nous entendons plus distinctement le torrent ; nous commençons même, à travers les sapins, à le voir bouillonner. Un événement qui pouvait avoir des suites funestes pour Léon et pour Lucien, nous arriva dans ce lieu. — Je suis encore ému lorsque après tant d'années il me revient à la mémoire.

Curieux de voir de près des bûcherons occupés à extraire du torrent des troncs d'arbres que les orages de l'hiver y avaient entraînés, nous descendions une berge scabreuse. Nos deux amis ayant le pied montagnard passaient les premiers, et nous, nous aidant de nos mains, les suivions non sans peine. Tout-à-coup, un bloc de rocher se détache sous nos pas et se précipite d'une manière effrayante le long de la berge, menaçant d'écraser nos compagnons. A nos cris et au bruit produit par la chute, ils se jettent instinctivement derrière un gros sapin ; il était temps, la pierre bondit à l'endroit même qu'ils venaient de quitter.

Après avoir causé quelques instants avec les bûcherons, nous regagnons le chemin. Horizon borné par la profondeur et les lignes tourmentées de la gorge, la hauteur des montagnes et l'épaisseur des bois ; fraîcheur continuelle entretenue par les eaux vives qui, de tous côtés, s'échappent des fissures ; chemin taillé dans le roc en gradins escarpés ; aspect toujours sombre et sévère : c'est au milieu de cette solitude que l'on marche et que l'on atteint le Pont-Péran.

Aux approches du Pont-Péran, la gorge s'est cependant un peu évasée, sans rien perdre toutefois de sa physionomie sauvage ; sur la droite, une dépression où serpente un sentier, permet aux bûcherons et aux charbonniers d'exploiter les forêts ; sur la gauche, la montagne jusqu'ici plongeant verticalement dans le Guiers, subit aussi une légère dépression, dont on a profité pour frayer un chemin des plus difficiles qui conduit sur des sommets éloignés, et qui, par le Pas-de-la-Biche, les prairies de la Grande-Vache, celles de la Petite-Vache et le Pas-de-la-Miséricorde, aboutit dans la vallée de la Placette.

Sur un de ces sommets, se trouve le prieuré de Chalais, dans lequel on suivait autrefois la règle de saint Benoît; mais devenu plus tard une dépendance de la Grande-Chartreuse, il fut soumis à la règle de saint Bruno. Il est occupé aujourd'hui par le révérend père Lacordaire, fondateur d'une communauté de frères-prêcheurs de l'ordre de saint Dominique.

De l'autre côté du pont, le chemin longe constamment la rive gauche, et à mesure que l'on avance, la gorge redevient étroite et singulièrement tourmentée. De gros blocs de pierre et des masses de terre qui, à la suite des pluies, ont roulé de la montagne, de fortes cascades qui tombent d'une hauteur prodigieuse et ravinent le chemin, rendent certains passages fort difficiles. Rien ici ne trahit la présence de l'homme; cependant, toutes les fois que la nature des lieux l'a permis, on a établi sur le torrent des usines où l'on scie les troncs d'arbres que l'on convertit en planches de toutes dimensions.

On rencontre deux ou trois de ces scieries depuis le Pont-Péran jusqu'à Fourvoirie.

Ici la gorge devient tellement resserrée qu'il y a place juste pour le Guiers; et lorsqu'ils ont ouvert la route, les Chartreux ont été obligés de creuser en demi-cintre le rocher qui surplombe, d'empiéter sur le lit du torrent et d'y jeter les fondations de solides murailles pour le passage de cette même route.

Ce travail est vraiment admirable et témoigne une fois de plus de la persévérance proverbiale de ses auteurs. Le nom lui-même du chemin (*Forata via*, *Fourvoirie*) en indique assez la nature.

Pour déboucher de la gorge, la route traverse une maison à double porte, fortifiée, et de tous points semblable à celle qui se trouve sur le pont du Grand-Logis, du côté de Saint-Pierre. Construite plus tard que la porte de l'Aiguillette, et lorsque les Chartreux eurent reculé les bornes de leur domaine, elle paraissait devoir présenter un obstacle sérieux à quiconque eût tenté de franchir le passage. Cependant elle fut impuissante contre les Routiers et contre les Huguenots, qui, comme nous l'avons dit plus haut, dévastèrent par deux fois le couvent. Plus tard, on compléta cet ouvrage devant lequel Mandrin et ses compagnons furent contraints de s'arrêter.

Nous sortons du Désert; l'horizon s'élargit; il semble que l'on respire plus à l'aise. Nous sommes à

Fourvoirie, où se trouvent des scieries mécaniques, un haut fourneau et d'importances usines, dans lesquelles on travaille le fer sous toutes les formes.

Trois ponts traversent le torrent; les deux plus petits servent de conduite aux eaux qui, retenues par des barrages et tombant en cascades écumeuses, font mouvoir d'énormes roues, le troisième sert de passage pour le service de cette localité, peuplée d'un grand nombre d'ouvriers qui y trouvent les avantages que leur refuserait la culture ingrate de cette contrée montagneuse.

Ces ponts, ces barrages, ces prises d'eau, ces aqueducs, tous couverts de mousse, de longues touffes d'herbe et de bouquets de buis, — ornements dont la nature fait tous les frais et qu'elle renouvelle chaque jour; — ces bâtimens massifs et enfumés des usines; ces montagnes aux flancs rembrunis par les forêts de sapins; ce torrent aux eaux fougueuses; ces rochers anguleux qui forment la gorge ténébreuse que nous venions de traverser, font de Fourvoirie le rendez-vous habituel d'une légion d'artistes et d'amateurs accourus de toutes parts, pour enrichir leurs cartons et leurs souvenirs des points de vue pris dans cette localité si pittoresque (1).

(1) Les photographies Maisonville reproduisent admirablement cette

Mais, hâtons-nous de le dire, le Désert et Fourvoirie n'offrent aux vrais artistes que d'intéressants sujets d'étude, mais aucune grande toile, aucun grand tableau; tout y est trop confus, trop rapproché, et en général trop noir ; l'air et le soleil y manquent. Pas de plans, de lignes, de couleurs.... point de fuyants, de perspectives.... horizon borné !....

Outre ces usines, jadis propriété du couvent, il existe dans ce lieu un grand bâtiment qui sert d'entrepôt pour recevoir, à l'endroit où le chemin cesse d'être praticable aux voitures, tous les colis d'un fort volume destinés aux Chartreux, particulièrement les grosses tonnes de troix-six employé à la fabrication de leurs liqueurs. Là, sous l'œil d'un frère qui y réside, les colis sont divisés et le spiritueux transvasé dans de petits tonnelets d'une forme spéciale, que les mulets transportent alors facilement par ces chemins montueux où les obstacles surgissent presque à chaque pas, mais qui, grâce aux travaux que l'on va entreprendre, finiront par disparaître.

entrée de Fourvoirie, l'intérieur du Désert et le pont du Grand-Logis, du côté du Sapey. La vue de ces épreuves peut seule donner à l'étranger l'idée la plus vraie du désordre de cette nature.

Leurs auteurs, MM. Muzet et Bajat, viennent de recevoir, à titre d'encouragement, deux médailles d'or de la part de Sa Majesté l'Empereur des Français.

Pour bien apprécier les beautés sans rivales, l'aspect saisissant, enfin, le véritable caractère de la route que pendant l'espace de trois lieues nous avions suivie depuis la Chartreuse, il convient de faire le trajet en sens inverse, c'est-à-dire partir de Fourvoirie. On juge beaucoup mieux des effets en montant qu'en descendant ; grâce aux illusions qui résultent de la perspective dans le premier cas, tout revêt une forme plus surprenante, plus grandiose. L'expérience me l'a démontré, car je fis ainsi ce voyage quelques années après, et je reconnus la justesse de cette appréciation.

Nous avions bien mis cinq à six heures pour faire ces trois petites lieues ; nous avions marché comme de vrais artistes, nous arrêtant à chaque pas, examinant tout. La nuit arrivait ; elle commençait à couvrir de ses voiles le fond de la vallée, tandis que l'horizon se colorait de bandes jaune et pourpre, et que les sommets des montagnes, restant encore éclairés, disparaissaient successivement à mesure que l'astre du jour avançait dans sa course.

A vingt-cinq minutes de Fourvoirie, nous découvrions les premières maisons de Saint-Laurent-du-Pont, autrefois Saint-Laurent-du-Désert, et peu après nous entrions à l'hôtel Gondrand, que Rahoult nous avait indiqué comme le meilleur. En effet, le souper que nous y prîmes, le lit que nous y trouvâmes, justifiaient assez bien cette réputation et nous firent oublier le manque absolu de confortable du couvent.

Le bourg de Saint-Laurent, situé aux bords du Guiers, sur la route départementale de Vienne aux Echelles, est assez important, et les habitants paraissent jouir d'une certaine aisance. Là, s'arrêtent les voitures des nombreux touristes qui se dirigent sur la Chartreuse; il possède plusieurs bons hôtels dont la meilleure partie du revenu est assurée par le séjour de ces amateurs. On y trouve également des guides et des mulets pour les dames et pour les mauvais marcheurs. La liqueur qui s'y fabrique, le Génépy des Alpes, mérite une mention particulière. Ce puissant digestif n'a pas encore atteint la réputation européenne de la liqueur des Chartreux, mais il est déjà bien apprécié des gourmets.

IX

La procession de la Fête-Dieu en Savoie. — La Percée des Echelles.

A la suite d'une bonne nuit passée dans un bon lit, nous partîmes de Saint-Laurent et prîmes la direction des Echelles de Savoie, où Léon voulait rendre visite à un de ses parents, auquel il était bien aise de nous présenter.

Cette circonstance fortuite changea nos projets, relativement à la fin de notre voyage, qui fut réglé ainsi : visiter Chambéry, Aix-les-Bains; prendre le bateau à vapeur au lac du Bourget, et rentrer à Lyon par le Rhône.

Libre maintenant dans son cours, le Guiers-Mort décrit dans la plaine les plus gracieux méandres et semble se reposer sur un lit de sable et de petits cailloux des luttes qu'il vient de soutenir dans les rochers. Après l'avoir cotoyé quelques instants, nous

nous en éloignons pour traverser un canton à l'aspect agreste, bien frais, couvert de prairies, désigné sous le nom d'*Entre-Deux-Guiers*, et au bout duquel se trouve le Guiers-Vif qui sépare la France de la Savoie.

Ce dernier torrent sort de la gorge profonde de Saint-Pierre-d'Entremont, située au centre des montagnes de la Grande-Chartreuse; il n'est guère plus considérable que son homonyme, dont il reçoit les eaux à une demi-lieue au-dessous du hameau de Saint-Christophe, où nous étions arrêtés.

Ce hameau possède une passerelle très-pittoresque et singulièrement construite au débouché de la gorge; c'est le pont Saint-Martin. Un carabinier sarde qui bêchait un petit jardin attenant au corps-de-garde, nous voyant venir dans sa direction, déposa aussitôt sa bêche et quitta sa blouse pour revêtir son costume officiel, afin, sans doute, de produire sur nous un effet plus imposant.

A cette époque, le gouvernement piémontais craignait des mouvements politiques en Savoie; l'entrée n'en était donc pas facile pour le voyageur non muni de passeport; or, nous nous trouvions dans ce cas, attendu qu'en partant de Lyon nous n'avions pas la pensée de dépasser la frontière.

— Vos papiers !... s'écrie avec cette aménité particulière aux gendarmes de tous les pays le carabinier fidèle à la consigne.

— Nous n'en avons pas ! répond Léon, mais M. F. L..., secrétaire du syndicat des Echelles, sera, au besoin, caution de notre honorabilité.

Le représentant de la force publique parut réfléchir et chercher le moyen de concilier ses devoirs avec le désir d'être agréable à un des notables de l'endroit. Il nous regardait comme pour prendre notre signalement.

L'examen ne nous fut pas désavantageux, et le passage allait devenir libre, quand les douaniers, à leur tour, vinrent nous questionner et nous visiter, — toujours avec l'aménité du gendarme dans l'exercice de ses fonctions. — Après quoi, il nous fut permis de fouler la terre de Sa Majesté sarde.

Midi sonnait au moment où nous entrions dans le bourg des Echelles (*Oppidum scalarum*). C'était le dimanche de l'octave de la Fête-Dieu.

Avant d'être présentés par Léon à M. F. L..., nous voulions épousseter un peu nos vêtements, couverts de la poussière du chemin, et rafraîchir aussi nos gosiers desséchés par la chaleur du jour. A l'hôtel, on refusa de nous recevoir en ce moment, attendu que la procession allait passer, et que les établissements publics devaient être fermés. Même refus dans un café, aussi bien que chez un barbier.

Nous prîmes le parti de traverser de nouveau le Guiers, espérant trouver un toit plus hospitalier dans la partie du bourg assise sur la terre de France!.... En effet, tous les établissements y étaient ouverts. Nous entrâmes dans un café pour nous désaltérer : on nous servit de l'eau chaude; puis, nous allâmes chez un barbier où l'on nous écorcha. Rafraîchis à peu près, tant à l'intérieur qu'à l'extérieur, nous repassâmes en Savoie. Tous les habitants du pays étaient sur pied à cause de la procession.

L'affluence était considérable et le défilé dura longtemps. Nous y remarquâmes avec curiosité plusieurs communautés de femmes et un grand nombre de religieux et de pénitents. Marchant sous leurs bannières respectives, ils offraient un aspect sinistre, le corps enveloppé d'une longue robe en étoffe grossière, taillée en forme de sac, et la figure couverte d'une espèce de capuce percée de deux trous pour marquer la place des yeux. Chacun portait une torche fumante et un gros chapelet. Les membres de ces confréries, les enfants de chœur, et même les prêtres offraient dans leurs ajustements un mélange de luxe et de pauvreté qui faisait peine à voir. Nous ne citerons qu'un exemple.

Un grand gaillard, tout jeune, à l'air très-peu recueilli, marchait devant le dais en manœuvrant fièrement un énorme encensoir ; une aube blanche et du plus fin tissu recouvrait des vêtements grossiers, et sa tête était ornée d'une couronne de fleurs, mais, par contre, sa figure et ses mains étaient d'une propreté fort douteuse ; à ses cheveux étaient entremêlés des brins de paille ; ses jambes étaient sans bas et ses souliers recouverts de boue et de fumier témoignaient assez que le pauvre garçon avait passé par l'écurie avant de venir prendre place à la procession.

Quand la procession eut défilé, nous nous présentâmes chez M. et Mme L...., qui nous reçurent cordialement et nous retinrent à dîner.

—Messieurs, dit notre hôte, qui connaissait notre itinéraire projeté, il vous sera difficile de parcourir la Savoie sans être munis de passeports ; mais je puis vous tirer d'embarras. Je vous procurerai un certificat signé par le syndic et par quelques notables du pays, au moyen duquel vous pourrez circuler librement, je l'espère, dans toutes les provinces de la monarchie piémontaise....

Inutile d'ajouter que cette offre gracieuse fut acceptée de grand cœur et avec une sincère reconnaissance.

Le jour suivant, nous prenions la route de Chambéry, et une montée en pente douce, dominée par les ruines du château de Minuet, nous conduisit en moins d'une heure devant la fameuse galerie appelée vulgairement *la montagne percée*.

Cette petite partie de la Savoie où est bâti le bourg des Echelles, représente un bassin d'environ une lieue de diamètre ; elle se trouve séparée du reste de la province par une chaîne élevée qui relie le massif de la Grande-Chartreuse aux montagnes de l'Epine et de la dent du Chat. Avant le XVIIe siècle, les communications entre ce bassin et le cœur de la Savoie avaient lieu, dit-on, au moyen d'échelles appliquées contre les rochers, échelles qui permettaient de franchir le passage difficile et qui ont laissé leur nom au pays. — Je croirais plutôt qu'à la place d'échelles il y avait tout simplement des sentiers étroits, dont l'escarpement leur avait valu ce surnom.

Quoi qu'il en soit, le chemin de Chambéry finissait autrefois dans une espèce de cul-de-sac, au pied de rochers qui semblaient une barrière infranchissable. Là, on déchargeait les charrettes et les mulets, et des hommes du pays, chargés des ballots de marchandises et servant de guides aux voyageurs, gravissaient la montagne et descendaient par l'autre versant, où l'on trouvait de nouveaux mulets et de nouvelles charrettes.

Le duc de Savoie, Emmanuel II, préoccupé de la lenteur et des inconvénients d'un pareil mode de locomotion, profita d'une déclivité de la montagne pour y faire exécuter des travaux considérables, qui consistaient à tailler le rocher du haut en bas sur une longueur de mille mètres.

C'est dans cette coupure qu'il traça la grande route de France en Italie, suivie jusqu'au commencement de notre siècle. Mais la pente en était si rapide que l'on était obligé de doubler le nombre des chevaux et de prendre des bœufs de renfort, et malgré cela, les voitures pesamment chargées avaient peine à atteindre le haut de la montée. La descente présentait aussi de grands dangers.

Un tel état de choses ne pouvait subsister lorsque l'Italie devint partie intégrante de l'empire français; Napoléon fit donc percer la montagne de part en part, mais dans une autre direction, et établir la route actuelle dont la pente est très-douce.

Cette galerie souterraine est en effet digne de sa renommée. Commencée en 1805 et creusée dans un rocher très-dur, elle fut ouverte au mois d'août 1813, sous les yeux de la reine Hortense, à son retour des eaux d'Aix, mais elle ne fut livrée au public que sept ans après.

Elle a environ trois cents mètres de long, sur huit de haut et autant de large. C'est lorsqu'on se trouve sur les lieux et à même de comparer cette nouvelle voie avec l'ancienne que l'on peut juger de la grandeur de l'œuvre; et bien que les chemins de fer, avec leurs tunnels de plusieurs kilomètres d'étendue, nous aient habitués aujourd'hui à leurs merveilles, cette galerie, connue des touristes, n'a pas vu s'affaiblir son ancienne réputation : elle sera toujours considérée comme un monument fort remarquable.

Un cantonnier habite une petite maison placée à l'issue de la galerie; il est chargé d'entretenir la chaussée, de nettoyer les rigoles pour faciliter l'écoulement des eaux suintant sans cesse de la voûte, et d'entretenir les lanternes qui, jour et nuit, éclairent ce long souterrain.

Après l'œuvre de Napoléon, nous allons voir l'œuvre d'Emmanuel.

L'ancienne route partant à angle droit du coin supérieur de la galerie, où est édifiée la solitaire chapelle de Notre-Dame-de-Bon-Rencontre, s'enfonce entre les deux parois de la montagne coupée ; telle est sa profondeur que le jour n'y arrive qu'à l'état de demi-obscurité. Des rochers qui surplombent menacent de s'écrouler et de combler le passage ; des cavernes ténébreuses jettent l'effroi dans les âmes (1) ! Aucune fleur, pas le moindre brin d'herbe ne cache la nudité de ce défilé sauvage, aride et sans horizon ; rarement, le pas du voyageur vient rompre le silence qui y règne.... Ce chemin, abandonné, débouche au milieu du bassin des Echelles, à l'endroit appelé *le Pilon*, à peu près entre la percée et le petit pont Saint-Martin, dans un hameau, dont les habitants, misérables aujourd'hui, étaient, avant l'ouverture de la galerie, occupés à conduire les voyageurs et à transporter leurs bagages, ce qui répandait un peu d'aisance dans ce petit coin de terre. Une plaque de marbre encastrée dans le roc, indique l'année 1673 comme date de l'ouverture de l'ancienne route.

Depuis que j'ai visité cette localité, je me suis demandé comment les Romains avaient pu pénétrer dans

(1) C'est dans l'une de ces cavernes que le curé Mingrat s'était caché après la découverte de son crime. Arrêté par les carabiniers sardes, il fut transféré dans la prison de Fenestrelle, où il subit une détention perpétuelle.

cette partie des Gaules où se trouvent encore tant de traces de leur séjour. Sans nul doute, une grande voie militaire devait exister aux Echelles, et alors le rôle du duc Emmanuel se serait borné à la rectifier. — Courtisans de ce prince, ses contemporains, lui en auraient attribué la création, dissimulant ainsi le mérite de l'œuvre primitive du peuple-roi.

Rappelons un épisode militaire peu connu qui s'est passé dans ce lieu sur la fin de l'Empire.

En 1814, les gardes nationaux des Echelles, soutenus par ceux de Voiron et par quelques soldats d'infanterie de ligne, avaient barricadé l'ouverture supérieure de la galerie, d'où ils contenaient les Autrichiens. Pour déloger nos braves, ceux-ci employèrent un moyen que dans semblable circonstance le maréchal Pélissier renouvela plus tard en Afrique contre les Arabes. Ils avaient rassemblé sur la montagne une grande quantité de fagots auxquels ils mirent le feu et qu'ils précipitèrent devant l'ouverture inférieure de la galerie. Poussée par le vent, une épaisse fumée s'y engouffra, et nos gens, pour ne pas être étouffés comme des renards dans leur terrier, durent abandonner la position jusqu'au moment où de hardis chasseurs débusquèrent les lanceurs de brandons et permirent à nos braves de reprendre leur poste.

C'est à la même époque, et à quelques lieues de là que le baron Raverat, mon père, repoussait la division autrichienne qui avait franchi le col de la Gublette, traversé le Guiers au Pont-de-Beauvoisin et envahi l'arrondissement de la Tour-du-Pin.

Nos quatre touristes quittèrent le cantonnier qui leur avait servi de guide ; ils n'avaient pas manqué de le féliciter sur les nombreuses industries qu'il savait exploiter avec avantage. A ses fonctions tout officielles d'employé du gouvernement, il joignait celles purement commerciales de cabaretier, et un autre métier moins licite, mais très-lucratif, que le voisinage de la frontière lui permettait de faire. — Au demeurant, ce fonctionnaire public avait plusieurs cordes à son arc, et était de force à donner des leçons de cumul à certains de nos hommes en place.

Stérile et resserrée jusqu'à l'endroit où elle cesse de monter, la gorge qui livre passage à la grande route de Chambéry s'élargit peu à peu et perd de son aspect sauvage. A Saint-Jean-de-Coux, la verdure reparaît, quelques habitations couvertes en chaume commencent à se montrer sur la lisière de quelques parcelles de terre pierreuse ensemencées d'avoine et de seigle ; mais combien tout cela a encore l'air misérable !...

Au-delà du village de Saint-Thibaut-de-Coux, à la Courbière, nous nous arrêtons surpris d'admiration devant la cascade du Grand-Rieu, la plus belle que nous ayons jamais vue. Elle tombe d'une hauteur prodigieuse d'un des contreforts des montagnes de Grenier, ramification de celles de la Grande-Chartreuse.

Cent ans auparavant, elle avait excité également l'admiration de l'enthousiaste Jean-Jacques Rousseau, qui la décrit si bien dans une des pages de ses Confessions.

Aujourd'hui, cependant, elle est moins belle que de son temps, car l'eau ne se détache plus net de la montagne et ne tombe plus en arcade assez loin pour qu'on puisse passer entre la cascade et la roche, quelquefois sans être mouillé, comme il nous l'apprend lui-même. Cela tient, sans doute, à la direction du vent, à un moindre volume d'eau, ou plutôt au changement qu'a dû subir le débouché de la cascade, dont les rochers, rongés par l'action simultanée du temps et des eaux, ont été bouleversés à la suite d'un de ces accidents qui désolent trop souvent les pays de montagnes.

En effet, non loin de là, on voit encore sur le bord de la route plusieurs monticules formés de terre et de blocs de rocher qui se sont détachés de la montagne dans le siècle précédent. Heureusement, il n'existait aucun village en cet endroit lors de l'éboulement ; s'il s'en fût trouvé un, il eût été infailliblement écrasé sous le poids de ces masses énormes qui encombrèrent la vallée.

A mesure que nous avançons, le pays devient plus riche, et des côteaux plantés de vignes ont succédé aux âpres rochers. A Cognin, village renommé par ses vins blancs mousseux, Léon nous dit en souriant :

— M'est avis de faire halte ici pour nous assurer par nous-mêmes si cette réputation est de bon aloi...

La motion adoptée sans opposition, nous entrons dans une auberge où deux bouteilles aussitôt vidées nous permettent d'apprécier les produits des vignobles voisins. Le brave Léon prétendait qu'au troisième et mieux encore au quatrième flacon l'appréciation serait bien plus complète. Cette fois la motion fut repoussée, et la séance levée....

Des scieries, des usines, des moulins, des battoirs, établis sur l'Yère, joli ruisseau par où s'écoulent les eaux de la cascade ; des habitations plus nombreuses et plus propres, une campagne plus riante et mieux cultivée, quelques châteaux, de belles allées d'arbres qui bordent la route, une circulation plus active, nous annoncent l'approche de Chambéry, où nous entrons sur les cinq heures du soir, après un voyage de six à huit lieues.

X

Chambéry. — Le conseiller Bonneau et le milord Lyonnais. — Aix-les-Bains.

Avant de pouvoir nous installer à l'hôtel *du Chameau*, nous eûmes à subir une assez longue attente. Le certificat du syndic des Echelles ne ressemblant nullement, quant à la forme, à la rédaction, à la couleur du papier, aux passeports ordinaires, inspirait peu de confiance au trop scrupuleux hôtelier, à cheval sur les règlements de police. Le commissaire leva ses scrupules, et nous fûmes alors admis dans l'établissement.

La ville de Chambéry (*Lemincum. Camberiacum*) n'a de remarquable que son heureuse situation au sein d'une plaine très-riche, et l'aspect varié des montagnes qui lui forment une magnifique ceinture. La plupart des rues sont étroites et mal percées, mais elles possèdent un avantage dont beaucoup de villes de premier ordre doivent être jalouses : ce sont des eaux courantes divisées en une infinité de petits canaux qui passent derrière chaque maison et entraînent les immondices ; elles entretiennent dans l'été une fraîcheur agréable, et sont très-utiles au point de vue de la salubrité publique.

Le vieux château, bâti en 1230 par le comte Thomas Ier, actuellement palais du gouverneur et du sénat de la province de Savoie, et qui contient dans ses dépendances un vaste jardin et une fort belle église gothique, la Sainte-Chapelle, dans laquelle sa fondatrice, la princesse Yolande de France, femme d'Amédée IX, déposa le Saint-Suaire, relique en grande vénération au Moyen-Age ; une caserne construite sous Napoléon Ier, qui peut recevoir quatre à cinq mille hommes, tant d'infanterie que de cavalerie ; quelques églises n'offrant rien de particulier, et plusieurs couvents sans aucune prétention architecturale, c'est bien en fait de monuments publics, tant anciens que modernes, à peu près tout ce que la ville capitale de Chambéry peut montrer aux étrangers.

Ajoutons cependant à cette courte nomenclature, un théâtre, un hôpital et une fontaine de style oriental, ornée d'éléphants, de palmiers et de trophées indiens, dus aux libéralités d'un homme qui a rapporté une immense fortune des Grandes-Indes, et qui s'est rendu célèbre à des titres divers.

Le lendemain de notre arrivée, nous allâmes visiter les Charmettes, ancienne habitation de Mme de Warens et de son protégé Jean-Jacques. Les Charmettes se trouvent dans un vallon agreste et romantique, à peu de distance de la ville, vallon fréquenté pour la beauté de son site autant que pour les souvenirs qu'il rappelle.

Rien de changé depuis un siècle ! Voici ces deux côteaux élevés qui encadrent le petit vallon au fond duquel coule toujours entre des cailloux et des arbres la rigole dont le murmure égaie l'oreille du touriste, comme il égayait jadis l'oreille du philosophe et celle de sa *chère petite maman*; voici encore à mi-côte ces maisons éparses, fort agréables pour quiconque aime un asile un peu sauvage et retiré; voici l'habitation où Rousseau passa le temps le plus heureux de sa vie, le jardin en terrasse, la vigne, le verger, le petit bois de châtaigniers, la fontaine, et, plus haut dans la montagne, les prés pour l'entretien du bétail... Voilà ces Charmettes dont sa plume éloquente et sympathique a tracé une si fidèle description dans des pages immortelles....

Sur le sentier qu'il avait parcouru si souvent, je cueillis une pervenche que je mis à ma boutonnière. Son souvenir et celui de l'adorable femme, sa première protectrice, restèrent présents à mon esprit et vinrent embellir mes rêves de la nuit suivante.

En sortant de la ville par la route d'Aix, sur laquelle nous nous trouvions le lendemain, on s'engage dans la plaine du Vernay, bornée d'un côté par les montagnes de l'Epine, et de l'autre par la chaîne des Bauges. Le paysage est dominé par trois pics placés en forme d'équerre : la dent de Nivolet à droite, la dent de Grenier à gauche et la dent du Chat en face de nous. On cotoie l'Yère et deux autres ruisseaux, l'Albane et la Leisse, qui, après avoir traversé les rues de Chambéry, coulent tous ensemble dans le même lit et vont porter leurs eaux au lac du Bourget.

Autant qu'on peut en juger par les signes extérieurs, la dévotion est grande en Savoie, car le voyageur est frappé du grand nombre de croix qu'il rencontre sur toutes les routes, à l'embranchement de tous les chemins : croix en bois, croix en pierre, croix en fer, croix de toutes grandeurs et de tous styles. Au-dessous de ces croix se trouve assez souvent une petite niche qui abrite une statue de la Vierge ; un tronc est placé plus bas, et quelquefois aussi une inscription informe le passant qu'un *pater* et un *ave* récités à genoux au pied du monument et accompagnés d'une offrande pécuniaire dans le tronc, lui assurent la rémission de ses péchés et un certain nombre de jours d'indulgences.

On dit même qu'il existe entre Yenne et Chanaz, sur les bords du Rhône, une chapelle très-renommée dans la contrée et dédiée à la Vierge, qui, moyennant prières et finances, préserve le voyageur de la rencontre des bandits. Les bandits, de leur côté, ont en elle une grande confiance, et ils lui vouent une part dans la dépouille du voyageur. Il n'y a pas jusqu'aux contrebandiers qui ne la prient de fermer les yeux aux douaniers, tandis que ceux-ci lui demandent de faire tomber ceux-là entre leurs mains. Les mariniers s'y agenouillent dévotement pour obtenir une navigation exempte de tout sinistre. Elle possède encore une foule d'autres vertus, telles que de procurer des maris aux jeunes filles, des épouses aux célibataires, de préserver des maladies les gens et les bêtes, etc., etc.; mais toujours moyennant prières et surtout finances.

Complétons ce tableau au cachet vraiment italien. Auprès de quelques-unes de ces croix, dans les endroits les plus déserts, se trouve parfois une espèce d'ermite mendiant qui, tout déguenillé et appuyé sur un gourdin noueux, a plutôt l'air d'un détrousseur de grand chemin que d'un honnête homme. C'est avec des menaces et non avec des prières qu'il vous demande l'aumône, véritable impôt forcé que chaque voyageur se hâte d'acquitter en jetant une pièce de monnaie dans le chapeau déposé au bord du chemin.

La chaleur était accablante, le temps lourd; nous marchions au milieu de la poussière que le vent du midi soulevait en épais tourbillons. Pour éviter cet inconvénient, nous abandonnons la grande route au village de Vivier, et coupons à travers champs dans la direction du lac dont nous voulions suivre les bords.

Cette nappe d'eau est vraiment fort belle; elle a environ cinq lieues de longueur sur une de largeur. La rive orientale y vient mourir doucement; des campagnes fertiles, des hameaux, des maisons de plaisance, des châteaux, l'animent et l'embellissent, tandis que l'autre rive, coupée à pic sur les flancs de la dent du Chat, s'élève brusquement à une hauteur de seize cents mètres. On sait que le lac déverse dans le Rhône le trop plein de ses eaux.

A la suite de quelques instants de repos sur ces bords enchanteurs, dépouillés de nos vêtements, nous nous plongeons dans une onde transparente : bain salutaire qui répara nos forces et redonna du ton à nos muscles relâchés sous l'action débilitante du vent du midi. — Le cas échéant, je conseille aux touristes qui liront ces lignes d'imiter notre exemple.

Je remarquai dans ces eaux une particularité que je n'avais rencontrée nulle part. Ayant poussé quelques brassées loin du bord, je sentais alternativement des courants d'eau chaude et des courants d'eau froide ; c'étaient des sources jaillissant des profondeurs du lac et projetant sur mon corps leur température plus ou moins élevée : véritables douches que dame nature vous délivre gratis !.... Ces pays sont riches, on le sait, en eaux thermales, qui font la fortune de la petite ville d'Aix.

Lorsque la grosse chaleur du jour fut un peu amortie, nous prîmes un chemin de traverse bien ombragé qui se dirige sur Aix. A un détour du chemin, nous fîmes une rencontre que je ne crois pas devoir passer sous silence.

Un monsieur et une dame, en tournée de promenade, se dirigeaient de notre côté ; ils jouaient avec un petit chien qui gambadait autour d'eux et faisait retentir l'air de ses joyeux aboiements. Quelle fut notre surprise de reconnaître en ce monsieur un individu fort connu à Lyon, dans ce qu'on appelle le quart de monde. Il avait la direction d'un de ses établissements que l'on ne peut nommer en bonne compagnie. Taille carrée, larges épaules, favoris noirs et épais taillés en côtelettes, figure ignoble, notre homme possédait au plus haut degré le physique de l'emploi; la chronique disait de plus qu'il avait eu de sérieux démêlés avec la justice, et la chose était, ma foi, bien possible. La femme de cet honnête rentier avait un air assez décent; j'ignore si c'était une des anciennes prêtresses du temple !...

Dans ce chemin où nous les croisâmes, ils avaient toute l'allure de bons bourgeois retirés des affaires.

A Aix, nous entrons dans un hôtel d'assez belle apparence. Mais avant de pouvoir être admis, nous dûmes satisfaire aux nombreuses questions de la maîtresse de la maison : ainsi qu'à Chambéry, des difficultés nous avaient été suscitées à cause de l'absence de passeports réguliers. Cette femme était de petite taille, d'un embonpoint remarquable et d'une loquacité peu ordinaire; vantant son établissement outre mesure, elle nous le signalait comme l'un des meilleurs et des mieux fréquentés de la ville.

— C'est chez moi que descendent la plupart des Lyonnais; je n'ai chez moi que des rentiers, des agents de change, des négociants, des banquiers, des hommes marquants....

Elle était en train de débiter cette kyrielle, quand le hasard, comme s'il eût voulu nous montrer séance tenante un échantillon de ses clients, amena à l'hôtel le monsieur aux gros favoris et la dame au petit chien, qui, de retour de leur promenade, venaient commander leur dîner.

— Ah! tenez, justement, voici un riche fabricant lyonnais, continua-t-elle avec volubilité et sans que nous eussions provoqué aucune question ; toutes les années, il vient passer une partie de la belle saison à Aix ; il fait, ma foi, beaucoup de dépenses... Ah! la bonne pratique.... quel homme distingué!... On voit bien tout de suite à qui l'on a affaire....

Et avec ce flux de paroles qui est assez l'apanage des hôtelières de petite ville, elle entama un chapitre élogieux sur le compte de ce personnage, remplissant les mêmes fonctions sociales que ce complaisant M. Bonneau dont parle Voltaire.

« Le roi fit choix du conseiller Bonneau,
» Confident cher et très-bon Tourangeau;
» Il eut l'emploi qui, certes, n'est pas mince,
» Et qu'à la cour, où tout se peint en beau,
» Les courtisans nomment l'ami du prince ;

» Mais qu'à la ville, et surtout en province,
» Les gens grossiers appellent *m.....reau.* »

— Néanmoins, ajouta-t-elle en souriant avec malice, je le crois un peu libertin, car à chaque voyage il est accompagné d'une nouvelle dame. Et figurez-vous que.....

Nous tournâmes le dos à cette bavarde, et nous la laissâmes continuer toute seule ses commentaires qui menaçaient de devenir interminables.

La présence de cet homme dans l'hôtel ne nous donnait pas une très-haute opinion de ses habitués; cela ne laissait pas de nous contrarier, quand un autre personnage parut à son tour. C'était un homme également mal famé à Lyon, vivant de jeu et d'intrigues, hantant les tripots, et venant aux eaux exercer sa coupable industrie au détriment des pigeons qui lui tombaient sous la main. Il était connu sous le surnom de *Milord.*

Rien n'était plus instructif que de suivre ses manœuvres et de lui voir tendre ses filets. Dès les premiers jours de son arrivée au Casino, toujours fatigué, malade, il se plaçait nonchalamment derrière les joueurs, et, d'un air indifférent, étudiait les nouvelles figures et la manière de jouer de chacun. En vain, on lui proposait une partie; il refusait, prétextant son inexpérience, son éloignement pour les émotions que le jeu entraîne à sa suite, lui si nerveux, si souffrant !....

De guerre lasse, il finissait par engager négligemment un pari de peu d'importance et par prendre place au tapis vert. D'une distraction simulée, paraissant se faire violence, en rapport avec d'adroits compères, à force d'habileté il savait asservir la fortune à ses désirs et faire main basse sur les écus des pauvres dupes qui avaient le malheur de se commettre avec lui. En résumé, les eaux thermales de la ville d'Aix étaient pour cet homme un véritable Pactole.

Tel était le nouveau personnage ; et pour le coup, nous voulûmes aller loger ailleurs ; mais notre certificat se trouvant encore entre les mains du commissaire de police, nous dûmes renoncer à ce projet. Forcés de rester au milieu de cette forêt de Bondy et d'y coucher deux nuits, nous fîmes contre mauvaise fortune bon cœur....

L'origine de la ville d'Aix (*Aquæ Allobrogum, Aquæ Gratianæ*) remonte à une haute antiquité. Elle doit être aussi ancienne que Grenoble. Les Romains y formèrent des établissements de bains et couvrirent la contrée d'agréables villas. Les ruines les plus remarquables sont l'arc-de-triomphe de Campanus, un temple et un *vaporarium* ou bain de vapeur.

Durant le Moyen-Age, cette ville fut délaissée ; les sources se perdirent et personne n'y songea plus; mais au XVIIe siècle, le hasard les fit retrouver. De nos jours, pendant deux mois de la belle saison, elles sont devenues le rendez-vous d'une nombreuse société accourue de tous les pays, autant pour y recouvrer la santé que pour goûter les plaisirs et les distractions qui y sont rassemblés, et surtout pour visiter les beaux sites qui se rencontrent dans ses environs. Grâce aux établissements de toute nature élevés par le gouvernement sarde et par d'entreprenants industriels, la société voyageuse ne fait que s'accroître chaque année, assurée qu'elle est d'y trouver le luxe et le confortable.

Le séjour, au surplus, y est à la portée de toutes les bourses : à côté du splendide hôtel, on voit le modeste ménage. Chaque habitant devient hôtelier par circonstance, cédant un ou plusieurs lits, et prenant même à sa table autant de pensionnaires qu'il peut en trouver.

Néanmoins, des courtisanes et des chevaliers d'industrie trouvent le moyen de s'introduire au sein d'une société honnête. Il n'est pas rare de voir parmi des personnes distinguées des hommes et des femmes d'une honorabilité et d'une moralité des plus suspectes. C'est un mal inhérent à toutes les grandes réunions, et il serait bien difficile de le faire disparaître.

Pendant la saison des eaux, le bruit, les fêtes, se succèdent sans interruption; mais la saison finie, cette petite ville, ou plutôt ce bourg, redevient triste, presque désert ; la vie s'en est retirée ; il est rentré dans l'obscurité et le silence. Privés d'industrie et de commerce, les habitants ne vivent durant dix mois de l'année que des bénéfices recueillis pendant les deux autres mois.

XI

Autour du lac du Bourget. — Les moines de Haute-Combe et les lapins blancs de Saint-Innocent. — La dent du Chat.

Le jour suivant, nous commençâmes la série de nos excursions par l'abbaye de Haute-Combe.

A gauche de la jolie promenade appelée *le Gigot*, nom vulgaire qui peint fort bien la configuration de cet emplacement formé par la bifurcation de la route de Genève et du chemin de Saint-Innocent, nous prîmes l'avenue du lac, bordée d'une double rangée de magnifiques peupliers, et nous ne tardâmes pas à arriver au port du Puer, où, derrière une jetée construite par les Français, en 1794, et décrivant une grande courbe, s'abritent les paquebots à vapeur de la Compagnie lyonnaise, les barques de pêcheurs et toute la flottille de la côte.

Ce ne fut qu'à force de sollicitations que nous décidâmes un batelier à nous transporter à Haute-Combe:

le temps était à l'orage, le ciel chargé de nuées ; mais le vent était favorable, et, aidé de la voile et des avirons de deux rameurs, le bateau glissant rapidement sur la surface agitée du lac, aborda au rivage de Haute-Combe (*Alta-Comba*) après une navigation d'une heure et demie.

Cette superbe abbaye, difficilement accessible du côté de terre, est située dans une anfractuosité taillée par la main puissante de la nature sur les prodigieux escarpements du mont du Chat.

Une tour qui sert de phare, un petit port où se trouvent quelques bateaux à voile, des clochers, des chapelles, une église, plusieurs corps-de-logis, des terrasses, des jardins, de grands arbres, une luxuriante végétation lui donnent un aspect à la fois animé, gracieux et imposant. Elle ne paraît pas dater d'une époque très-reculée, grâce à de prévoyants travaux d'entretien qui ne permettent pas au temps et aux révolutions d'y laisser leur empreinte.

Fondée en 1125 par le comte Amédée III pour recevoir la dépouille mortelle des membres de la maison de Savoie, cette abbaye était desservie par des moines de l'ordre de Cîteaux. Elle était renommée pour la piété et les vertus de ces religieux, qui donnèrent deux papes à l'Eglise et qui jouissaient de grands priviléges ; l'abbé siégeait de droit au sénat de Savoie.

Lors de l'occupation française, elle fut vendue à une compagnie d'industriels qui détruisirent les autels et les tombeaux, dispersèrent les cendres des souverains et des religieux, et remplacèrent ces pieux monuments par les fourneaux, les provisions de terre glaise et de charbon, les ateliers, les ustensiles, et le personnel d'une fabrique de faïence....

Plus tard, les princes de Savoie ayant repris possession du trône de leurs aïeux, rachetèrent la vieille et noble abbaye, rappelèrent des religieux et firent exécuter les travaux de restauration et d'embellissement qui ont produit le chef-d'œuvre que l'on vient admirer aujourd'hui.

Un vieux moine nous reçut et nous fit visiter l'intérieur de l'abbaye, où, entre un grand nombre de choses remarquables, on admire d'abord les appartements destinés à la famille royale, vastes pièces, hautes, lambrissées, ornées et meublées à la mode du dernier siècle ; puis ensuite l'église, aux nefs entourées de bas-reliefs où se déroulent les faits les plus illustres de l'histoire de Savoie, et au chœur surmonté d'une magnifique coupole couverte de peintures qui représentent saint Bernard et ses compagnons conférant avec le comte Amédée au sujet de la fondation de l'abbaye.

C'est dans cette église, qui est le *Saint-Denis* de cette famille, c'est là dans cette enceinte resplendissante d'or, d'azur, de marbres précieux, que dorment les princes et les princesses de Savoie. Leurs statues, chefs-d'œuvre de sculpture, sont couchées sur leurs tombeaux au milieu de génies funèbres, d'ornements, de blasons et de chiffres héraldiques, et semblent les gardiennes des cendres qu'elles recouvrent.

Le ciel était sombre, les vitraux coloriés ne laissaient arriver dans cette nécropole qu'un demi-jour, et, l'imagination aidant, nous croyions voir se lever, à un signal donné, tous ces personnages de marbre.

Que Dieu préserve mes amis d'avoir pour *cicerone* le vieux moine qui nous conduisait! Au lieu de répondre à nos demandes; au lieu de nous donner des renseignements sur les endroits que nous parcourions, sur les objets qui frappaient nos regards; au lieu de nous servir de guide, en un mot, il s'agenouillait devant chaque autel, se signait à chaque instant, disait un *pater* et un *ave* devant chaque tableau, marmottait des prières et baissait les yeux pudiquement devant la nudité des petits anges disposés avec art dans les ornements des tombeaux et des chapelles.... C'est certainement lui qui est l'auteur des ridicules mutilations qu'ont subies plusieurs de ces gracieuses statuettes......— Qu'il y a loin de ce dévot Bernardin au bon Chartreux frère Jean-Marie....

A quelques minutes de l'abbaye, dans le fond de l'anfractuosité, on voit sortir du rocher la célèbre fontaine *des Merveilles*, source intermittente, dont la science moderne a parfaitement expliqué le phénomène qui, autrefois, faisait l'étonnement des visiteurs.

Les eaux de cette source, recueillies dans un réservoir, coulent par un chenal fortement incliné et font mouvoir un moulin heureusement placé sur la rive du lac, au pied de l'abbaye.

En quittant le couvent, nous longeâmes une terrasse plantée de sycomores, à l'ombre desquels des Bernardins jouaient aux boules. Après leur repas, ils variaient ainsi leurs exercices religieux et leurs prières pour le repos de l'âme des illustres défunts à la garde desquels ils sont commis.

De cette terrasse qui domine le lac, le regard embrasse un splendide panorama qui n'a de limites que la chaîne des Grandes-Alpes....

Notre barque gagna le large ; mais le vent qui était

devenu plus fort, la faisant aller à la dérive, l'éloignait du port du Puer. Nous mîmes alors le cap sur le hameau de Brizon, où, après avoir été ballotés comme sur un petit Océan, nous relâchâmes un instant. Cette côte étant abritée par un promontoire, nous pûmes reprendre notre navigation jusqu'au golfe formé par ce promontoire que nous essayâmes vainement de doubler.

En attendant que le vent s'apaisât, ou changeât de direction, pour nous permettre de retourner au Puer, dont nous étions éloignés d'une lieue et demie, nous prenons terre et laissons le bateau sous la garde du plus jeune marinier.

Conduits par le patron, nous arrivons, en traversant une campagne fort agréable, au village de Saint-Innocent, où nous nous mettons à dîner. Le patron, homme déjà sur le retour, regrettait, comme tous ses compatriotes, le temps où l'impératrice Joséphine et la reine Hortense, suivies d'une cour nombreuse, venaient passer la saison thermale à Aix, où elles savaient répandre de larges libéralités....

— Oh! oui, disait-il en soupirant, c'était là le bon temps; tous les jours, des fêtes sur le lac; nos rames ne chômaient pas.... Et moi qui vous parle, j'ai eu l'honneur de conduire plusieurs fois l'impératrice et la reine à Haute-Combe. Quel bon temps !...

La navigation étant devenue impossible, nous résolûmes de continuer notre route à pied, et, avant de rentrer à Aix, de pousser une exploration jusqu'à la cascade de Grésy, éloignée du lac d'environ deux lieues.

Je dois dire que nous quittâmes Saint-Innocent, peu soucieux de voir les lapins blancs angoras qui fournissent le poil destiné à une fabrique de tricots, appartenant aux demoiselles B.... Je ne sais vraiment ce qu'ont de curieux ces fameux lapins blancs?... Les étrangers se croient dans l'obligation de diriger leur promenade de ce côté, afin de les visiter ; et les demoiselles B.... savent profiter à merveille de cette circonstance pour débiter les produits de leur fabrique. Aucun voyageur ne revient sans avoir acheté un tricot, une paire de bas, un caleçon ou un gilet de flanelle, fabriqué avec le poil soyeux de ces petits animaux.

Telle est cette vogue puérile que chacun vous demande :

— Vous avez vu les lapins blancs ?

— Non !

— Ce n'est pas possible !.... Comment peut-on aller à Saint-Innocent sans voir les lapins blancs.....

J'engage les voyageurs à faire leur visite et leurs emplettes, maintenant qu'il en est temps encore. La race de ces intéressants quadrupèdes s'abâtardit de jour en jour. Un renard s'était introduit dans l'enceinte réservée aux mâles seulement et les avait saignés ; pas un n'échappa à cette boucherie.

On écrivit en Russie, à Alger, dans l'Inde, pour se procurer de nouveaux angoras mâles. En attendant leur arrivée, des lapins ordinaires les suppléent, et les aristocratiques femelles, adoucissant l'ennui de leur veuvage, sont obligées de subir une mésalliance qui ne sera que passagère, espérons-le, dans l'intérêt des pauvres de la commune dont les demoiselles B.... soulagent la misère avec une partie des bénéfices réalisés dans ce commerce.

Après avoir parcouru un pays charmant et heureusement accidenté, nous arrivâmes à la cascade de Grésy, lieu devenu célèbre depuis l'année 1813 par un événement fatal qui avait coûté la vie à l'une des dames d'honneur de la reine Hortense.

Madame la baronne de Broc, voulant voir de près les profondes excavations que l'eau a creusées au pied de la cascade, avait glissé et disparu dans un de ces gouffres d'où il fut impossible de la retirer.

Une colonne commémorative rappelle ce douloureux événement ; elle est placée au-dessus du gouffre et contient cette inscription composée par la reine elle-même :

ICI
Mme LA BARONNE DE BROC,
AGÉE DE 25 ANS,
A PÉRI SOUS LES YEUX DE SON AMIE,
LE 10 JUIN 1813.
O VOUS QUI VISITEZ CES LIEUX,
N'AVANCEZ QU'AVEC PRÉCAUTION SUR CES ABIMES !
SONGEZ A CEUX QUI VOUS AIMENT.

La cascade de Grésy, avec ses usines aux balcons de bois vermoulus, humides, moussus, vacillants et suspendus sur l'abîme, avec ses eaux divisées par les saillies du roc, son écume blanchissante, son bruit assourdissant, cette cascade, dis-je, est d'un effet solennel. Elle est entourée de sites fort pittoresques et dominée par une tour majestueuse dont la construction est attribuée aux Romains. Le cours du torrent, le Sierroz, grossi des eaux de la Daisse, est animé par des moulins, des scieries et autres usines. — C'est une promenade très-agréable.

Le lendemain, nous allâmes voir la grotte des Serpents, située un peu au-dessus de la ville. Au fond d'un long couloir se trouve une excavation où sont recueillies toutes les eaux thermales qui fluent de terre et du rocher, et qui sont conduites souterrainement à l'établissement des Bains.

La vapeur qui s'élève de ces eaux et la haute température qui règne dans cette grotte, y attirent un grand nombre de serpents, qui, du reste, ne sont pas venimeux. C'est dans cette étuve qu'ils viennent passer leur quartier d'hiver.

Après cette visite, que je n'engage personne à faire, nous continuâmes nos courses autour de la ville, dont les environs sont des plus variés. Là, des côteaux resplendissant de verdure et d'où découlent une foule de petits ruisseaux qui entretiennent dans les vallons la fraîcheur, les grâces et les charmes du printemps; ici, une nappe d'eau transparente où cette nature se mire coquettement; plus loin, des monts neigeux festonnent l'horizon.

Au nombre des lieux vers lesquels le touriste dirige habituellement ses promenades, citons le village du Bourget qui donne son nom au lac, le pittoresque hameau de Bourdeau et sa vieille forteresse féodale, le château de Beauregard bâti sur une langue de terre qui s'avance dans les eaux, ceux de Châtillon, de la Motte, l'ombreuse colline de Tresserve, Bonport, etc., etc....

C'est sur des ânes à l'allure douce et régulière que

se fait ordinairement ce genre d'excursion. Ces animaux sont fort beaux, bien harnachés, parfaitement dressés, et leur location rapporte à leurs maîtres un revenu assuré ; la moindre course est toujours de trois francs.

Quel charmant spectacle que ces caravanes composées de personnes des deux sexes, de tout âge et de tout pays ! depuis la jeune fille de la Grande-Bretagne, guindée dans son maintien, craignant de perdre de sa dignité en se montrant sensible au charme de la conversation ou la vue du paysage, jusqu'à la vive et sympathique Française, riant de tout, admirant tout et donnant une libre expansion à ses pensées !..... Ici un jeune artiste échappé de l'atelier, heureux du présent, insoucieux de l'avenir, avide de joie et de plaisirs ; là, un vieux marchand absorbé par ses préoccupations commerciales et dont le front chargé de rides et de soucis paraît aussi gai qu'une colonne de chiffres ou la vue d'un grand livre de caisse !.....

Nous terminâmes nos excursions par l'ascension de la dent du Chat. C'est bien la course la plus fatigante que nous ayons faite aux environs d'Aix : toutes les autres avaient été promenades d'amateurs.

De Bourdeau, où un batelet nous avait amenés de grand matin, nous prîmes un sentier contournant le château et qui guida nos pas du côté de Gratte-Loup à une chapelle délicieusement placée aux flancs de la montagne, sur un rocher qui domine le lac d'une certaine hauteur ; un hameau, un ermitage ombragé par quelques arbres, un petit jardin bien fleuri, une vue admirable, tout cela constitue un ensemble parfait qui provoque le pinceau de l'artiste.

Un ecclésiastique un peu poète, un peu musicien, mais très-original et très-exalté, nous fit les honneurs de son domaine, qu'il avait créé avec le produit des quêtes recueillies dans le voisinage. Tout en causant avec vous de ses projets d'agrandissement, il a soin de vous conduire et de s'arrêter devant un tronc dont l'ouverture béante semble solliciter votre offrande.

Parmi les personnes qui viennent visiter ces lieux, quelques-unes sont mues par un sentiment de dévotion, mais le plus grand nombre y sont attirées par un but de promenade.

Nous gagnâmes la route de Chambéry à Belley tracée sur les deux revers et le sommet de la montagne. Nous la suivîmes pendant une heure, puis, sous la conduite d'un guide, nous prîmes à droite et nous nous engageâmes à travers une forêt épaisse plantée sur un terrain singulièrement accidenté et difficile à parcourir.

Ne cherchez pas de chemins !... vous ne trouveriez que des ravins, torrents à la fonte des neiges et dans les moments de pluie, et le reste du temps sentiers perdus au milieu des rocs et d'une vigoureuse végétation. Ces passages, connus seulement des habitants de la montagne, ne sont fréquentés que par des chasseurs, des bûcherons, des bergers. Dans le langage du pays, ils se nomment *coulées*, et c'est par là que les bûcherons font glisser des troncs de sapins et d'énormes fagots de bois qu'ils conduisent jusque sur la route. Malheur à qui se trouverait engagé dans ces coulées pendant cette opération !... Peu de jours avant notre excursion, un berger et quelques moutons avaient été écrasés.

C'est par là, néanmoins, que nous allions passer ; il faut grimper comme des lézards, il faut s'aider des mains et des genoux pour avoir raison de ces pentes glissantes, barrées par des obstacles de tous genres : branches d'arbres qui vous fouettent le visage, racines qui vous font trébucher, cailloux qui roulent sous vos pas, roches à pic que l'on ne peut escalader qu'en se prêtant un mutuel secours, en faisant la courte échelle, en mettant le bout du pied dans des fissures et en s'accrochant aux herbes et aux broussailles qui pendent de chaque côté.

Pendant cette ascension, je dois le dire, je jetai un œil jaloux sur les gros souliers ferrés à larges semelles et les guêtres de peau du montagnard, sur son costume simple qui ne gênait en rien ses mouvements, sur sa vigueur musculaire, sur sa hardiesse.... Pauvres citadins, nous étions dominés par la puissance qu'il exerçait sur nous. C'était bien là notre maître!

Après un exercice de deux heures nous sortons de la haute futaie, à laquelle succèdent des taillis, puis des broussailles clair-semées, des prairies et enfin le roc nu. Nous sommes arrivés au sommet du mont du Chat, plateau étroit, d'une lieue de longueur environ et ressemblant assez à l'échine bossuée d'un gigantesque quadrupède. Au bout de ce plateau, et séparé par une profonde déchirure, s'élève un piton décharné et aigu, une dent qui a fait donner à cette montagne le nom de *dent du Chat*.

La vue dont on jouit du sommet de la dent du Chat est certainement moins grandiose qu'au Grand-Som, mais elle est plus intéressante. Nous découvrons à l'orient l'immense chaîne des Alpes aux glaciers resplendissants, les villes de Chambéry et d'Aix, des villages et de nombreuses habitations de cette partie de la Savoie ; en abaissant nos regards, nous voyons le lac du Bourget dont la transparence, reproduisant le ciel et les objets terrestres, doublait la dimension d'un merveilleux tableau, nappe liquide baignant le pied de la montagne à une profondeur de seize cents mètres, sillonnée par des bateaux à vapeur au panache de fumée et des bateaux-pêcheurs à la voile latine. A l'occident, le cours du Rhône est dominé par le fort de Pierre-Châtel ; des circuits multipliés paraissant ou disparaissant selon les dispositions du terrain se déroulent jusqu'à Lyon que l'on peut apercevoir à l'extrême horizon, bien au-delà de l'arrondissement montagneux de Belley et de la vaste plaine des arrondissements de la Tour-du-Pin et de Vienne, avec leurs rivières, leurs villes, leurs bourgs, leurs forêts, leurs vertes prairies et leurs blondes moissons ; à droite et à gauche, s'élèvent les montagnes du Bugey et celles de la Grande-Chartreuse. Partout c'est un panorama aussi étendu que varié.

Les forêts qui couvrent les flancs du mont du Chat sont de la plus belle venue ; nulle autre part je n'ai vu des sapins plus merveilleux de force et d'élégance. Malheureusement, elles sont ravagées par les bestiaux qui broutent les semis et les jeunes plants, par d'imprudents bergers qui souvent y mettent le feu, et par les paysans qui, sans intelligence, viennent couper du bois et des arbres pour leurs besoins journaliers. Si le gouvernement n'y apporte un prompt remède, elles disparaîtront bientôt, car s'il y existe des gardes, on ne s'en douterait guère. Quelle incurie! tant de richesses dilapidées!... Qu'il y a loin de l'aménagement des bois de la Grande-Chartreuse au désordre déplorable qui règne dans ceux-là.... On dirait une forêt vierge....

Non-seulement les gens de la montagne, mais encore les riverains du lac y viennent faire leurs provisions. De là une guerre acharnée que les premiers font aux seconds. On voit ceux-ci arriver en bateaux au pied de la montagne, escalader les rampes et abattre les arbres qu'ils font rouler dans le lac où ils les rassemblent pour les transporter sur le rivage opposé ; ceux-là défendent ce qu'ils considèrent comme leur patrimoine. Des hauteurs ils détachent des quartiers de roc et les précipitent sur les maraudeurs qui, quelquefois sont tués et dont les bateaux sont souvent mis en éclats.

Après avoir examiné, sans nous rassasier, toutes les magnificences de l'immense tableau étalé sous nos yeux, nous reprîmes le chemin du retour. La descente fut aussi pénible que la montée ; dans les pas scabreux le guide était en avant et nous aidait à les franchir. Arrivés sur la grande route, nous rencontrâmes un voiturier monté sur un char-à-bancs ; nous fîmes prix avec lui, et peu de temps après nous étions au village du Bourget où nous dînâmes.

Le soir, nous rentrions à Aix, en visitant les magnifiques habitations qui se trouvaient sur notre parcours.

Je ne saurais trop recommander aux touristes d'entreprendre l'ascension du mont du Chat ; ils seront amplement dédommagés de leurs fatigues par les impressions qu'ils y auront éprouvés et les souvenirs qu'ils en rapporteront.

XII

Retour d'Aix à Lyon par les bateaux à vapeur du Rhône.

Jusqu'ici le ciel nous avait favorisés dans notre voyage ; comme s'il se fût lassé de nous prodiguer ses faveurs, il devint tout-à-coup sombre, pluvieux, menaçant. C'était un avertissement pour nous de songer au retour, d'autant plus que nos fonds commençaient à s'épuiser et que de simples artistes n'ont pas de lettres de crédit pour s'en procurer.

Adieux faits à nos amis Léon et Lucien qui, dans l'après-midi, reprirent à pied la route de Chambéry pour retourner à Grenoble, au sein de leur famille, où ils voulaient prolonger leurs vacances, Francisque et moi, attristés de cette séparation, nous rentrons à l'hôtel ; le jour suivant, à sept heures du matin, nous étions à bord du bateau à vapeur qui devait nous ramener à Lyon.

L'atmosphère était si sombre que du milieu du lac on ne pouvait distinguer le paysage, et une petite pluie fine nous empêchait de rester sur le pont. Nous passons très-près de Haute-Combe; c'est à peine si nous en entrevoyons les terrasses qui s'élèvent au bord de l'eau et les clochers qui surmontent l'édifice. A mesure que l'on avance, les rives du lac se rapprochent insensiblement jusqu'à se transformer en un canal long, étroit, sinueux, le canal de Savinière, dans lequel le bateau a de la difficulté à manœuvrer.

A Chanaz, point de jonction du canal et du Rhône, le bateau, aidé de la vapeur, file rapidement entraîné par le courant du fleuve. Sombre est la gorge où l'on pénètre, majestueux sont les rochers qui la bordent, surtout ceux de la rive française sur lesquels s'élèvent les anciens bâtiments de la Chartreuse de Pierre-Châtel (*Petra Castellum*), construits par un prieur de la Chartreuse d'Aillon, en 1393, et actuellement convertis en forteresse pour défendre cette partie de la vallée du Rhône.

Les tournants du fleuve sont si brusques et les eaux si impétueuses que, sans d'habiles manœuvres, le bateau se fût brisé contre les rochers. Nous sortons de la gorge et arrivons sans encombre au port de Cordon, où le Rhône se développe alors majestueux à travers un pays moins accidenté. Là, les deux rives sont françaises, et Cordon possède un bureau de douanes, où les embarcations s'arrêtent pour être visitées : voyageurs et bagages passent sous les yeux de ces argus en habits verts préposés à la garde commerciale de notre frontière....

Cette visite dure plus d'une heure, puis le bateau chauffe de nouveau et part à toute vapeur. Glandieu et sa cascade, Saint-Benoît aux souvenirs religieux, Grôlée avec son vieux château démantelé, le Bouchage aux rives monotones et plates, Saint-Alban et Mérieu, remarquables par leur position à l'entrée du défilé de Saint-André où le Rhône acquiert une rapidité prodigieuse, Briord au nom romain et où Charles-le-Chauve vint, dit-on, mourir empoisonné, Quirieu et son mamelon fortifié, d'un côté Villebois et de l'autre Montalieu, des vallées, des plaines, des montagnes, des rochers, des carrières, des bois, des grèves arides, des champs fertiles, des ruisseaux, des moulins, des îles, des prairies, paraissent et disparaissent comme emportés par l'ouragan.

Au pont du Sault, on prend quelques précautions pour franchir ce passage rendu difficile par les bancs d'un rocher qui obstrue le fleuve dans toute sa largeur, laissant seul navigable un chenal étroit et dangereux. Encore quelques tours de roues, et à travers des îles verdoyantes et boisées nous apercevons le village de Saint-Sorlin et en face celui de Vertrieux, dominés l'un et l'autre par de belles ruines du Moyen-Age. Au-delà de Vertrieux, vers le pont de Lagnieu, les montagnes qui jusqu'ici ont encadré le fleuve, s'en éloignent brusquement ; du côté du Bugey elles obliquent au nord, dans le Dauphiné elles se dirigent au midi. Une immense plaine a succédé au pays pittoresque, et le Rhône, quittant définitivement la vallée qui lui sert de lit, coule alors moins rapide et plus large dans son nouveau domaine.

Les bords du fleuve sont bas, et du bateau l'on saisit parfaitement l'ensemble du pays. Le voyage présente un spectacle assez varié : sur la rive dauphinoise, la grotte de la Balme s'ouvre grandiose au flanc de la montagne, et l'ancienne abbaye des dames Chartreusines de Salette, maintenant transformée en exploitation agricole, se mire coquettement dans ces eaux; le hameau de Saint-Vulbas à l'antique monastère oublié depuis longtemps dans les prairies, et le village de Loyette à la population vouée aux durs travaux de la navigation, paraissent sur la rive opposée; des radeaux dont les bois proviennent des forêts du

Bugey et de la Savoie, des bateaux pesamment chargés de pierres de construction, extraites des carrières de Villebois et de Montalieu, descendent le fleuve en même temps que nous.

Pendant l'espace de deux à trois lieues, notre vapeur cotoie les plaines du Bas-Bugey et du Dauphiné qui sont devenues d'une monotonie désespérante. Privées d'eau et formées d'un terrain caillouteux, ces dernières ne produisent guère que de maigres récoltes en blés. Mais bientôt la scène change ; un rideau d'arbres de la plus belle poussée et de frais ombrages dessinent le cours de la petite rivière de Ponchéry qui vient se perdre dans le Rhône.

A partir de là, le terrain s'est un peu relevé, tandis que la rive droite reste toujours très-plate. On voit Anthon situé en face de l'embouchure de la rivière d'Ain, Jonage, où existent encore quelques pans de murailles d'un vieux donjon ; on navigue dans un véritable archipel où le Rhône, divisé en plusieurs bras, a l'air de s'égarer au milieu des îles et des terres basses de Miribel.

La navigation devient difficile dans ces parages, et souvent plus d'un bon marinier a vu son bateau s'échouer sur ces bancs de gravier. Quelquefois, on ne peut découvrir le chenal navigable, car à chaque nouvelle crue le fleuve bouleverse la plupart de ces atterrissements et change de direction. Mais toutes les eaux ne tardent pas à se rassembler dans un seul lit, et dès lors la navigation offre moins de dangers.

Nous approchons de Lyon ; déjà l'on découvre le château de la Pape, qui semble posé en sentinelle avancée, les hauteurs de la Croix-Rousse et l'église de Fourvière qui domine tout le pays lyonnais autant par sa position que par ses souvenirs historiques et religieux ; les maisons étagées sur les flancs du côteau, le faubourg de Bresse et sa belle allée de platanes paraissent à nos yeux. Il est cinq heures de l'après-dîner, le bateau s'arrête sur le cours d'Herbouville, près de la barrière Saint-Clair ; nous sommes arrivés après une absence d'une quinzaine de jours.

Depuis notre départ de la ville d'Aix, cette dernière partie du voyage ne fut pas des plus agréables. La pluie avait cessé, il est vrai, mais le ciel était resté gris et terne; plus de ces chauds et gais rayons de soleil qui caressent et colorent tous les objets de la nature et semblent leur communiquer l'existence ! Mon cœur était ému et se ressentait de ce deuil ; je jetai un regard en arrière, et je soupirai en disant adieu à ces douces journées passées au sein des montagnes, à cette indépendance de corps et d'esprit si chère à la vie de l'artiste. Hélas ! il fallait remonter sur sa galère, et, nouveau forçat de l'industrie, reprendre la rame ; il fallait asservir ses crayons et ses pinceaux à toutes les exigences du fabricant soumis lui-même à tous les caprices de la mode !....

FIN DE LA PREMIÈRE PARTIE.

DEUXIÈME PARTIE.

INTRODUCTION.

J'entreprends la relation d'un petit voyage fait plusieurs années après celui que je viens de décrire. Nul incident de quelque intérêt ne s'étant présenté pendant le trajet en chemin de fer de Lyon à Beaurepaire, et le lecteur ne pouvant rien attendre d'un voyageur emporté à toute vapeur dans un wagon, d'où l'on ne voit le pays qu'à la dérobée, à travers une portière de deux pieds carrés, et où l'on n'entend que le sifflet peu harmonieux de la locomotive joint au nom de chaque station que crie le conducteur; je ne commencerai donc la narration de ce nouveau voyage qu'à partir de la station de Beaurepaire....

DEUXIÈME PARTIE.

I

Entrée en campagne. — Beauvoir; souvenirs historiques. — Pont-en-Royans. — Les Goulets.

Nous nous réunîmes trois touristes pour exécuter la première partie de ce voyage, qui comprend une excursion dans le Royannais et le Vercors : Joseph Bine, mon nouvel associé et mon excellent ami, au sentiment artistique très-développé, mon frère Octave, faisant de l'administration par métier et de la peinture par goût, et moi, ayant déjà l'honneur d'être connu de vous. A Grenoble, nous devions rejoindre nos anciens compagnons, Léon C... et Lucien B... La caravane, ainsi au grand complet, devait continuer le voyage dans d'autres contrées du Dauphiné.

La correspondance de la station de Beaurepaire à

la petite ville de Saint-Marcellin nous fait traverser plusieurs villages et hameaux avant d'arriver au bourg de Roybon. Placé au centre de l'ancienne forêt de Chambaran, qui est entrecoupée de collines, de cours d'eau, de landes stériles, de pacages communaux, de petite et de haute futaie, ce bourg n'offre aucun intérêt au touriste.

Aux limites de la forêt, et sur le faîte des côteaux de Murinais qui les séparent de la vallée de l'Isère, l'horizon s'élargit, la culture du mûrier donne lieu à l'éducation en grand des vers-à-soie, dont le produit, porté aux filatures voisines et livré au commerce, enrichit le pays. La route tracée sur les penchants rapides des côteaux nous fait arriver en peu de temps dans la petite ville de Saint-Marcellin, dont l'aspect est des plus insignifiants.

Immédiatement après dîner, nous en repartons à pied, et au bout d'une demi-heure nous parvenons au bord de l'Isère, dont le lit étroit et encaissé entre des rochers a facilité l'établissement du pont suspendu de Beauvoir. Sur la rive gauche, une lisière de terrain parfaitement cultivé sépare le cours de la rivière d'une chaîne de petites collines qui, en s'enfonçant dans le pays, ne tardent pas à devenir des monts très-escarpés.

Notre entrée en campagne est inaugurée par une excursion aux belles ruines du château de Beauvoir.

Un sentier taillé en corniche dans le rocher se détache de la grande route et guide l'explorateur sur une colline abrupte qui s'avance dans la plaine et qui est séparée des autres collines par deux ravins profonds. Elle sert de piédestal aux ruines qui dominent encore avec majesté les pays d'alentour.

La vue n'est pas très-étendue, mais elle est des plus intéressantes et justifie bien le nom de Beauvoir (*Bellus visus*) donné à cette colline. On domine l'Isère, dont les contours multipliés découpent gracieusement la plaine, puis le château féodal de la Sône où des industriels ont établi une filature de soie, Saint-Antoine et sa célèbre église abbatiale, le village de Vinay et la ville de Saint-Marcellin. Et depuis le bourg de Saint-Nazaire, à la jonction de la Bourne et de l'Isère jusqu'à la fonderie de canons de Saint-Gervais, on découvre les campagnes fertiles du pays de Royans, toutes parsemées de châteaux et d'habitations confondus au milieu d'une splendide végétation, et de bouquets de bois, restes de l'ancienne et giboyeuse forêt de Claix, dont les échos ont si souvent retenti des fanfares des chasses du dauphin Humbert II, dernier représentant de cette lignée de princes qui pendant trois siècles régnèrent sur le Dauphiné.

Après un coup-d'œil d'ensemble jeté sur le pays, nous visitons l'intérieur de l'antique château delphinal, dont les abords sont défendus par un large fossé creusé entre les deux ravins et qui l'isole entièrement d'un misérable hameau. Le sentier se prolonge dans le fossé jusqu'à la porte principale, dont la masse imposante est encore debout. La chapelle est le morceau le mieux conservé de l'édifice, quoique depuis quelques années elle ait subi de graves mutilations; on y remarque de belles colonnes, des sculptures et des ornements d'un bon style; de grandes murailles percées de larges fenêtres d'un effet fantastique, une tour carrée qui paraît avoir été le vieux donjon, une tour ronde lézardée dont il ne reste plus qu'un côté et qui se soutient comme par enchantement, des arcades gothiques, des remparts fracturés, des murs ébréchés, qui penchent sur le précipice, s'élèvent encore au milieu de décombres revêtus de plantes parasites.

Le vent qui gémit à travers les échancrures de l'édifice, les oiseaux de proie qui nichent dans les meurtrières, les reptiles qui rampent et sifflent dans les décombres, un berger et quelques chèvres, les torrents qui mugissent au pied des rochers, de rares visiteurs, animent seuls cette vaste solitude !...

Si, par leur délicieux aspect et leur noble architecture, ces ruines intéressent l'artiste et l'archéologue, par leurs souvenirs elles provoquent aussi l'attention de l'historien.

En 1336, Drouet de Vaux, dernier seigneur de Beauvoir, cédait à Humbert II ce château et tous les domaines qu'il possédait dans le comté Viennois. Le traité fut signé à Crémieu, au château de Saint-Laurent, en présence d'une cour brillante et de la noblesse de ce pays.

Attiré par des motifs de convenance, par les dispositions intérieures du château, la beauté du site, le voisinage de la forêt de Claix, Humbert l'habitait de préférence à toutes ses autres demeures ; et c'est d'une des fenêtres que, jouant avec son fils André, encore à la mamelle, il le laissa échapper de ses bras et tomber dans la cour. Le jeune prince ne survécut pas à cet accident.

Les traditions populaires se sont emparé de cet événement fatal et l'ont placé dans diverses localités; d'abord à Beauvoir, où l'enfant serait tombé dans les flots de l'Isère et non dans la cour du château, puis au palais delphinal à Grenoble, ensuite à Crémieu, qui montre encore la maison où l'accident serait arrivé, non par le fait du Dauphin, mais par celui de la nourrice de l'enfant.

Quoi qu'il en soit, Humbert fonda dans le château de Beauvoir une communauté de religieuses qui fut ensuite remplacée par une communauté de Carmes ; il prit lui-même le froc sous le nom de frère *Humbert*. Puis, désespérant d'avoir un héritier direct, il fit, à son retour d'une croisade à l'île de Rhodes, cession de ses états à Philippe-de-Valois, à la condition que les fils aînés des rois de France prendraient à l'avenir le titre de Dauphin, et que l'on respecterait les droits et les priviléges de la province.

On connaît tous les ressorts que Philippe-de-Valois fit jouer pour amener le prince à cette cession. Le Pape et l'archevêque de Lyon étaient dans ses intérêts ; mais le négociateur le plus influent fut le général des Chartreux, Dom Jean Birel, confesseur du Dauphin, dont il savait exploiter la dévotion exagérée. Puis, la cession faite, ce prince faible, versatile, dégoûté du monde, inconsolable de la perte de son fils unique et de sa femme, mais surtout dominé par son confesseur, fut amené à embrasser la vie religieuse, but de toutes ces négociations. Il se rendit donc à Avignon, revêtit la robe de dominicain, et reçut dans la même messe tous les ordres sacrés de la main du Pape. Enfin, il mourut à Clermont, en Auvergne, en 1355, et fut enterré à Paris dans l'église des Frères-Prêcheurs, dont il était abbé.

Pour des considérations politiques qui ne peuvent trouver place ici, Louis XI démantela le château qui, de place de guerre, devint une habitation de plaisance; le temps et les hommes ont achevé l'œuvre du terrible souverain, et en ont fait ces nobles ruines que nous admirons aujourd'hui.

Néanmoins, on a vu encore le château de Beauvoir figurer dans les guerres religieuses du XVI° siécle et passer tour-à-tour des mains des catholiques aux mains des protestants.

Mais reprenons le récit de notre voyage.

Nous regagnons la grande route, et, laissant derrière nous la colline de Beauvoir, nous traversons un pays agréablement accidenté et couvert d'une riche végétation ; par une suite de lacets destinés à adoucir les pentes, nous arrivons au hameau de Bluvinaie, et au village de Saint-Romans, où l'on rencontre des ruines à l'aspect encore plus désolé que celles de Beauvoir, puis au village de Saint-André et devant la petite ville de Pont-en-Royans (*Pons Royannus*).

Il me serait difficile de peindre l'admiration que

nous éprouvâmes à la vue de cette ville, que l'on dirait une ville monolithe taillée dans le roc par la main des géants.

Placé à l'entrée d'un défilé et au confluent de deux torrents, ce point commande l'unique passage qui fait communiquer la plaine avec les vallées montagneuses de la Bourne et de la Vernaison. Un pont d'une seule arche, le pont du *Picart*, que l'on dirait faire corps avec le rocher, relie les deux rives de la Bourne. Les anciens seigneurs de ce pays avaient encore ajouté à ses défenses naturelles un château et des remparts dont les ruines couronnent d'une façon fantastique la crête de rochers escarpés. Des maisons sont venues se placer sous l'égide du château, et, comme il n'existe qu'une faible distance entre les rochers et le torrent, les unes sont plaquées contre la paroi et les autres bâties sur la rive à pic du torrent, ne laissant entre elles qu'une rue étroite et sinueuse. Mais bientôt l'espace manquant sur la terre, on dut prendre dans l'air la place nécessaire pour créer de nouvelles maisons : ici, elles ont monté au-dessus de celles du rocher ; là, elles se sont avancées hardiment sur la rivière qu'elles surplombent d'une hauteur de cent cinquante pieds, soutenues par de frêles charpentes qui s'appuient sur les aspérités du roc et qui paraissent s'ébranler au souffle du vent et sous les efforts séculaires de la Bourne qui ronge leurs fondations naturelles.

Les détails de cet ensemble, coupé par l'arche allongée du pont, au-delà de laquelle le regard est arrêté par un contour de la Bourne, sont d'une simplicité rustique qui fait opposition à tant de grandeur ; une poulie est fixée à chaque fenêtre prenant jour sur le torrent et sert à monter, à l'aide d'un seau qui se balance dans l'espace, l'eau nécessaire aux besoins domestiques ; des femmes descendues sur la rive blanchissent le linge qu'elles vont ensuite faire sécher au-devant de leur maison. Des filets étendus sur les rochers trahissent les habitudes de quelques citadins, et, un peu de bonne volonté aidant, on doit avec une ligne placée aux fenêtres les plus basses, ne faire faire au poisson qu'un saut, de la rivière dans la poêle à frire du ménage.

L'intérieur de la petite ville répond à l'aspect original du dehors. De toutes petites ruelles viennent aboutir à ce qu'on appelle la *Grande Rue* ; des habitations pressées, avec tourelles, pignons et balcons de bois bizarrement découpés ; quelques jardinets dont la terre a été apportée sur les étroites corniches du rocher : voilà le spécimen le plus remarquable de la cité du Moyen-Age, sombre, tranquille, où la vie d'aujourd'hui s'écoule comme la vie d'hier, et où, ennemis de toute innovation, les habitants ne connaissent d'autres usages que ceux de leurs ancêtres !...

Cependant, par sa position exceptionnelle, cette petite ville fut appelée à jouer un certain rôle militaires dans les guerres civiles et religieuses qui désolèrent la province durant la dernière moitié du XVIe siècle.

On y fait depuis longtemps un commerce qui devient chaque jour plus important. Des bois, amenés des montagnes voisines sont dirigés par le flottage jusqu'à l'embouchure de la Bourne à Saint-Nazaire, d'où alors on les expédie par l'Isère et le Rhône jusqu'à Arles et de là à Marseille et à Toulon, où ils servent à la construction de ces magnifiques bâtiments qui vont sillonner toutes les mers du globe.

C'est à l'hôtel de la *Truite-Fraîche* que nous passons la nuit et que nous prenons, du fils de la maison, qui souvent sert de guide aux touristes, des renseignements pour notre voyage du lendemain.

Au centre de cette région montagneuse, placée partie dans l'Isère, et partie dans la Drôme, on rencontre des localités que de nombreuses difficultés naturelles rendent presque inaccessibles.

Dans les gorges de Choranche creusées par les eaux de la Bourne, plusieurs villages n'ont de communication avec Pont-en-Royans que par des sentiers impraticables pour d'autres que pour les habitants de ces pays perdus du Royannais.

On cite même la commune de Rencurel à laquelle on ne peut arriver, vu la verticalité des rochers, qu'au moyen d'un panier fixé à une poulie qui roule sur une corde tendue d'une montagne à l'autre, au-dessus de précipices d'une profondeur vertigineuse.

Quelques-uns des habitants de ces contrées n'en sont jamais sortis; mais la plupart confient tous les jours leur existence à cette corde, sur laquelle Blondin, l'illustre acrobate des chutes du Niagara, ne se risquerait certainement pas avec ou sans balancier.

Le bassin d'Echevis et la grande vallée de la Vernaison, le Vercors, étaient enfermés entre de hautes montagnes que l'on ne pouvait traverser que par des chemins étroits bordés de précipices et, dans quelques passages, taillés en degrés pour adoucir la raideur des pentes de la montagne de l'Allier et du col de Châtelus. Les rapports devenaient difficiles ou plutôt impossibles dans la saison des neiges. Des hommes, des bestiaux, des mulets chargés étaient entraînés par les avalanches et engloutis dans les abîmes, ajoutant des victimes de plus aux victimes déjà si nombreuses que les torrents avaient englouties.

Ainsi, faute de voies de communication, des forêts épaisses restaient inexploitées, des arbres magnifiques tombaient de vieillesse et ajoutaient leurs débris décomposés aux débris accumulés depuis des siècles, les produits naturels et agricoles étaient sans valeur, et les habitants, renfermés dans les vallées, étaient, pour ainsi dire, étrangers à leurs voisins de la plaine.

L'administration céda enfin aux vœux des populations et comprit qu'il fallait tirer parti de tant de richesses perdues jusqu'alors, de ces bois de construction et de ces bois de chauffage d'autant plus précieux que de jour en jour ils devenaient plus rares dans d'autres localités. Plusieurs projets furent mis à l'étude à l'effet d'aviser aux moyens d'ouvrir une artère principale qui, traversant le Vercors, relierait la ville de Die à la ville de Pont-en-Royans, placée à la sortie de la gorge de la Bourne par où s'écoulent toutes les eaux de ces montagnes.

En 1843, une légion d'ouvriers, sous la direction d'ingénieurs habiles, se mit à l'œuvre, et en 1851, après plusieurs années de luttes contre une nature rebelle et de travaux opiniâtres qui ne le cèdent en rien aux travaux de ce genre les plus renommés, elle réussit à établir la route des Grands et des Petits-Goulets, désirée depuis si longtemps.

C'est cette route pratiquée à travers tant d'obstacles, c'est cette région, une des plus curieuses et des plus ignorées du Dauphiné, que nous allons visiter.

Après une nuit de repos, nous commençons cette tournée. Au-delà du pont divisant la ville en deux parties inégales, la route nous conduit au sommet d'une côte escarpée qui sépare la gorge de la Bourne de celle de la Vernaison. Nous jetons un dernier coup d'œil sur cette ville d'un aspect si étrangement pittoresque, et nous descendons sur les bords de la Vernaison, que nous traversons, après en avoir remonté le cours pendant quelques instants.

Nous sommes parvenus sur la rive gauche, près de Sainte-Eulalie, premier village que l'on rencontre dans le département de la Drôme, et que nous laissons bientôt derrière nous. La route longe le torrent par une pente assez inclinée ; la vallée se resserre et perd son opulente végétation ; les rochers de l'une et l'autre rive se rapprochent et paraissent barrer le passage.

Mais bientôt le voyageur distingue une étroite et longue fissure par où la Vernaison débouche en tombant d'une quarantaine de pieds de haut; un petit point noir apparaît sur le flanc grisâtre du rocher, à côté de la cascade. En avançant, il s'aperçoit que ce point s'agrandit : c'est la première des cinq galeries creusées à travers les angles saillants du rocher, auxquelles succèdent des corniches à ciel ouvert, et des demi-galeries établies dans les angles rentrants de ce même rocher.

C'est là que la route s'engouffre pour traverser cette barrière naturelle d'une épaisseur d'environ un quart de lieue et inaccessible par tout autre moyen. La longueur de ces galeries varie entre cinquante et cent cinquante pas ; elles sont connues sous le nom de *Petits-Goulets*, du latin *Gula*, en français *Goulot*, *Goulet*, mot que les montagnards avaient adopté, avant même l'exécution de ces travaux d'art, pour désigner la bouche étroite d'où sort la Vernaison.

Nous nous engageons dans ces passages souterrains où la lumière du jour ne pénètre que par leurs deux ouvertures ; puis ensuite sur ces corniches intermédiaires pratiquées dans les parois du rocher, dont la hauteur ne laisse voir qu'une étroite bande de ciel et qui surplombe en demi-cercle le torrent au bruit montant confusément à nos oreilles, d'une profondeur de cinq cents pieds. Au-delà du dernier passage, l'horizon s'élargit, les rochers s'éloignent à droite et à gauche et forment le petit bassin d'Echevis, dont l'église, les habitations, la culture et les arbres fruitiers forment une fraîche et gracieuse opposition à la gorge sombre et stérile des Petits-Goulets.

La route descend dans la petite vallée et arrive à un pont jeté sur la Vernaison, dont les eaux semblent se reposer des efforts qu'elles ont faits pour franchir les Grands-Goulets et se recueillir avant de lutter contre les obstacles non moins nombreux qui, comme on l'a vu, encombrent les Petits-Goulets.

L'ancien sentier qui desservait ce bassin est situé sur la gauche ; il décrivait de nombreux circuits sur des rochers les plus abrupts avant d'atteindre le col de Châtelus et la vallée de la Bourne.

De l'autre côté du pont, la nouvelle route s'élève par une série de contours tracés sur un énorme escarpement jusqu'à une hauteur de plus de six cents pieds au-dessus du torrent. Les rochers qui, à la sortie des Petits-Goulets, se sont éloignés pour former le bassin d'Echevis, se sont rapprochés au point de ne laisser qu'un passage au torrent, beaucoup plus resserré et plus profond que le précédent. On se trouve à l'extrémité inférieure des Grands-Goulets, dont la traversée est beaucoup plus longue que celle des Petits, dans lesquels nous allons bientôt nous engager.

Le dernier contour aboutit au rocher, où les ingénieurs se sont vus forcés, par la nature des lieux, de tailler sur la paroi verticale tantôt une corniche à ciel ouvert, tantôt une demi-galerie, ici une galerie complète, plus loin un viaduc pour l'assiette de la route. Dans les parties en retrait, ils ont construit des ponts ; les contreforts en saillie ont été transpercés, mais on y a conservé de distance en distance comme des colonnes massives pour soutenir la demi-voûte et le poids de la montagne. A certains passages, le rocher fuyant en arrière dans sa partie inférieure, ne laisse qu'une ouverture béante sur le gouffre. On a fixé contre la paroi des barres de fer formant d'énormes consoles sur lesquelles on a jeté le tablier d'un pont également en fer. Une galerie succède à ce pont, puis un autre pont à la galerie.

Pour établir ces ponts et pour attaquer ces rochers, que par leur position on pouvait croire inattaquables, des mineurs, attachés à des cordes, se faisaient descendre du sommet de la montagne jusqu'aux points où ils devaient creuser les trous destinés à recevoir les consoles. Là, suspendus au-dessus d'un abîme vertigineux et à cheval sur une étroite pièce de bois, ils parvenaient, par des prodiges de hardiesse, à atteindre les parois en retrait contre lesquelles ils restaient comme accrochés tout le jour.

Par des détours multipliés, des lignes brisées, des corniches, des demi-galeries, la route, trouée, pour ainsi dire, à travers tant d'obstacles, arrive en face d'un contrefort qui, partant du fond des eaux, se prolonge jusqu'au sommet des rochers. Elle le franchit en une galerie où l'on a conservé une large ouverture qui permet aux curieux de regarder dans le gouffre, au fond duquel apparaît à peine l'écume blanchâtre de la Vernaison.

J'engage le touriste à nous imiter, à déposer son sac au débouché de la galerie, auprès d'une petite fontaine, et à faire ses ablutions matinales avec l'eau fraîche et limpide qui, jaillissant du rocher, traverse la route, d'où elle bondit dans le précipice en un filet argenté. Cette jolie fontaine se nomme *la Pisserotte*.

On traverse encore des galeries, une longue suite de demi-galeries bordées de parapets, et, grâce à une courbe prolongée qui permet à la vue d'embrasser un plus grand espace et de plonger dans le torrent, où le jour pénètre plus facilement, on aperçoit plusieurs cascades de différentes hauteurs et étagées à de faibles distances les unes des autres; un peu de mousse cache l'aridité et la teinte grisâtre du rocher, et quelques arbrisseaux se balancent gracieusement au-dessus de l'abîme ; puis on parvient à un pont appuyé sur de puissantes culées que la nature semble avoir préparées d'avance. Ce pont coupe le torrent en biais et transporte le voyageur sur la rive gauche de la Vernaison.

Arrêtons-nous un instant sur le pont. Depuis les grandes rampes d'Echevis, nous avions traversé sept galeries ; nos pieds n'avaient foulé que du roc ; nos yeux n'avaient vu que du roc ; nous étions emprisonnés dans le roc !... Si nous sortions d'une galerie, c'était pour passer dans une demi-galerie, et encore notre vue était bornée par les parois rapprochées de la rive opposée. Point d'horizon ; partout des lignes brisées !... Point de ciel ; partout un gouffre sans fond et des crêtes élevées !... partout des angles aigus s'avançant sur l'abîme comme pour chercher à se ressouder aux angles rentrants dont ils avaient été séparés dans une des convulsions du globe. Interrompu seulement par la voie profonde du torrent et par le cri de l'aigle qui semble protester contre la présence de l'homme dans ce désert, un silence solennel vous invite au recueillement.

Le pont franchi, on rentre dans l'obscurité ; les galeries deviennent plus profondes et se succèdent plus rapidement. Par l'action incessante des eaux qui, depuis des siècles, sapent les fondations des rochers, la gorge est plus large à sa partie inférieure qu'à sa partie supérieure, qui, à chaque instant, semble devoir s'écrouler. A force d'être grandiose, cette nature finit par devenir monotone : toujours la route entaillée dans le sein des rochers ou suspendue au-dessus des abîmes !...

Mais en passant sous une demi-galerie, nous eûmes un spectacle que nous ne reverrons probablement jamais et dont nous avons conservé le plus fidèle souvenir.

Des cascades, dues aux pluies précédentes, passaient par-dessus nos têtes sans nous mouiller et tombaient comme un rideau de gaze devant la partie ouverte de la demi-galerie. Le jour n'arrivait à nous qu'à travers ce rideau, et ses faibles rayons étaient colorés des teintes de l'arc-en-ciel. Ce spectacle avait quelque chose de féerique, et nous nous représentions assez bien les dieux marins et les tritons dans leurs palais humides, mais nous manquions de nymphes et de nayades !...

En riant de ces souvenirs mythologiques, nous traversons quatre galeries, un dernier viaduc, une dernière galerie, et enfin nous arrivons à la sortie des

Grands-Goulets, sur le revers méridional de la montagne de l'Allier que, il y a quelques années à peine, on était obligé d'escalader pour gagner le bassin d'Echevis.

Nous pouvons maintenant juger les difficultés que les ingénieurs ont eues à vaincre pour percer cette route, l'œuvre la plus remarquable du Dauphiné, où abondent cependant tant de travaux hardis. Je ne crois pas que dans aucun lieu la nature ait accumulé plus d'obstacles. Sans employer les mots techniques et sans tomber dans la sécheresse, il est difficile d'énumérer dans une simple description tous les travaux d'art qui se développent à chaque instant sur le parcours de cette route.

Si le lecteur tient à connaître dans tous ses détails l'historique du percement des Goulets, je le renvoie aux comptes-rendus et aux rapports des ingénieurs de l'administration des ponts-et-chaussées. Il y verra la hardiesse venant en aide à l'intelligence, chaque partie conquise au pic et à la mine, le génie partout aux prises avec la nature la plus indomptable et finissant par triompher de tous les obstacles, dont peut se faire une idée celui-là seul qui a parcouru les Grands et les Petits-Goulets (1).

(1) Il est à regretter qu'aucune vue des Goulets ne se trouve dans la

Nous sommes arrivés dans la grande vallée du Vercors, dans cette vallée aux vertes prairies, aux champs cultivés, aux forêts touffues, arrosées par la Vernaison et une foule de petits ruisseaux, dans cette vallée si favorisée par la nature, mais restée si longtemps en dehors de tout mouvement commercial. Maintenant qu'elle est appelée à une existence nouvelle, ses produits industriels, ses richesses agricoles, ses troupeaux, trouvent un débouché par cette nouvelle route, fréquentée journellement et en toute saison par des voitures, d'immenses trains de bois et des convois de bœufs et de mulets ne craignant plus ces tempêtes, ces avalanches, qui désolaient les anciens sentiers de montagnes (1).

superbe collection photographique de MM. Maisonville. Espérons que cette lacune sera bientôt comblée. L'intelligence artistique et commerciale de ces Messieurs en est une sûre garantie pour les amateurs impatients d'avoir sous les yeux la reproduction de quelques parties d'une contrée aussi peu connue, quoique si remarquable à tant de titres.

(1) Au moment de mettre sous presse, j'apprends que l'on vient de commencer une grande voie de communication destinée à relier Pont-en-Royans à Villard-de-Lans, par la gorge de la Bourne.

Un embranchement doit partir de Choranche et, descendant la petite vallée de Saint-Martin et de Saint-Julien, rejoindre la vallée de la Chapelle au débouché des Grands-Goulets.

Les travaux d'exécution offrent les mêmes difficultés que celles que l'on a rencontrées pour l'ouverture de la route des Goulets avec laquelle

Tout en nous reposant de notre course de trois heures et dînant dans une auberge nouvellement construite à la sortie des Goulets, nous prenions de notre hôte des renseignements sur la route à suivre pour gagner Villard-de-Lans, où nous avions l'intention de passer la nuit. Comme il n'y avait que des sentiers à peine frayés au milieu des bois, et connus seulement des montagnards, nous engageâmes pour guide un petit garçon de l'auberge.

Nous retraversons la Vernaison et tournons le dos à la nouvelle route qui, par la Chapelle-en-Vercors et le col du Rousset où cette rivière prend sa source et où l'on va creuser une longue galerie, aboutit dans le bassin de la Drôme. Après avoir marché pendant un quart d'heure environ dans la vallée de Saint-Martin et de Saint-Julien, nous inclinons à droite et gagnons le petit vallon de *François*, qui, par de rudes montées, nous conduit au milieu d'épaisses forêts sans issue apparente.

La, nous rentrons dans le département de l'Isère.

Notre petit bonhomme connaissait parfaitement ces localités, et comme un sauvage expérimenté, il

---

la nouvelle route aura plus d'un point de ressemblance. — Voilà donc les anciennes solitudes du Vercors attaquées par plusieurs points à la fois.

se dirigeait à travers les bois, sur des indications qui nous échappaient ; une pierre, un arbre, une touffe d'herbes, la couleur des terrains, étaient pour lui comme autant de bornes kilométriques.

Après une marche difficile de deux heures, nous atteignons le faîte de la chaîne qui sépare la vallée de Saint-Martin-en-Vercors de celle du Villard-de-Lans. Deux autres heures sont encore nécessaires pour sortir de ces bois, véritable labyrinthe où l'on ne rencontre ni sentiers, ni maisons, pas même un simple châlet, une hutte de bergers. On revoit enfin des prairies, et un chemin agreste aboutit au village de Corenson. Nous renvoyons notre guide, après l'avoir fait rafraîchir et lui avoir donné une pièce de quarante sous, ce dont il se montra des plus satisfait.

Je conseille aux personnes qui voudraient visiter ce pays de ne pas suivre le même trajet que nous : aucun point de vue, aucun aspect pittoresque, ne vous dédommage de vos fatigues. Elles feront mieux de remonter la vallée de Saint-Martin, puis de descendre dans la vallée de Choranche et de cotoyer le cours sinueux de la Bourne jusqu'à Lans, à travers un pays très-accidenté et très-varié.

Deux lieues séparent Corenson du Villard-de-Lans,

mais deux lieues charmantes dans une gorge où la couleur des rochers se marie heureusement à la verdure des prairies, et où coulent de jolis ruisseaux que l'on franchit d'une seule enjambée.

Villard-de-Lans est un chef-lieu de canton. Il est assis sur un monticule ; il a de l'importance ; les habitants sont riches de la vente de leurs bestiaux et de leurs fromages ; on y trouve des cafés et de bonnes auberges. Les maisons paraissent confortables et solidement construites ; elles sont d'un système architectural autre que celui que l'on est habitué à voir dans ces montagnes ; arrivée à la hauteur de la toiture qui est très-inclinée, la façade principale se termine généralement par un fronton triangulaire, dont les à-côtés sont dentelés par des pierres en saillie en forme d'escaliers : on dirait une petite cathédrale gothique ou...... une maison de la Flandre.

Le lendemain, nous quittons Villard-de-Lans d'assez grand matin et prenons la route de Grenoble avec l'espoir d'y arriver de bonne heure.

Cette route, d'une pente bien ménagée, circule au milieu d'une vallée encadrée par les belles montagnes de Saint-Nizier, de Méaudre et d'Autrans. Relevée au nord par le pic de la Moucherolle, l'immense silhouette des premières est échancrée par le col de l'Arc, et sous différents noms se prolonge au midi jusqu'au mont Aiguille ou mont Inaccessible, une des sept anciennes merveilles du Dauphiné.

Nous revoyons la Bourne et nous franchissons plusieurs petits ruisseaux qui sont ses tributaires. Les hameaux cachés dans les replis des ramifications que les montagnes projettent dans tous les sens, sont rapprochés les uns des autres. Nous traversons un pays agreste, très-riche en pâturages, dans lesquels paissent de nombreux troupeaux. Un pont nous transporte de l'aute côté de la Bourne, et nous ne tardons pas à arriver au village de Lans.

Le village de Lans est situé au sommet de la vallée ; il est, par conséquent, le point de partage des eaux. Le Furon et la Bourne prennent leur source dans les environs ; l'une pour couler au midi et se jeter dans l'Isère au-dessous de Pont-en-Royans ; l'autre pour prendre sa direction au nord, et, grossi du double par les eaux jaillissant des cavernes de Sassenage, courir se perdre également dans l'Isère, tout près de l'embouchure du Drac.

A la sortie de Lans, la route se bifurque : à gauche, elle descend dans la plaine de Grenoble par les pittoresques gorges d'Engins, en suivant constamment le Furon jusqu'au village de Sassenage ; à droite, elle descend également à Grenoble, par le village de Pariset.

C'est l'ancien chemin du Diois, dont parle l'historien Aymard du Rivail ; il est dans le même état que de son temps, à pentes raides, à profondes ornières ; il est à peu près abandonné depuis l'ouverture de la route d'Engins. Néanmoins c'est celui que nous choisîmes.

Entre le village de Lans et le village de Saint-Nizier, distant de deux lieues l'un de l'autre, c'est une succession non interrompue de prairies et de forêts, de plaines et de ravins, de fermes et d'habitations champêtres. Un air d'aisance et de santé règne sur la figure des villageois.

A Saint-Nizier, le chemin oblique brusquement à droite et contourne la base de l'énorme pic de la Moucherolle ; il est devenu rude, pierreux, rapide, encaissé entre des rochers qui surplombent dans certains passages. Au bout d'une heure, il arrive au village de Pariset.

Là, personne ne peut passer sans aller visiter la célèbre ruine connue sous le nom de *Tour-sans-venin*, une des merveilles du Dauphiné.

Nous prenons un sentier escarpé entaillé dans une roche de cailloux roulés, et en quelques minutes nous parvenons dans l'humble cimetière de la commune, placé sur le mamelon qui se détache du massif et à l'extrémité duquel s'élève ce reste du vieux château, souvent cité dans les légendes et les traditions du pays.

Tant d'écrivains en ont fait la description que, pour éviter de tomber dans des répétitions fastidieuses, il est inutile d'entamer de nouvelles dissertations sur son origine, sur sa décadence et sur les vertus que les préjugés lui attribuaient, de ne souffrir dans ses ruines aucun reptile, aucun insecte vénimeux; mais ce que l'on ne saurait passer sous silence, c'est l'émotion que l'on éprouve à la vue de cet énorme pan de muraille percée de quelques ouvertures et du pied de laquelle on embrasse le plus beau panorama que l'imagination puisse rêver.

Il est également inutile d'en énumérer toutes les beautés; des plumes exercées, des pinceaux habiles ont décrit, ont reproduit cette vallée du Graisivaudan et cette plaine de Grenoble, autour desquelles les collines s'ajoutent aux collines, les montagnes aux montagnes, les glaciers aux glaciers....

Nous descendons du mamelon et nous rejoignons la route sinueuse au-dessous du village de Pariset; une demi-heure après, laissant à gauche le chemin de Sassenage, nous traversons le Drac, nous montons dans l'omnibus qui stationne au débouché du pont, et nous arrivons à Grenoble au milieu de la journée.

II

Monsieur l'Abbé et Zénobie. — Le Saut-du-Moine. — Vizille. — Une noce villageoise.

Installés à l'hôtel, nous commandâmes à dîner et fîmes prévenir de notre arrivée Léon et Lucien qui ne tardèrent pas à nous rejoindre. A table, nous leur fîmes part de l'itinéraire suivant que nous avions tracé à Lyon :

Aller dans le canton de l'Oisans, atteindre Allevard en traversant la montagne des Sept-Laux, passer l'Isère à Goncelin, franchir le col du Pas-de-Fer à Saint-Pancrace, visiter de nouveau la Grande-Chartreuse, descendre à Voiron par la gorge du Crossey, et de là rentrer à Lyon. Mais, sur les observations de Léon nous dûmes modifier notre plan, car la montagne des Sept-Laux était impraticable à cause des neiges qui l'encombraient encore au mois de juin ; il valait donc mieux, après avoir exploré l'Oisans, repasser par Grenoble pour continuer notre voyage à la Grande-Chartreuse et à Allevard jusqu'au versant septentrional des Sept-Laux, que nous tenions à voir, et revenir encore une fois à Grenoble, afin d'y prendre le chemin de fer de Lyon. C'est à ce second itinéraire que nous nous arrêtames.

Malheureusement, notre ami Léon ne pouvait être de la partie : des affaires urgentes le retenaient à Grenoble. Cette circonstance nous priva d'un compagnon enthousiaste, connaissant très-bien le pays que nous allions visiter, pays peu exploré par les artistes et les amateurs.

Vers les quatre heures de l'après-midi, nous prenons la voiture du Bourg-d'Oisans, espèce de patache qui, malgré les efforts des deux rosses composant son attelage, faisait presque une lieue à l'heure.

Braves bêtes !... il n'est peut-être pas hors de propos, puisque nous voilà engagés dans un voyage tout de fantaisie, de leur consacrer quelques lignes, ne fût-ce qu'à cause de l'originalité de leurs noms. L'une des deux rosses était blanche, l'autre noire ; celle-ci s'appelait *M. l'Abbé* et celle-là *Zénobie*.

— Pourquoi ces noms bizarres ?...

— On n'a jamais pu le savoir !.. répondait flegmatiquement le conducteur.

Une chose que je ne puis m'expliquer davantage, c'est que les coups de fouet étaient pour M. l'Abbé et les paroles de douceur pour Zénobie :

— Allons, allons, Zénobie!... Hue! M. l'Abbé! Hue donc! fainéant!...

N'oublions pas de dire aussi que l'automédon avait un faible assez prononcé pour s'arrêter à chaque bouchon, autant pour se rafraîchir d'un verre de vin que pour laisser reprendre haleine à M. l'Abbé et à sa compagne Zénobie. — Cette lenteur nous servit à souhait, car tant que dura le jour elle nous permit d'admirer le pays.

En sortant de Grenoble par la porte Créqui, on prend le cours formé de trois allées parallèles tirées au cordeau, plantées de beaux arbres et bordées de petits canaux dont l'eau vive et abondante arrose les jardins des nombreuses maisons de campagne qui s'étalent le long du cours.

Une place, appelée *le Rondeau*, coupe en deux parties égales cette avenue de deux lieues de développement, à l'extrémité de laquelle on trouve le pont de Claix, construit sur le Drac par le connétable Lesdiguières, pour livrer passage à la grande route du Midi. Nous le laissons à droite et remontons ce torrent impétueux jusqu'à l'endroit où la Romanche, autre torrent non moins impétueux, vient le grossir de ses eaux.

La voiture s'est engagée dans le vallon de Champagnier et de Jarrie ; elle est arrivée à l'entrée du défilé de l'Etroit.

Ce défilé est formé par un rocher qui surplombait le torrent avant l'établissement de la route, et le rocher s'appelle le *Saut-du-Moine*.

Une naïve légende nous apprend qu'une jeune fille se précipita du rocher dans le torrent, pour se soustraire aux poursuites amoureuses d'un moine, et que ce même moine, ne pouvant s'arrêter dans sa course effrénée, s'y précipita à sa suite. — L'un et l'autre trouvèrent la mort dans ces profonds abîmes.

La route traverse un canal qui détourne une partie des eaux de la Romanche, lesquelles vont arroser des prairies et porter la fertilité dans la plaine de Grenoble. La prise d'eau se trouve près d'une voie romaine dont les traces sont encore assez apparentes. Au-delà du torrent que cette voie franchissait pour se développer sur les flancs de la montagne et gagner la vallée de la Mûre, on voit le village de Champ et les ruines d'une forteresse détruite sur la fin du XVIe siècle.

A la sortie du défilé, on a perdu de vue le Drac,

et c'est la Romanche que l'on côtoie alors jusqu'à Vizille (*Castrum Vigilæ*), gros bourg, riche de ses importants ateliers d'impression sur étoffes, établis depuis longtemps dans les vastes salles du château.

Ce château est heureusement situé et d'un aspect imposant; Lesdiguières le fit bâtir en 1612, sur un domaine que le roi Henri IV lui avait donné pour le récompenser de ses services. Séjour du grand connétable et plus tard de son gendre, le duc de Créqui, il est considéré comme le berceau de la liberté française : c'est là que le 21 juillet 1788 se réunit spontanément l'assemblée des Notables de la province, après la dissolution du parlement du Dauphiné, assemblée d'où partit le signal de la révolution de 1789. Il appartenait alors et appartient encore aujourd'hui à la famille Périer, qui vit un de ses membres devenir ministre sous le roi Louis-Philippe, après 1830.

Un incendie qui eut lieu en l'année 1825 y fit de grands ravages et détruisit complètement plusieurs salles où se trouvaient des tableaux représentant les principaux faits d'armes de Henri IV et de Lesdiguières. — C'est une perte regrettable.

La vue de ce château me remit en mémoire une triste aventure. Un de nos amis; C. R***, jeune dessinateur lyonnais et parent d'un employé supérieur attaché aux ateliers d'impression, périt victime d'un de ces accidents trop fréquents à la chasse qu'il aimait avec passion. Son fusil, accroché aux branches d'une haie qu'il franchissait, partit tout-à-coup et il en reçut la charge en pleine poitrine.

Hélas! que d'amis j'ai déjà perdus!... Quand on reporte pour un instant seulement sa pensée en arrière, on est effrayé du vide qui se fait si rapidement autour de vous.... Tous les jours encore, l'éloignement, le trépas, ajoutent un nom de plus à la liste déjà si longue des absents.

Nous traversons Vizille en ayant à peine le temps de jeter un coup-d'œil sur le rocher couronné par les ruines informes de la vieille forteresse delphinale qui jadis défendait l'entrée de ce pays, et qui est connu sous le nom de *Château-du-Roi*.

De l'autre côté du bourg, laissant à gauche la route d'Uriage et à droite celles de Gap et des Hautes-Alpes, par les froides contrées de la Matésine, du Trièves et des Champsaur, la voiture longe les murs d'enceinte du parc et du château, et traverse le hameau du Péage, où un industriel lyonnais vient d'établir une fabrique d'étoffes pour foulards ; elle roule ensuite dans une plaine peu spacieuse, mais extrêmement fertile, à l'extrémité de laquelle elle retrouve la Romanche dont elle continue de suivre la vallée.

A l'approche du village de Séchilienne, un léger accident qui n'eut d'autre suite qu'un retard d'une heure, vint faire une petite diversion à la monotonie du voyage.

Une nombreuse réunion de villageois étaient assis autour de grandes tables dressées sur le bord de la route, à l'occasion d'un repas de noce. M. l'Abbé et Zénobie, dont l'humeur était pourtant des plus débonnaires, furent effrayés par les chants, les danses, et surtout par les coups de pistolet qu'on est dans l'usage à la campagne de tirer les jours de mariage. Ils se jetèrent éperdus dans un fossé en y entraînant la patache : leurs harnais se rompirent et le timon se brisa. Personne ne reçut la moindre contusion : il semblait au contraire que le hasard eût amené cet événement pour nous faire prendre part à la noce villageoise, ce dont notre automédon, fervent adorateur, comme je viens de le dire, de la dive bouteille, fut des plus satisfaits.

Dès que voyageurs, rosses et voiture furent remis sur pied, avec l'aide des paysans, on trinqua, on mangea d'une espèce de tarte au fromage appelée *fouace*, et même on fit une ronde autour d'un grand feu que dans cette sorte de fête on allume sur la route à la tombée de la nuit.

M. l'Abbé vertement corrigé, Zénobie doucement caressée, et l'équipage raccommodé tant bien que mal, nous poursuivîmes notre route, non plus sur la même rive du torrent, mais sur la rive opposée, que nous gagnâmes par le pont de Gavet.

La nuit était venue, nuit sombre et au ciel privé d'étoiles. Pas d'autre clarté que quelques lumières apparaissant à intervalles inégaux aux fenêtres des rares habitations, et les gerbes de feu jaillissant de la cheminée du haut-fourneau de Rioupéroux ! La vallée s'était rétrécie ; on roulait lentement au fond d'un défilé ténébreux, connu sous le nom de *Combe de Gavet*, qui s'ouvre entre les escarpements des ramifications du pic de Belledone et ceux de l'énorme pic de Taillefer. Nos yeux se fatiguaient en vain à saisir quelques formes ; le mieux eût été de dormir, mais on était assourdi par le bruit de la Romanche et des cascades. Ce défilé renferme les villages de Gavet et de Livet et un certain nombre d'usines et de fonderies pour l'exploitation des minerais abondant sur les flancs des montagnes voisines.

A peu près au milieu du défilé, la voiture s'arrêta sous une espèce de voûte, où la faible clarté de notre lanterne fumeuse luttait avec peine contre l'obscurité.

Nous mîmes pied à terre pour nous dérouiller un peu les jambes. Ce que je prenais pour une voûte était une brèche ouverte dans un énorme quartier de rocher qui s'était autrefois détaché de la montagne et qui obstruait le chemin. Au lieu de le briser et de l'enlever, on préféra le diviser pour rétablir le passage. Une masure était adossée contre le rocher et servait d'habitation à un vieux mendiant.

Cet endroit désert, cette demi-obscurité, ces rocs menaçants, ces sombres sapins, l'écume blanchissante des eaux de la Romanche, notre attelage, le mendiant tendant son chapeau aux voyageurs, tout cet ensemble formait un tableau que le peintre eût vainement composé....

Vers deux heures après minuit, à la grande satisfaction de M. l'Abbé et de Zénobie, qui devaient avoir besoin de repos, et surtout à celle du conducteur qui mourait de soif, nous débouchons dans le bassin du Bourg-d'Oisans (*Oisancum*) et finissons par arriver à notre destination.

Dans l'auberge qui servait de bureau à la voiture, nous attendîmes la fin de la nuit en faisant un petit somme sur le bout d'une table.

III

L'Oisans. — Le grand déluge. — Vénosc. — Une saison pour les amours. — Les Montagnards émigrants.

Une légère lueur au ciel du côté de l'Orient annonçait le jour. Nos derniers renseignements pris auprès de l'aubergiste, nous nous mettons en route pour aller visiter les glaciers de la Bérarde.

Le soleil lançait ses premiers feux comme nous arrivions sur les bords d'un ruisseau appelé *la Rive*, et dont le voisinage nous était annoncé depuis quelques minutes par le coassement des grenouilles, qui, ayant passé la nuit sur l'herbe humide, sautaient dans l'eau tout effrayées à notre approche.

L'astre montait radieux sur l'horizon, colorant de tons magiques les sommets des montagnes et les parties exposées à l'action de ses rayons, tandis que les autres parties et le fond des vallées restaient encore plongés dans une demi-teinte vaporeuse, se dissipant par degrés devant l'invasion de la lumière.

Avant d'avoir été témoin de ce spectacle toujours si beau, je considérais comme de pure fantaisie la couleur des tableaux que Diday, chef de l'école génevoise, envoyait chaque année à l'exposition de la Société des Amis-des-Arts de Lyon. Mais, depuis lors, j'ai pu apprécier la presque vérité du talent de cet artiste. — Je dis à dessein la presque vérité, parce que dans les arts, comme partout, la vérité n'est que relative....

Que sont donc ces images reproduites par le pinceau sur la toile, sinon de pâles pastiches ?... Que sont-elles en regard des riches couleurs que la nature fait incessamment jaillir de son inépuisable palette, et que jamais les hommes, malgré tout leur génie, ne pourront lui dérober ?...

Après une heure de marche au pied des montagnes qui s'élèvent à droite, nous pénétrons dans un bois taillis et nous arrivons devant un torrent tombant en cascade de ces mêmes montagnes. Selon les renseignements de Léon et de l'aubergiste, le chemin devait aboutir au pont du Petit-Escoffier. Mais l'un et l'autre avaient compté sans une forte crue qui avait entraîné le pont, dont on ne voyait plus que les ruines.

Un peu déroutés par ce sinistre, nous perdons une demi-heure à rechercher un autre passage, et jugeons à la fin plus prudent d'aller nous renseigner auprès de deux ouvriers qui travaillaient à une carrière, à peu de distance du chemin.

Sur leurs indications, nous trouvons une passerelle provisoire qui n'était autre que deux troncs de sapin jetés sur le torrent. Ce pont, à l'aspect primitif, semblait avoir été construit pour des acrobates. — Il tremblait sous nos pas... Mais, grâce à d'heureux essais dans l'art de l'équilibre, où nous n'avions d'autre professeur que dame nécessité, nous le passâmes sans accident, mais non sans émotion !...

Nous avions atteint l'entrée de la vallée de Vénosc. Arrêtés sur un promontoire formé par la jonction du Vénéon et du torrent, que nous venions de traverser, nous embrassions du regard le bassin de l'Oisans.

Ce bassin, l'ancien pays des *Uceni*, situé au centre des Alpes dauphinoises, a environ une lieue de large sur deux de long. Il est borné de tous côtés par la montagne des Sept-Laux, droite comme une muraille, par les massifs de l'Auris, du mont de Lans et par les nombreuses ramifications du pic de Belledonne, du Taillefer et du Pelvoux dont les sommets toujours couverts de neige, atteignent la hauteur de quatre mille trois cents mètres.

Ces montagnes, ces gorges, ces vallées, presque sans terre végétale et sans bois, sont de l'aspect le plus désolant; mais leurs flancs recèlent de grandes richesses minérales, à tel point qu'avant la découverte de l'Amérique l'extraction et la fonte des minerais d'or et d'argent y occupaient une nombreuse population. On exploite encore aujourd'hui, à Chalence, une de ces anciennes mines. Plusieurs lieux sont désignés sous le nom générique de *l'Auris* et de *l'Argentière*, témoignage non équivoque de richesses aurifères et argentifères. Quelques pâtres, appelés *orpailleurs*, suffisent encore à leur existence en ramassant dans le lit des torrents quelques paillettes de ces métaux précieux, qu'ils vont vendre à Grenoble.

Le bassin où est bâtie la très-petite ville du Bourg-d'Oisans est seul couvert d'un terrain limoneux et fertile; il est bien cultivé, mais souvent ravagé par la Romanche, qui a pour tributaires les torrents de ces montagnes.

Les eaux peuvent y renouveler une catastrophe comme celle dont la fin du XII° siècle et le commencement du XIII° furent témoins. Des arbres, des cailloux, des rochers, des monts éboulés, entraînés par l'Infernet et la Vaudaine, deux torrents qui débouchent dans la Romanche en face l'un de l'autre, encombrèrent la combe de Gavet, à l'endroit le plus resserré. Ne trouvant plus d'écoulement, les eaux formèrent un lac qui engloutit le Bourg-d'Oisans et les villages du bassin, dont la plupart des habitants périrent ; puis elles montèrent jusqu'au niveau du barrage formé par ces amas de terre, de rocs et de graviers, qu'elles franchirent en cataractes écumeuses. Ce lac, connu sous le nom de lac *Saint-Laurent*, avait une profondeur de près de quatre-vingts pieds, comme le prouvent les vestiges de cette digue naturelle que l'on peut encore voir à l'entrée du défilé. Les mêmes causes auxquelles il dut sa formation terminèrent sa durée.

Le 14 septembre 1219, à la suite de pluies abondantes, les eaux charrièrent de nouveaux débris, qui vinrent rompre la digue qu'elles minaient incessamment ; elles firent irruption dans les vallées inférieures, et ne laissèrent que des ruines sur tout leur passage. Le Drac, prodigieusement enflé, fit déborder l'Isère, Grenoble fut submergé, un grand nombre de ses habitants furent noyés. Quelques-uns purent se réfugier sur les montagnes avant la rupture des ponts, d'autres parvinrent aussi à échapper au fléau en cherchant un asile sur les toits des édifices les plus élevés.

Les détails de cette catastrophe, appelée *le grand déluge de Grenoble*, sont consignés dans un manuscrit de l'évêque Jean de Sassenage, témoin oculaire; dans les campagnes, le souvenir en est encore si vivant de nos jours qu'il sert à défrayer les loisirs des longues veillées de l'hiver (1).

Après l'écoulement de cette masse liquide, de nouveaux habitants vinrent reconstruire le bourg sur le même emplacement qu'il occupait avant sa destruction. La vie reparut dans cette vallée ensevelie si longtemps sous les eaux, et ses terrains doivent en partie leur fertilité actuelle au limon qu'elles y avaient déposé.

Outre le cataclysme dont le pays fut victime, il fut aussi ravagé par les guerres de la Réforme; il passa alternativement des mains des catholiques aux mains des protestants, et au mois de novembre de l'année 1587, une bataille sanglante s'y livra entre Maugiron et Lesdiguières.

Pendant que notre esprit s'abandonnait à ces sou-

(1) Il ne se passe pas d'années que l'on n'ait à enregistrer de semblables désastres occasionnés par les inondations. Les années 1851, 1852 et 1856 ont été marquées par des sinistres de cette nature.

venirs des temps passés, le soleil avait marché; nos montres marquaient six heures, nous n'avions donc pas une minute à perdre pour achever notre excursion.

Encaissée profondément entre les grands rochers, premiers contreforts du mont Pelvoux, la vallée de Vénosc a son entrée ouverte au vent du nord. Le Vénéon, descendant des glaciers supérieurs et grossi de nombreux affluents, s'y précipite avec fracas et va porter ses eaux tourmentées dans la Romanche, qui, de l'horrible gorge des Infernets, débouche dans la plaine où elle se montre quelquefois placide, mais plus souvent menaçante, avant de s'engager dans la Combe de Gavet.

Un chemin rapide nous conduisit bientôt aux Gauchoirs, hameau composé de deux maisons groupées autour d'un moulin.

On traverse le Vénéon sur une arche en pierre, d'ancienne construction, et le chemin continue sur la rive droite. Un bouquet d'arbres ombrage ce tout petit hameau et paraît être un dernier effort de la nature; au-delà du pont, l'on ne rencontre plus que de chétifs bouleaux et de maigres sapins végétant sur un sol pierreux auquel l'humus fait défaut presque partout.

Jusqu'au village de Vénosc, c'est-à-dire pendant

l'espace d'une lieue, la vallée conserve une physionomie déserte, froide, aride. Pas une habitation, pas un homme!.... De loin en loin, une vieille femme ou un jeune enfant assis tristement à côté d'une vache et de deux ou trois chèvres qui paissent le peu d'herbe qu'elles trouvent ; quelquefois dans un petit coin bien abrité, un pauvre champ de seigle et de pommes de terre ; des rochers et les flancs de la montagne où brille encore la neige que le soleil de juin commence seulement à faire fondre ; le Vénéon, toujours grondant, rongeant ses bords, charriant du sable et des cailloux : voilà en peu de mots le tableau de cette vallée. Sa vue laissa dans notre esprit une teinte de mélancolie qui dura autant que notre séjour dans cette localité.

Cependant, en arrivant à Vénosc, on est ravi par la vue du village situé dans un évasement des montagnes et dominé par une belle forêt et de verts pâturages. Les maisons, bâties en amphithéâtre sur la rive droite du torrent, se présentent à l'œil d'une manière pittoresque. Sans la fumée s'échappant de quelques cheminées, on pouvait les croire inhabitées, car nous n'apercevions âme qui vive. Mais les aboiements des chiens firent sortir des femmes et des enfants, qui, debout sur leur porte, nous regardaient passer d'un air étonné, comme s'ils n'avaient jamais vu de créature humaine.

Une chose nous avait surpris : depuis notre entrée dans la vallée, nous n'avions aperçu aucun homme parmi la petite population qui l'habite; et, surprise plus grande encore! de cette même population la plupart des femmes étaient enceintes.

La mère Pâquet, qui tenait l'auberge où nous prenions un maigre déjeuner, nous donna l'explication de cette singulière circonstance.

Dans ces pays, il est une industrie locale exercée par les habitants probablement depuis des siècles : pendant les chaleurs de l'été, les femmes et les enfants vont cueillir sur le sommet des montagnes les plantes aromatiques et vulnéraires connues sous le nom de *thé suisse*, *fleurs béchiques*, etc., et que les hommes, une balle sur le dos, vont colporter au loin.

A la suite de leurs tournées, parfois assez lucratives, on les voit, comme des volées d'oiseaux, rentrer dans leur village à l'approche de l'hiver qu'ils passent au sein de leur famille; aussi, de même que les oiseaux, ces braves gens n'ont-ils qu'une saison pour leurs amours!... Mais au printemps, laissant provisoirement femmes et enfants sous la garde des vieillards, ils repartent, chargés des plantes ramassées l'été précédent.

Cette habitude d'émigration est particulière à tous les habitants de ces régions élevées, et chaque vallée a son industrie traditionnelle.

La plupart des montagnards de l'Oisans, mais surtout ceux de Vénosc, de Mont-de-Lans et de la Grave, n'ont d'autre occupation, comme je viens de le dire, que de cueillir et de vendre des fleurs et des plantes médicinales. Ils parcourent toute la France; il en est même qui traversent les mers, exploitent les diverses contrées du globe et reviennent dans leurs misérables vallées, quelquefois après avoir amassé une grande fortune.

Quelques-uns de ces montagnards, ceux qui sont les plus rapprochés des hautes cîmes, se livrent à la chasse périlleuse de l'ours et du chamois; tandis que d'autres, ceux du Freynet, d'Auris, d'Huez, de Besse, etc., ayant conservé des habitudes pastorales, élèvent des mulets et des chèvres; puis, pour pour le compte des fermiers de la plaine, ils vont chercher de nombreux troupeaux de moutons qu'ils conduisent pâturer sur leurs montagnes, durant l'été, et qu'ils ramènent, aux premiers froids de l'automne, à ceux qui les leur ont confiés.

Les Savoyards que l'on voit arriver par bandes jusque dans l'intérieur de la France, deviennent commissionnaires, décrotteurs ou ramoneurs, montreurs de lanternes magiques et de marionnettes ; ils font sauter des marmottes et dansent eux-mêmes la *catarina*, au son criard de leur instrument de prédilection ; enfin ils ne répugnent à aucun métier.

Les montagnards des Basses-Alpes vont hiverner dans les grandes villes, où ils s'établissent modestement comme rissoleurs de marrons ou comme marchands d'olives qu'ils débitent dans les cafés et autres lieux publics.

Ceux de Gap, d'Embrun, des Hautes-Alpes sont colporteurs d'indiennes et de menue mercerie ; les Briançonnais sont maîtres d'école, et durant l'hiver ils parcourent les campagnes où ils louent leur savoir pour un modique salaire.

Ces derniers émigrants, qui ont suivi la carrière la moins lucrative et la plus semée d'ennuis, voient encore leur métier déchoir de jour en jour ; les écoles chrétiennes et les écoles mutuelles leur font une rude concurrence. — Ce type n'existera bientôt plus qu'en souvenir.

Je me rappelle avoir vu dans ma jeunesse quelques-uns de ces pauvres diables, une plume à écrire fixée à leur chapeau et une longue écritoire en corne, nommée *calemard*, attachée à leur ceinture, venir offrir leurs services dans les villages, les hameaux et les fermes isolées. Soit qu'ils fissent affaire avec une commune ou une maison particulière, ils passaient l'hiver à enseigner aux enfants les premiers éléments de la science; au printemps, ils reprenaient le chemin de leurs montagnes, pour les quitter encore à l'automne suivant. Chaque année les revoyait périodiquement dans la même localité. L'arrivée du *Briançunneïre* ou *Magisteïre*, comme on le désignait dans notre patois, était toujours saluée avec plaisir : honnête, probe, grave, il savait se faire aimer, estimer par toute la population, depuis l'enfance désireuse d'écouter les récits toujours nouveaux de cet homme qui venait de si loin, et qui pour elle était un être à part et quelque peu mystérieux, jusqu'à M. le curé, charmé d'avoir à son lutrin un bon chantre pour les jours de fête carrillonnée.

Le trait le plus caractéristique de tous ces émigrants, c'est l'amour du pays natal : dès qu'ils ont amassé un petit pécule dans leurs tournées périodiques, ils reviennent vivre et mourir au milieu de leur famille!..

Comme on le voit, la saison des émigrations n'est

pas la même pour tous les montagnards; elle varie selon la spécialité qu'ils ont embrassée.

IV

Le Clapier. — Les Sources-Bénites et le Pont-Maudit. — La Bérarde.
— Le lac de Lauvité.

Après avoir déjeûné tout en écoutant avec intérêt les renseignements que la mère Pâquet nous donnait sur ses compatriotes, nous quittons notre hôtesse en la prévenant que nous dînerions chez elle, en revenant de notre course à l'extrémité de la vallée.

Au-delà du village, au hameau de Bourdaru, nous repassons sur la rive gauche du Vénéon, en face d'une cascade majestueuse qui, sous le nom de *Pisse*, bondit du col de la Muselle, montagne tachetée encore de larges plaques de neige. La nature déserte qui nous avait si vivement impressionnés depuis les Gauchoirs, se montre ici sous des couleurs encore plus sombres.

De tous côtés, nous n'apercevons que des rochers sans la moindre trace de végétation : rochers taillés à pic, élevés, anguleux, pelés, affreux; blocs énormes entassés dans le plus grand désordre; des rochers, encore des rochers et toujours des rochers!.. Et au milieu de cette désolation, le Vénéon luttant avec effort contre tant d'obstacles qui entravent son cours. Jamais nature ne me parut aussi bouleversée, et plus j'avançais, plus je me sentais pénétré d'un profond sentiment d'admiration mêlée d'une vague terreur, à la vue de cette grandeur sauvage.

Pendant une demi-heure, nous cherchons notre chemin parmi ces blocs de toutes formes et de toutes grosseurs, détachés de la montagne par une de ces trop fréquentes révolutions auxquelles sont malheureusement exposées les vallées de cette contrée. Tantôt nous escaladons les plus petits, tantôt nous contournons les plus gros. Nul sentier n'y est tracé; et c'est là cependant l'unique passage pour pénétrer plus avant; les troupeaux de moutons et de chèvres allant pâturer sur la montagne, les mulets chargés le parcourent journellement dans la belle saison. Je me serais refusé à croire qu'il fût praticable pour ces derniers animaux, si je n'en avais rencontré quelques-uns : ils y marchaient aussi à leur aise que sur un chemin sablé!..

Ce lieu affreux se nomme *le Clapier*, nom générique

dans l'Oisans pour désigner ces amas de rocs éboulés que, dans leurs convulsions, les montagnes ont secoué dans les vallées.

Le Vénéon traversé encore une fois sur deux blocs qui s'arc-boutent naturellement et sous lesquels il s'engouffre en remplissant la vallée de grondements pareils à ceux du tonnerre, on laisse ce chaos derrière soi, et on se trouve dans un petit bassin où croissent quelques maigres broussailles. Le torrent se montre alors plus tranquille. Par la nature sablonneuse du terrain, je suppose que dans les fortes crues de l'été les eaux, arrêtées par cette barrière de blocs, doivent refluer sur elles-mêmes et former un lac où elles déposent les sables et les matières terreuses qu'elles contiennent en suspension.

Je ne me trompais pas, car j'appris plus tard que ce bassin se nommait le *Plan-du-Lac*.

Nous nous éloignons un peu du torrent et montons sans fatigue pendant l'espace d'un quart de lieue, jusqu'à des sources d'une fraîcheur glaciale, où l'on nous avait bien recommandé de ne pas tremper nos lèvres ; — « Elles sont bénites », disent les montagnards, et chaque passant y plonge le doigt et se signe dévotement.

A peu de distance de là, nous arrivons à un pont

de pierre jeté avec hardiesse sur une crevasse étroite et profonde, qui coupe transversalement la vallée. A peine large de quatre à cinq pieds, ce pont est privé de parapets; il nous donna le vertige, à nous si peu habitués à la vie de ces montagnards, marchant sans sourciller sur le bord des abîmes. Il est nommé le *Pont-Maudit* ou le *Pont-du-Diable*, effrayant appellatif appliqué souvent aux constructions de ce genre, dans toutes les chaînes des Alpes, en Suisse, en Savoie, en Dauphiné!..

Une vieille légende retrace les détails d'une lutte qui eut lieu entre le diable et le bon Dieu au sujet de la construction du pont.

Une autre légende rapporte que le diable proposa aux habitants de Saint-Christophe de construire leur pont, sous la condition que celui qui y passerait le premier lui appartiendrait corps et âme. Les habitants n'osant accepter une semblable proposition, allèrent consulter un saint ermite des environs. Après une longue prière, ce sage inspiré leur conseilla d'accepter sans crainte l'offre de Satan. Le pont terminé, le démon attendait l'exécution du marché; les habitants étaient dans l'anxiété, quand l'ermite parut précédé de son chien. L'animal passa le premier sur le pont et fut aussitôt enlevé par le diable, qui, trompé par cette ruse, disparut en maudissant l'ermite qui le privait d'une âme de chrétien, et en poussant un rugissement si formidable que les montagnes furent ébranlées jusque dans leurs fondements et s'abîmèrent dans la vallée.

Telle est l'origine du clapier qui existe entre Vénosc et Saint-Christophe.

Le diable avait laissé le pont sans parapets et juré de le détruire. Mais l'homme de Dieu, continuant de faire des niches à l'esprit malin, fit jaillir les sources qui précèdent le pont, et les bénit pour empêcher le diable de venir accomplir sa menace. — C'est probablement pour éterniser ce pieux souvenir que chaque passant plonge le doigt dans ces eaux consacrées et fait le signe de la croix avant de s'engager sur le pont. — On serait mal avisé de révoquer en doute la vérité de ce récit merveilleux.

Il est dans le Dauphiné trois puissances auxquelles les montagnards attribuent tous les travaux extraordinaires qu'on rencontre dans leur pays : le diable, Lesdiguières ou les Chartreux !... Eux seuls pouvaient construire ces ponts hardis, percer ces routes suspendues aux flancs des rochers et élever ces digues énormes le long des torrents, œuvres cyclopéennes qui font l'admiration et l'effroi des voyageurs...

La crevasse sur laquelle est jeté le pont maudit est certes une des plus sombres horreurs de la nature. Dans ses profondeurs, bouillonne le torrent du Diable qui, venant des glaciers du mont de Lans, jaillit en cascade bruyante des rochers de gauche pour aller se perdre dans le Vénéon, à peu près en face d'une autre cascade, l'Enchatra, qui se précipite à son tour de l'affreuse montagne dite *des Sorciers*. Entre les rochers et le Pont-du-Diable, on aperçoit des ouvrages de grossière maçonnerie, vestiges d'un moulin dont les roues devaient, selon toute apparence, être mues par la cascade elle-même. — Placées ainsi sur le bord du précipice, ces ruines offrent le coup-d'œil le plus bizarre.

De l'autre côté du pont, un chemin escarpé tracé en zigzag, donne accès dans le village de Saint-Christophe. Là, nous prîmes un vieux montagnard pour nous conduire jusqu'à la Bérarde, où, remontant toujours le Vénéon et traversant les hameaux de Bernardière, de Champbrun et des Etages, nous arrivâmes après deux ou trois heures d'une marche fort pénible.

La Bérarde est un groupe de misérables huttes auxquelles on ne saurait vraiment donner le nom de maisons. Elles sont situées à la jonction de deux torrents dont les eaux réunies et grossies de celles qui se précipitent des glaciers voisins, forment le terrible Vénéon. L'un de ces torrents vient des glaciers de la Piratte, l'autre des glaciers de la Muande.

Ces glaciers tachetés par des roches noirâtres encombrent les montagnes élevées et menacent incessamment les gorges et les vallées. Nous allâmes visiter ceux de la Muande situés sur les flancs du mont Pelvoux, à une heure au-dessus de la Bérarde. C'est un spectacle admirable, surtout quand par un beau soleil ils étincellent de mille feux; mais il est rare d'en jouir, car le plus souvent ils sont perdus au milieu d'une brume épaisse...

Nous ne poussâmes pas plus loin notre exploration, tant elle devenait difficile. Au-delà du hameau, dernier endroit habitable de la vallée de Vénosc, sont des crêtes aiguës et un désert de rocs couverts de neige et de glace durant neuf mois de l'année.

Sur ces confins des départements de l'Isère et des Hautes-Alpes, des sentiers de pâtres desservent quelques chalets épars dans les montagnes, et, par les cols de l'Oursine et de la Grande-Sagne, aboutissent du côté d'Embrun, dans la vallée de la Durance. Les communications, par conséquent, sont souvent interrompues, et le passage de la Bérarde est ouvert seulement pendant les jours les plus chauds de l'été.

— Dans ce pays, nous disait notre guide, les hivers sont si rigoureux, que la population de nos hameaux demeure des semaines entières sans aucune relation avec Saint-Christophe et Vénosc; et si pendant la mauvaise saison quelque habitant vient à décéder, il est impossible de procéder à son inhumation. On dépose son corps dans une petite chapelle, la figure découverte, et il y reste jusqu'au retour du printemps qui permet à M. le curé de Saint-Christophe de venir faire l'enterrement.

Il y a quelques années, avant l'érection de cette chapelle, le corps était exposé sur le toit de la chaumière, où pendant l'hiver il restait enseveli sous une épaisse couche de neige.

De misérables récoltes de pommes de terre, un peu de seigle et de blé noir, joints au lait de nos troupeaux, voilà à peu près tout ce que la nature nous donne en retour de beaucoup de travail. Comme nous manquons de bois, la bouse de vache desséchée, mêlée à de la paille hachée et conservée avec soin, est l'unique combustible employé pour le chauffage et pour la préparation des aliments.

Vous devez comprendre, d'après cela, pourquoi nous sommes si économes de combustible et pourquoi nous ne cuisons notre pain que quatre fois par an. Néanmoins, depuis quelques années, les gens aisés mangent un peu plus souvent du pain frais, et brûlent du charbon de terre que les mulets vont chercher au Bourg-d'Oisans...

Voilà ce que nous racontait ce vieux montagnard, pendant que nous redescendions à Saint-Christophe.

Dans ces solitudes presque ignorées, et malgré l'inclémence de la nature, il existe chez les habitants un bien-être relatif, grâce à l'argent qu'ils rapportent de leur émigration. Les hommes sont chaudement et même confortablement vêtus; les femmes montrent une coquetterie un peu surprenante pour le pays qu'elles habitent. Elles portent des robes d'une coupe singulière, et sont coiffées d'un bonnet étrange, orné de rubans aux couleurs vives.

Ce bonnet, qui affecte la forme d'un casque oriental entouré d'un turban, leur vient, sans nul doute, des Sarrasins longtemps maîtres de ces vallées, où ils ont laissé tant de souvenirs. Elles s'habillent, ces braves paysannes, comme s'habillaient leurs mères il y a dix siècles; je les félicite d'avoir su conserver leur costume national, tandis que, dans beaucoup d'autres contrées, ce sexe a perdu tout cachet d'originalité pour suivre les modes de la ville, invasion anti-artistique qui menace de donner un caractère d'uniformité à toutes nos provinces.

Grâce à son isolement, la population de ces contrées est restée étrangère au croisement des races, et son sang s'est maintenu pur de tout mélange. — Un teint basané et des cheveux noirs indiquent la filiation arabe. — Mais elle a participé au progrès intellectuel de notre époque ; ainsi, elle parle le français assez correctement et les connaissances y sont plus répandues que dans les villages situés dans la plaine. Pendant les six mois d'hiver où leur pays est comme enseveli sous la neige, enfermés dans les étables où règne une douce chaleur, hommes, femmes, enfants, tout en s'occupant de travaux manuels pour chasser les ennuis de cette vie sédentaire, ont encore assez de temps à donner à la culture de leur intelligence.

Partons de Saint-Christophe, et revenons sur nos pas. En repassant dans les lieux que nous avions parcourus quelques heures auparavant, nous éprouvons les mêmes impressions et les mêmes fatigues ; mais c'est aussi dans ce trajet que nous voyons le plus de véritables horreurs. — Leur spectacle m'a tellement impressionné que, même encore aujourd'hui, ce souvenir est sans cesse présent à mon esprit.

Pendant notre absence de Vénosc, la mère Pâquet s'était mise en frais pour nous faire apprécier ses talents dans l'art culinaire. Son dîner pouvait aller de pair avec le déjeûner du matin, mais il était plus copieux, ce qui était déjà un grand point. Sauf d'excellentes petites truites saumonées pêchées dans le Vénéon, le reste ne valait pas le diable et se composait d'une solide omelette au lard et d'un horrible ragoût de viande de marmotte ou de chèvre salée, que j'arrosai d'eau pure, préférable cent fois au vin épais apporté de la plaine dans des outres de peau.

Ce mode de transport, comme on doit s'en douter, communique au vin une odeur de bouc très-prononcée, qui cependant n'empêche pas cette affreuse boisson d'être le plus agréable régal que l'on puisse offrir aux gosiers indigènes.

Nous passâmes la nuit dans cette auberge, et le lendemain, avant notre départ pour le lac de Lauvité, la respectable mère Pâquet nous embrassa, comme elle aurait embrassé d'anciennes connaissances: habitude du bon vieux temps que les gens âgés ont su conserver dans ces montagnes, et qui certes est bien préférable à la politesse froide et calculée des maîtresses d'hôtel de nos grandes villes.

De l'autre côté du pont des Gauchoirs, laissant à

droite le chemin du Bourg-d'Oisans, nous gravîmes un sentier qui suit quelquefois le lit encaissé d'un torrent, et d'autres fois le revers des rochers, où il est taillé raide et droit comme une échelle.

Distant de deux heures du moulin des Gauchoirs, et situé sur le sommet tronqué d'une des plus hautes montagnes du massif de la Muzelle, le lac de Lauvité est plus remarquable par son aspect que par son étendue; il est entouré de pics décharnés qui surgissent perpendiculaires de ses eaux profondes, et de glaciers qui, dans les fortes chaleurs, sont autant de cascades : c'est un coin du Groënland transporté dans le Dauphiné!..

Ces sommets sont encombrés de blocs, comme dans la partie de la vallée comprise entre Vénosc et le Pont-du-Diable; mais ici, entre ces blocs, croissent ces herbes parfumées et médicinales que recherchent les moutons et les chèvres, et que cueillent avec précaution les femmes et les enfants des marchands de thé suisse.

Bien que la neige couvrît encore une partie du terrain, un pâtre s'était déjà établi sur les bords du lac, dans une misérable hutte; il gardait un troupeau de chèvres. Seuls, ces animaux donnaient un peu de vie à ces lieux. Juchés sur des blocs où ils broutaient une mousse aromatique, ils jetaient sur nous un regard inquiet et s'enfuyaient tout effrayés.

Nous nous reposâmes à côté de la hutte, et le roi de ce désert nous offrit, dans une sébile de bois, du lait de chèvre nouvellement tiré, qui, avec le pain et le fromage dont la prévoyante mère Pâquet avait garni nos sacs, nous constitua un déjeûner champêtre. — Je ferai remarquer que notre hôte ne voulut recevoir aucun argent pour son laitage, mais il accepta de grand cœur les restes de nos trois grosses miches de pain blanc sur lesquels il jetait un œil de convoitise. Par la même raison qu'il avait dû être surpris de nous voir savourer son laitage, nous admirâmes avec quelle sensualité il mangeait par petits morceaux ce pain si rare dans son pays.

Il nous remit dans le sentier qu'il nous eût été difficile de retrouver au milieu de tous les ravins qui sillonnent le flanc de la montagne. Une heure après, nous revoyions le moulin des Gauchoirs, puis nous retraversions le torrent du Petit-Escoffier, sur les sapins qui reliaient les deux rives.

En repassant dans ces lieux, nous vîmes un petit pont rustique que nous n'avions pas aperçu la veille. Construit avec quelques légères pièces de bois, jointes ensemble par des branchages flexibles, ce pont, placé à une grande élévation sur la cascade elle-même, offre la réalité d'une de ces fantastiques chinoiseries que le pinceau de Pillement a popularisées parmi nous. Une chèvre et un enfant y étaient posés comme par le caprice du peintre ; ils se détachaient faiblement à travers la poussière d'eau s'élevant de la cascade jusque sur ce pont aérien qui dessert je ne sais quoi et qui aboutit je ne sais où...

Un peu avant la nuit, nous étions de retour à notre auberge, au Bourg-d'Oisans.

V

La gorge des Infernets. — Le Lautaret. — Bonne fortune. — La Combe de Gavet. — Uriage.

Levés avec le jour, nous commençâmes notre excursion à la Grave et au col du Lautaret.

La route de Grenoble en Italie par Briançon et le mont Genèvre traverse la Romanche, qu'elle remonte pendant une heure et qu'elle retraverse sur le pont Sainte-Guillerme, à l'entrée de la gorge des Infernets, un peu au-dessus de l'embouchure du Vénéon. Elle s'enfonce alors dans cette gorge sombre, où, grâce à des lacets multipliés, à des ponts, à des brèches, à des passages souterrains, elle se déroule sur les escarpements noirâtres et dénudés de ces montagnes dont le génie de l'homme a vaincu les innombrables difficultés. Tracée par les Romains, rectifiée plus tard sous Napoléon, cette route, à laquelle on travaille encore de nos jours, est souvent endommagée par les pluies, les torrents, les gelées; des éboulements et des avalanches de pierre et de neige en interrompent de temps à autre la circulation et y occasionnent de trop fréquents sinistres; mais une armée de cantonniers la réparent aussitôt.

Avant ces travaux, elle était étroite, sinueuse, rapide; elle n'était suivie que par les mulets et les piétons; maintenant elle est parcourue jour et nuit et en toute saison par un courrier et un service de voitures publiques entre Grenoble et Briançon. — Dans l'hiver, les transports se font au moyen de traîneaux, que l'on commence à prendre au Bourg-d'Oisans. C'est dans cette gorge que, suivant quelques historiens, Annibal aurait rencontré le plus d'obstacles lorsqu'il passa les Alpes pour se rendre en Italie.

Dès notre entrée dans la gorge, le jour commençait à poindre et éclairait successivement les sommets des montagnes. A un endroit encombré de blocs de rochers, appelé *la Clapière*, nous laissons sur la droite l'ancien chemin qui conduit au village de Lans, situé beaucoup plus haut que la nouvelle route, et nous montons la rampe tourmentée des Commères. Au-delà d'un pont et d'une galerie de cinquante pas de long, la galerie des Commères, on rencontre les hameaux de la Rivoire, du Garcin et du Travers; puis, après avoir longé quelques petits champs assez bien cultivés, on aborde la fameuse galerie des Infernets. — Ce nom d'*Infernet* se retrouve fréquemment dans les montagnes de l'Oisans, et indique l'effroi que certains défilés inspirent aux habitants.

Cette galerie, longue de deux cents pas, creusée dans un des plus puissants contreforts de la montagne, est éclairée à l'intérieur par quatre ouvertures qui laissent pénétrer juste assez d'air et de lumière pour permettre la circulation.

Une scène vraiment fantastique attend le voyageur qui regarde par ces ouvertures : la Romanche aux rives resserrées mugit dans l'abîme dont l'œil n'ose mesurer la profondeur, et les rochers sont si élevés qu'il ne peut en apercevoir le faîte. Du reste, tout le long de la route, on rencontre de nombreuses et superbes cascades, et on suit constamment le torrent qui mine, depuis des siècles, la base de ces montagnes.

A plus de cent mètres au-dessus de la galerie, sur l'ancien chemin, existe un demi-cintre, reste d'une voûte connue dans le pays sous le nom de *Porte-Romaine* ou *Porte-Sarrasine*.

Après la traversée du sombre passage des Infernets, on se trouve dans une petite plaine formée par l'écartement des montagnes; la Romanche est plus tranquille; des maisons assez propres, des cultures, des noyers, quelques arbres fruitiers, des prairies reposent les yeux fatigués de l'âpreté des lieux que l'on vient de parcourir. — C'est la plaine du Freynet, dont le village montre son clocher élevé de l'autre côté de la Romanche, sur le penchant des montagnes verdoyantes de l'Auris.

Un pont relie les deux rives : l'une se nomme Deçà-le-Pont, l'autre Delà-le-Pont. Outre ce pont on en rencontre plusieurs autres qui, de même que le premier, ne desservent pas la grande route; la plupart ne sont formés que d'un simple tronc d'arbre, et les étrangers ne les franchissent jamais sans éprouver quelque crainte.

Nous parcourons avec plaisir cette plaine d'une demi-lieue de longueur, en regardant à droite et à gauche le spectacle grandiose et pittoresque des nombreuses cascades qui déploient leur ruban argenté du sommet à la base des montagnes. La plus remarquable de ces cascades est formée par les ruisseaux du Féran et du Tire-Cul, près du village de Mizoën.

Nous arrivons à la galerie et au pont du Chambon, puis ensuite au hameau du Dauphin, du nom d'un ancien hospice fondé par Humbert Ier et d'une auberge qui porte un dauphin pour enseigne. Nous y prenons un modeste déjeûner ; il y avait quatre heures que nous marchions.

Au-delà du Dauphin, on ne rencontre plus de grands arbres, plus de noyers, plus d'arbres à fruit : un jardin potager devient une rareté, et c'est à peine si la nature lui laisse même produire les légumes les plus communs de nos plaines.

Pour garantir la route des fureurs du torrent, on a formé une digue avec d'énormes blocs de rocher reliés par des barres de fer.

Ce qui me frappa le plus chez les habitants de cette localité, c'est leur teint basané et leur type qui décèlent une origine méridionale.

Je savais que les Sarrasins d'Espagne avaient occupé ces montagnes et qu'une colonie s'y était conservée ; mais ce que j'ignorais, c'est qu'à dix siècles d'intervalle, sous l'Empire, des prisonniers espagnols, descendant aussi de la même race, y avaient été envoyés pour travailler au percement des galeries, et que, les travaux terminés, ils étaient restés dans le pays et avaient vécu avec leurs anciens compatriotes, ce qui contribua encore à conserver le type arabe dans toute sa pureté.

Nous retraversons la Romanche, sur le pont du

Dauphin, et nous arrivons à un hameau, le Pariset. Jusqu'ici, on a franchi une vallée plus ou moins resserrée, alternée de verdure et de rochers arides; de temps à autre, on y rencontre des maisons placées sur la route ou groupées sur les penchants de la montagne; la route est animée par des habitants, par la clochette des troupeaux, par le sifflement des marmottes qui sont nombreuses sur les hauteurs dénudées et qui, au moindre bruit, se réfugient dans leurs terriers.

Après le Pariset, commence une gorge sombre, aride, déserte, ravagée par les éboulements et les torrents. Le nom de Malaval, — *val de malheur,* — est le nom caractéristique donné à cette gorge, privée de la douce chaleur du soleil et bornée par des rochers à la crête glacée.

La tradition la représente comme le théâtre de plus d'un crime, et les voyageurs ne s'y engageaient que réunis en caravane.

Nous sortons du Malaval; nous revoyons le ciel et un peu de verdure; un cantonnier est le seul habitant de ces lieux. Cependant, on aperçoit sur la droite, auprès de quelques mélèzes, l'ancien hospice de Loches, fondation de Humbert II. Placé sur le vieux chemin, il ne reçoit plus de voyageurs; il est abandonné aux bergers et à leurs troupeaux.

A côté de cet hospice se trouvent quelques huttes à moitié enterrées dans le sol, et tout misérable qu'en soit l'aspect, il paraît agréable, et contraste avec le Malaval. On y voit quelques petits jardins dont la terre rapportée est soutenue par des murs grossièrement construits; de rares et maigres cultures sont étagées sur la montagne, jusqu'à l'endroit où la pente devient impraticable.

Un pont sur le Rive-Tort marque la limite des départements de l'Isère et des Hautes-Alpes. Le pays est toujours tourmenté; la route continue sur de hardis terrassements; elle longe des ravins dont elle dessine toutes les anfractuosités, et traverse la galerie de la Maison-Neuve, au débouché de laquelle apparaît tout-à-coup l'usine du Grand-Clos, où des bocards écrasent le minerai de plomb argentifère extrait des mines de Pisse-Noire et de Val-Froid.

Un nuage humide et un bruit rival de celui de la Romanche nous font pressentir la magnifique cascade des Fraux, qui se précipite d'une hauteur considérable des montagnes de gauche, en décrivant dans l'espace un immense arc de cercle.

Arrêtés sur le pont des Fraux, nous contemplons avec admiration une des plus belles curiosités de ce pays, si riche cependant en beautés naturelles. A partir du pont, la route devient moins rapide, les montagnes s'évasant un peu forment la vallée de la Grave, vallée froide, triste, sans arbres, presque sans culture, et qui emprunte peut-être son nom à son aspect morne et sévère. Des poteaux d'une certaine hauteur y sont plantés de distance en distance pour marquer la route lorsque le pays est couvert de neige; des croix indiquent les lieux où des voyageurs ont péri par suite des éboulements ou des avalanches, qui, l'été comme l'hiver, désolent la contrée.

Au reste, on rencontre dans toutes ces vallées, dans les endroits les plus déserts, un grand nombre de petits oratoires qui témoignent des sentiments religieux de la population toujours en lutte contre un rude climat et une sauvage nature.

Assise sur un monticule, apparaît à un détour de la vallée, l'église au clocher élevé du village de la Grave, centre le plus populeux de ces montagnes.

Nous traversons ce village qui de loin semble assez important, mais dont quelques maisons se présentent sous l'aspect de la plus grande pauvreté, jointe à la malpropreté la plus repoussante. Le fumier extrait des écuries est étendu le long du chemin, sur les toits, les murailles, où, grâce à l'air et au soleil, il acquiert la siccité nécessaire pour devenir combustible.

Comme dans la vallée de Vénosc et dans la plupart des vallées de l'Oisans, les boulangers chauffent encore leurs fours avec ce combustible, qui répand une odeur insupportable. Les pauvres gens n'en emploient pas d'autres ; cependant, depuis quelques années, l'usage de la tourbe et de la houille commence à se répandre dans les maisons aisées.

Mais la nature nous dédommage en opposant au spectacle peu attrayant du village de la Grave, un magnifique coup-d'œil ; on a devant soi des glaciers inaccessibles qui brillent sur les flancs de la montagne de la Meyde et de la montagne de l'Homme, glaciers qui forment le lac de Puyvacher, où l'impétueuse Romanche s'alimente sans cesse.

La route suit les montagnes dont les méplats supérieurs, tournés au midi, contiennent de magnifiques prairies, des villages et des hameaux, mais dont la base est cachée sous des éboulements de mauvaises pierres schisteuses ; à l'aide de deux longues galeries, la galerie de Morian et celle des Ardoisières, elle perce d'énormes promontoires qui s'avancent dans la vallée, semblables à des redans de fortification. Ces deux passages datent de quelques années à peine et déjà ils sont interdits à la circulation, vu les travaux que l'on exécute à l'intérieur pour soutenir les voûtes qui se détachent en partie par suite des infiltrations. — Les voyageurs sont donc forcés de suivre l'ancien chemin qui double les promontoires formés aussi de roches délitées et décomposées par les pluies, les gelées, et par l'action de certains agents atmosphériques.

A la sortie de ces galeries, la route est tracée sur des terrains marécageux, d'où l'on tire depuis quelques années de l'excellente tourbe. Cette exploitation pourrait répandre de l'aisance dans le pays et substituer un nouveau combustible à celui employé jusqu'alors ; mais telle est la force de l'habitude que les habitants répugnent à en faire usage, trouvant plus avantageux de se servir de celui que leur bétail leur fournit en abondance.

Nous vîmes dans ces marécages, près d'un rocher d'où l'eau suinte sans cesse, quelques arbrisseaux au feuillage maigre et de couleur cendrée. C'étaient des saules sur les branches desquels on trouve une espèce de manne comme celle que l'on recueille sur les mélèzes et les frênes du mont Genèvre et connue dans le commerce sous le nom de *manne de Briançon*.

On laisse sur la droite, à quelque distance, une

ferme abritée par de petits arbres, dont l'aspect jette un peu de variété au sein de cette triste et monotone vallée entièrement dépouillée de bois. — C'est la ferme des Vernois.

Nous sommes arrivés au Villard-d'Arène, au pied même du col du Lautaret (*Collis Altareti*), tout près des ruines de l'antique hospice de la Madeleine, où gisent aussi les ruines d'un château, résidence des anciens seigneurs de ces montagnes. La route montant et se repliant plusieurs fois sur elle-même, atteint enfin le sommet du col. Nous nous trouvons alors sur les confins de l'Oisans et du Briançonnais.

Sous Louis XIV, on y avait élevé quelques fortifications pour arrêter la marche du duc de Savoie.

Après le parcours d'une route qui s'élève par une suite de prodigieux escarpements sur un espace de neuf à dix lieues, nous entrons dans un petit hospice qui date du XIIe siècle et qui fut doté par le dauphin Humbert II. Avant la Révolution, il était desservi par des religieux qui dépendaient du Grand-Saint-Bernard. Quelques domestiques les aidaient dans leurs travaux, et des chiens étaient dressés à chercher et à diriger les voyageurs surpris par les tempêtes si terribles dans ces parages. Un aubergiste a remplacé les religieux....

Nous nous reposons et nous dînons dans cet ancien hospice, au toit très-incliné, aux fenêtres étroites et rares, aux murs épais et écrasés.

Ce col est le point de partage des eaux de la vallée de la Romanche et de la vallée de la Guisanne; il est situé là où le mont Pelvoux se rattache au mont Thabor et aux Alpes de la Savoie. Il atteint la hauteur de deux mille cent mètres environ.

Comme je l'ai déjà dit, ces montagnes, les plus élevées du Dauphiné, renferment de grandes richesses minérales. De tous côtés il existe d'anciens travaux de mine attribués aux Romains et aux Sarrasins, et où l'on exploitait des filons de plomb, de cuivre, d'argent et d'or; des cristaux magnifiques, des bancs de marbres rares et de granits précieux, se trouvent aussi dans le sein des rochers. On en extrait un marbre appelé *brèche du Lautaret*, que l'on transporte à l'usine de Saint-Firmin, près de Vizille, où il est débité en tranches plus ou moins épaisses et où il reçoit un très-beau poli.

Dans les chaleurs, ces régions alpines sont animées par la présence d'innombrables troupeaux appartenant, soit aux habitants des vallées voisines dont ils constituent toute la richesse, soit aux bergers provençaux qui achètent aux communes le droit de pacage. Ces vastes pâturages ont alors revêtu une parure des plus gracieuses : ils sont littéralement tapissés de la plus splendide variété de fleurs, qui, de même qu'à Vénosc, donnent lieu à un commerce désigné sous le nom de *commerce des Sept-Fleurs*. De plus, le miel, recueilli dans ces montagnes et si recherché des connaisseurs, doit sa bonne qualité au soin que prennent les abeilles d'aller butiner le suc parfumé contenu dans la petite fleur jaune du génépy et la manne blanchâtre transsudée par une espèce de saules particulière à ce pays. Parmi les fleurs rares et précieuses qui embaument ces magnifiques prairies, on distingue une jacinthe appelée vulgairement *fleur à miel*, et de laquelle on extrait un liquide sucré qui ne tarde pas à s'épaissir et qui, préparé en conserve, devient une ressource alimentaire précieuse pour les pauvres gens.

Nous avions rencontré sur le col une société à la présence de laquelle nous étions loin de nous attendre. L'avant-garde d'un bataillon qui quittait la garnison de Briançon pour celle de Grenoble, y était campée depuis le matin, et les fourriers étaient occupés à faire préparer les vivres. Nous y arrivâmes en même temps que le bataillon. Ces soldats marchant en longue file sur une route étroite et repliée sur elle-même, la couleur éclatante de l'uniforme qui tranchait sur le vert des prairies et sur le gris des rochers, les baïonnettes renvoyant les rayons du soleil, les tambours et les clairons qui faisaient retentir les échos de ces solitudes, présentaient un spectacle à la fois étrange et pittoresque.

Après deux heures de repos dans cet hospice, une des plus hautes habitations du Dauphiné, nous reprenons le chemin du Bourg-d'Oisans. A la Grave, nous rencontrons un montagnard qui conduisait des mulets au village de la Rivoire, et nous faisons marché avec lui pour qu'il nous ramène à notre destination. Parfaitement équipés, nous retraversons les lieux que nous avions vus le matin; nous nous arrêtons cependant à la Rivoire pour nous rafraîchir et pour laisser reposer nos montures. Cette halte fut courte, car le soleil commençait à baisser, et nous voulions rentrer au Bourg avant la complète disparition du jour. Nous forçons encore le pas, craignant de nous égarer dans cette gorge déserte et de passer la nuit à la belle étoile. Bien nous en prend : à notre entrée dans la plaine, les ombres allongées des montagnes l'envahissaient déjà; il était grande nuit à notre arrivée à l'auberge.

Nous étions accablés de fatigue; cette journée avait

été laborieusement employée : aussi nous couchâmes-nous tout de suite, après avoir cependant ingurgité un bol de vin chaud. L'aubergiste ne pouvait croire que nous eussions poussé jusqu'au Lautaret. Il faudrait plusieurs jours pour visiter le pays et ses nombreuses curiosités naturelles, la plupart ignorées des touristes... Les peintres, les géologues, les botanistes, les ingénieurs, les simples curieux même, y trouveront de nombreux et vastes sujets d'étude que la nature et les hommes ont semés à chaque pas (1)...

Nous dormîmes la grasse matinée : je crois que nous avions fait le tour du cadran. Nous étions encore un peu brisés, et nos pieds étaient aussi un peu endoloris; mais ce jour-là nous n'avions pas de grandes courses à fournir.

(1) Je ne quitterai pas ces vallées de l'Oisans sans rappeler à mes lecteurs que les photographies Maisonville complètent mes descriptions de la manière la plus heureuse.

Ces âpres rochers, ces glaciers étincelants, ces cascades magnifiques, ces eaux vives et transparentes, ces fuyants aux tons si fins, ces perspectives si vaporeuses, cette nature grandiose, en un mot, revit tout entière dans cette admirable collection, œuvre de MM. Muzet et Bajat.

En habiles artistes, ils ont su faire un choix de sites caractéristiques, en profitant de l'heure où l'opposition de l'ombre et du soleil est la plus saisissante. Aussi cet album est-il ce que les arts et le goût ont produit de plus parfait jusqu'à ce jour.

A neuf heures, nous étions en voiture pour retourner à Grenoble.

A l'entrée de la Combe de Gavet, au hameau des Sables, se détache de la grande route le chemin qui conduit aux vastes établissements métallurgiques d'Allemont, puis au Rivier. De là, partent trois sentiers : l'un, celui de gauche, traverse le col de la Coche et débouche dans la vallée de l'Isère ; celui de droite conduit en Savoie par le col de la Grande-Maison; celui du milieu escalade la Cheminée-du-Diable, franchit la montagne des Sept-Laux et tombe dans la vallée de la Ferrière et à Allevard.

Ce dernier sentier est bien certainement un des plus scabreux des Alpes dauphinoises. Si la saison l'eût permis, c'est par là que nous aurions abordé les Sept-Laux, d'après l'itinéraire que nous nous étions tracé avant notre départ de Lyon.

Nous entrons enfin dans le défilé, et nous pouvons étudier à loisir les divers aspects que la nuit nous avait cachés lors de notre premier voyage.

Voici d'abord ces deux torrents, la Vaudaine et l'Infernet, qui par leur impétuosité menacent de renouveler la catastrophe du XIIIe siècle et qui disputent à la Romanche un lit encombré de rochers. De ces trois torrents réunis, voici les flots déchaînés que d'épaisses digues sont souvent impuissantes à contenir. Voici d'énormes blocs suspendus aux flancs des montagnes et que le voyageur ne regarde qu'en frissonnant. Tantôt c'est un penchant tapissé de verdure, tantôt de noirs rochers ne peuvent dissimuler leur surface dénudée. Ici c'est un aspect romantique, là une scène de désordre ; de gracieuses cascades se jouent au caprice du vent, à côté des flots courroucés contre les obstacles qui retardent leur cours ; ailleurs un horizon borné par des rochers qui forcent la route à décrire une série de lignes brisées ; plus loin, de vaporeuses perspectives sur les sommets glacés du Taillefer.

C'est en contemplant cette nature si variée que nous arrivons au village de Livet, placé dans un endroit remarquable par sa morne sévérité.

La vue de ce village perdu au fond de la Combe, au pied de hautes montagnes que les torrents ont ravagées jusqu'au roc, présente un aspect attristant. Un petit pont de bois conduit les rares habitants sur les revers opposés dont ils fouillent les entrailles pour en extraire du minerai.

Au-delà du village, même tableau : quelques usines, de pauvres habitations, peu ou presque point de prairies ni de champs cultivés ; mais toujours des bois, des rochers, des cascades et des torrents fougueux...

Notre équipage allait à pas comptés; nous nous applaudissions de cette lenteur que nous fîmes remarquer à un de nos compagnons, jeune apprenti vétérinaire.

— Et moi aussi, nous dit-il en riant, je m'en applaudis. Cette lenteur permet de vous livrer à vos études artistiques, et à moi de continuer mes études ostéologiques sur l'échine des deux pauvres bêtes qui nous traînent si péniblement...

Notre jeune compagnon, M. C***, se rendait à Gières, petit bourg qu'habitaient ses parents. Il devait quitter la patache à Vizille pour continuer son voyage à pied par la vallée d'Uriage.

— Eh bien! messieurs, puisque vous visitez nos montagnes par amour du pittoresque, je descends à Séchilienne au lieu de descendre à Vizille, et je vous mène à Uriage par la Chartreuse de Prémol. Je vous piloterai; je connais assez bien le pays, c'est le mien; je l'ai assez parcouru pour collectionner des plantes et des insectes. Est-ce accepté?..

— Oui! impossible de refuser une aussi bonne fortune... Et une poignée de main scella cette nouvelle connaissance.

Ces propositions nous étaient d'autant plus agréables qu'elles ne dérangeaient en rien nos projets, et que ce jeune homme nous paraissait un bon compagnon, dont nous avions déjà, depuis notre départ du Bourg-d'Oisans, remarqué la jovialité et l'esprit boute-en-train.

Nous laissons derrière nous l'usine de Rioupéroux, les Claveaux, Gavet; nous atteignons le pont, nous sommes sur l'autre rive.

Ici, les montagnes fuyant à droite et à gauche, forment le bassin de Séchilienne, aux vertes prairies, aux jaunissantes moissons, aux fertiles vergers. Quel contraste avec la Combe de Gavet!

Le contraste aurait été encore plus sensible si les effets désastreux des inondations de 1856 eussent été effacés. La route avait disparu, et notre patache avait de la peine à se tirer des graviers apportés par la Romanche. Telle est la position de ce bassin que presque chaque année on a à déplorer de pareils malheurs.

A midi, la voiture nous débarque à Séchilienne, où nous restons juste le temps de dîner.

Sous la conduite de notre nouveau cicérone, notre caravane prend un vallon qui s'ouvre au nord du bassin de Séchilienne. Des habitations champêtres, de joyeux moulins, un ruisseau bruyant, charment le parcours d'une petite route ombragée par des noyers, et, à mesure que l'on monte, par des chênes, des hêtres, des sapins. Elle traverse le hameau du Clos, et une heure et demie après, elle pénètre dans un vallon supérieur bordé d'une noire végétation et de sombres rochers, et dont le fond est couvert par une grande prairie marécageuse et par un lac d'où sort le ruisseau que nous avions suivi depuis Séchilienne.

La Chartreuse de Prémol (*Pratum molle*) occupe une partie du vallon, assise sur une élévation qui domine le ruisseau. Des pans de murs ébréchés, des arceaux et des portiques à l'état de squelette, une église et des chapelles ouvertes à tous les vents, de vastes corps-de-logis à moitié détruits, des colonnes et des chapiteaux mutilés : voilà dans quel état se trouve aujourd'hui cette Chartreuse des dames de Prémol, fondée en 1232 par la dauphine Béatrix, dont le petit-fils, Gui VII, fut inhumé dans l'église, près du maître-autel.

Ces ruines, noircies, calcinées, prouvent que le feu n'a pas été étranger à la destruction de l'édifice. Des arbustes, des rhododendrons, des sapins, qui ont poussé au milieu de ces débris, leur donnent cet aspect original tant admiré des artistes. Bientôt la nature aura caché sous une puissante végétation les traces de la fureur des hommes...

On trouve dans ces lieux un garde forestier et sa famille qui habitent, à côté de la grande porte d'entrée, une partie de bâtiment échappée à la destruction; on y voit aussi des scieurs de long, des charbonniers et des bûcherons, des bergers gardant des troupeaux de vaches, de chèvres et de moutons. Nous prîmes une frugale collation chez ce garde, qui était de la connaissance de M. C***.

Vers quatre heures de l'après-midi, nous reprenons le sac de l'artiste et le bâton ferré, et nous nous mettons en route pour Uriage.

Au sommet du versant qui regarde les ruines, le voyageur rencontre un col où je lui conseille de s'arrêter quelques instants. Il découvrira une étendue de pays considérable, à l'horizon circonscrit par les Alpes de la Savoie, le massif du Grand-Som et la chaîne du Sapey, par les montagnes de Saint-Nizier, du Vercors et du Royannais, par celles de la Matésine, du Briançonnais et de l'Oisans. Grenoble avec ses édifices, la plaine et la vallée avec l'Isère et le Drac, la Tour-sans-Venin et Sassenage, apparaissent comme à travers une gaze bleuâtre.

Après avoir joui de ce spectacle que l'on rencontre

à chaque pas dans nos Alpes dauphinoises, nous descendons le versant d'Uriage.

M. C***, à qui ce pays était familier, nous faisait parcourir des sentiers frayés par le passage des troupeaux, connus seulement des montagnards, et riches de beautés pittoresques tout-à-fait ignorées des rédacteurs d'itinéraires et de la foule des touristes. Aussi je remerciai l'heureux hasard qui nous avait valu la rencontre de ce jeune homme.

Nous traversons d'immenses prairies où l'on voit de rares chalets destinés à abriter les troupeaux et les bergers; puis d'épaisses forêts de sapins, de cytises des Alpes, d'aliziers, d'érables, de hêtres et de chênes. Partout des fraises et des airelles mûrissent doucement au milieu des belles mousses et des grandes fougères qui croissent à l'ombre de cette haute végétation; partout de petits ruisseaux qui coupent le sentier et qui fuient en murmurant; partout des oiseaux et des écureuils voltigeant ou sautillant de branche en branche, égaient notre voyage.

Des maisons rustiques éparses sur les pentes, où sont plantés de robustes châtaigniers, deviennent plus nombreuses à mesure que l'on descend; elles précèdent le hameau du Belmont et celui des Modaux.

Mais en face de cette agreste et poétique nature,

pourquoi faut-il que les yeux soient attristés par la vue d'une partie de la population de cette localité, où l'on rencontre assez fréquemment des goîtreux et des crétins.

Parmi ces malheureux, quelques-uns sont employés à de grossiers travaux; mais la plupart passent leur triste existence dans la plus complète inaction. Ils se distinguent par une tête énorme, un cou monstrueux, des traits stupides, des chairs flasques et boursouflées, la bouche baveuse et la langue pendante; ils sont incapables de pourvoir au moindre de leurs besoins; leur figure ne reflète aucune étincelle d'intelligence, pas même l'instinct du dernier des animaux.

Assis sur un banc, suivant les voyageurs d'un regard hébété, ne faisant entendre que des sons inarticulés, ces tristes échantillons de l'espèce humaine abâtardie réchauffent leurs membres inertes au soleil jusqu'à ce que la mort, trop lente cette fois, vienne les délivrer d'une existence aussi avilie.

Nous traversons rapidement ces hameaux, poursuivis par l'image de ces malheureux. Nous sommes dans la charmante vallée de Vaulnavey, sur la route de Vizille à Uriage, à une réunion de quelques maisons qui forment le hameau des Alberges, M. C*** qui avait des connaissances dans tout le pays, nous présenta à un brave fermier, qui, à défaut de lits pour toute la caravane, étendit dans une chambre de la paille bien fraîche sur laquelle nous passâmes une excellente nuit.

Le lendemain, en quelques minutes, nous descendons à Saint-Martin-d'Uriage, mauvais hameau auprès duquel s'élèvent le vaste établissement des eaux médicinales et de beaux hôtels pour les voyageurs malades ou non malades.

C'est à M. le comte de Saint-Ferriol qu'appartiennent toutes ces nouvelles constructions.

Le château de ce riche propriétaire, entouré de hautes murailles arc-boutées par des contreforts et flanquées de tours et de tourelles, restes précieux de l'époque féodale, s'élève avec majesté sur le faîte d'un monticule, au débouché de la gorge pittoresque du Sonnant et du bassin d'Uriage; il domine un pays admirablement ombragé par des massifs de bois au milieu desquels des promenades, décrivant des courbes gracieuses, sont tracées comme dans un jardin anglais. Cette noble demeure renferme des objets d'antiquité, des tableaux, des œuvres d'art et de curiosité, tout un musée que le propriétaire s'empresse de laisser visiter, et qui attire l'attention des connaisseurs.

Au pied du château, dans une clairière ouverte sur la vallée, siége une statue colossale et allégorique, le *Géant des Alpes*, qui semble le maître de ces montagnes.

Les promenades sont très fréquentées par les buveurs d'eau et les baigneurs qui séjournent à Uriage, ainsi que par une foule de curieux que les omnibus amènent chaque jour de Grenoble en moins de deux heures. Une course que chacun se croit obligé de faire, est l'ascension de la montagne des *Quatre-Seigneurs*, ainsi nommée parce qu'elle se trouvait enclavée entre les quatre seigneuries d'Uriage, de Gières, d'Herbey et de Vaulnavey.

Cette ascension n'est ni longue ni pénible; deux heures suffisent pour arriver au sommet, qui domine la plaine où se trouve la ville de Grenoble que l'on aperçoit très-distinctement a l'œil nu.

Mais une autre excursion qui exige beaucoup plus de temps, et que par conséquent peu de voyageurs entreprennent, est celle qui conduit sur les parties les plus élevées de la montagne de Chanrousse.

A l'extrémité du bassin d'Uriage, en tirant au sud, puis à gauche, on passe à côté de l'ancien manoir de Vaudran où, en grand industriel, M. le comte a établi des bains de petit-lait.

Par des sentiers où un guide est nécessaire, on gravit pendant quatre heures, au sein d'épaisses forêts, le flanc occidental de cette montagne, haute de deux mille cinq cents mètres environ, et dont le point culminant est dominé lui-même par une croix gigantesque, revêtue de plaques de verre et érigée par M. de Saint-Ferriol. Cette enveloppe brillante, qui renvoie les rayons du soleil, la fait apercevoir d'une grande distance.

De là on découvre un panorama bien plus étendu que celui qu'on aperçoit du col de Prémol; du côté de l'orient, au centre des montagnes comprises entre Allevard, l'Oisans et l'Isère, les eaux du lac Robert dorment sous un manteau de glace que la rigueur du climat lui conserve pendant la plus grande partie de l'année. Rien ne saurait peindre l'horreur qu'inspire la vue de sa ceinture de rochers déchiquetés, crevassés, affectant les formes les plus sauvages, les plus bizarres que l'on puisse imaginer.

Notre retour à Uriage se fit par le côté nord de la montagne, et en passant devant la cascade de l'Oursière ou de la Grande-Pisse, remarquable par sa triple chute.

La journée qui s'avançait et qui avait été assez rude nous empêcha de pousser jusqu'aux belles ruines du château de Revel, situées à plus d'une lieue sur la droite, et de voir les murs cyclopéens de Pinet, considérés comme les restes d'une ancienne forteresse gauloise.

Après avoir passé deux jours à Uriage, nous descendîmes à Gières par une route bien ombragée, tracée le long de la gorge du Sonnant où serpente un petit cours d'eau alimenté par une partie des sources d'Uriage, l'autre partie s'écoulant sur le penchant opposé et formant le ruisseau de Vaulnavey.

Dès notre arrivée à Gières, ancienne position militaire qui ferme le débouché de la gorge dans la vallée du Graisivaudan, M. C*** nous fit les honneurs de sa maison ; mais il ne put nous retenir dans sa famille que jusqu'au lendemain, malgré son désir de nous garder davantage.

Ce jeune homme était très-gai et savait toujours saisir le côté plaisant d'une situation ; il était enthousiaste des beautés naturelles de son pays ; il dessinait avec facilité, et ses croquis nous montrèrent des points de vue pris dans différentes parties des Alpes. Nous ne nous quittâmes pas sans avoir formé le projet de faire ensemble l'année suivante un autre voyage, projet que les circonstances ne nous ont pas permis de réaliser.

VI

Un vieil ami. — Voreppe. — Les Bergers provençaux. — Monsieur le Docteur.

Dans le milieu de la matinée, nous rentrons à Grenoble par la porte Très-Cloîtres. Après avoir mis un peu d'ordre dans ma toilette, j'allai, en compagnie de mes camarades, présenter mes respects à un ancien ami de ma famille, M. Piat.

Dans la belle saison, M. Piat habite une charmante petite propriété située sur le Cours, entre le Rondeau et le pont de Claix. C'est un véritable rendez-vous de chasseurs; nous y fûmes reçus à bras ouverts et l'on nous retint à dîner.

Nous revînmes en ville par l'ancienne route de Vizille sur laquelle on rencontre le vaste château d'Herbey. C'est dans ce domaine de l'évêché de Grenoble que le prélat qui occupait ce siége en

1788 vint se suicider, à la suite de la disgrâce ministérielle qu'il avait encourue pour avoir applaudi aux actes du parlement de Dauphiné.

Après le château d'Herbey, on traverse le village d'Eybens, dont le château, exposé sur le penchant d'une colline agreste, frappe le regard du voyageur. Ce village rappelle de douloureux souvenirs : sous la Restauration, en 1816, des paysans électrisés par la voix du malheureux Didier, qui faisait résonner à leurs oreilles le nom de Napoléon, périrent victimes de leur dévoûment à la cause impériale. Le chef du complot, après avoir erré longtemps dans les montagnes, sur les confins de la Savoie, fut livré par un traître et paya aussi de sa vie son imprudente tentative.

Le lendemain, nous devions partir à midi par l'omnibus de Voreppe pour gagner ensuite pédestrement Saint-Laurent-du-Pont, et de là monter à la Grande-Chartreuse. Nous pouvions donc consacrer quelques heures à visiter le musée de la capitale du Dauphiné. Malheureusement, les bâtiments étaient en réparation, et les tableaux étaient recouverts. Une foule d'ouvriers encombraient les galeries. Notre visite fut donc très-incomplète, et ce ne fut que, grâce à l'obligeance du directeur, que nous pûmes examiner quelques tableaux, et encore à la hâte. Ce musée renferme un certain nombre de toiles des plus grands maîtres, tels que : Véronèse, l'Albane, Dolci, Rubens, Murillo, Philippe de Champagne, et même Raphaël, dit-on. Le tableau qui me frappa le plus représente une fête vénitienne, le mariage d'un doge avec la mer Adriatique. — On l'attribue, je crois, à Paul Véronèse. Un Claude Lorrain et un très-bon choix de paysages de l'école moderne y tiennent aussi une place distinguée.

Ces galeries sont très-fréquentées, et un tel empressement témoigne du sentiment artistique qui existe à un haut degré dans toutes les classes de la population grenobloise.

Nous nous hissons à midi sur l'impériale de l'omnibus. Pendant deux heures, nous courons sur une route bordée de maisons de plaisance et de jolies propriétés, et, traversant les riches villages de la Buisserate, de Saint-Robert, de Fontanil, nous arrivons enfin à Voreppe (*Vorago Alpium*, ouverture des Alpes).

Cette petite ville est industrieuse et vivante. Le chanvre récolté sur les terrains arrosés par l'Isère, le sable extrait du lit de la Roize et propre à la fabrication du verre, les bois de construction amenés des montagnes voisines, y font l'objet d'un commerce important.

Convenablement rafraîchis et notre provision de rhum et de tabac renouvelée, nous prenons le chemin de Saint-Laurent. Nous tournons le dos à la vallée de l'Isère et suivons le torrent de la Roize par une côte rapide appelée *les Grandes-Rampes*, qui conduit, en moins de deux heures, dans un vallon bien cultivé, à l'extrémité duquel on découvre le village de Pommiers, renommé par les excellents fruits que ses vergers produisent en abondance.

La montagne de gauche s'élève en pente douce pour finir en dôme arrondi; celle de droite, au contraire, paraît inaccessible. Elle fait partie du massif de la Grande-Chartreuse, et les forêts qui la couvrent abritent le prieuré de Chalais. Entre autres curiosités naturelles, on y remarque un pic très-élevé, la Grande-Aiguille, et une fort belle cascade, le Saut de la Roize.

Nous rencontrâmes dans ce vallon agreste l'un de ces nombreux troupeaux de moutons qui encombrent, à certaines époques de l'année, les routes du Dauphiné et de la Provence.

Ces troupeaux que l'on désigne sous le nom de *troupeaux transhumants*, parqués durant l'hiver dans la Camargue et dans la Crau, abandonnent ces vastes plaines dès que les premières chaleurs en ont brûlé la végétation. On les voit alors se diriger à petites journées du côté des Alpes et venir jusque dans les montagnes de la Chartreuse, où ils sont assurés de trouver des pâturages toujours verts et toujours abondants.

A l'approche de la mauvaise saison, ils redescendent lentement des hauteurs au fur et à mesure que le soleil s'éloigne de nos climats, et ils vont prendre de nouveau leurs quartiers d'hiver dans les plaines de la Provence. Ils sont sous la surveillance de bergers, qui, à leur retour, rendent à leurs maîtres un compte fidèle des naissances et des pertes survenues pendant le voyage dans les troupeaux confiés à leur garde. — Le chef de ces bergers s'appelle *bayle*.

Aucun système n'est plus primitif que celui que ces pâtres emploient pour se rendre compte des moindres détails de cette gestion : deux morceaux de bois, semblables à peu près aux tailles de nos boulangers, leur tiennent lieu de toute écriture. Des chiens maigres, pelés, hideux à voir, le cou garni d'un épais collier de cuir armé de pointes de fer, les aident dans la surveillance de cette nombreuse population ovine, qu'ils savent défendre au besoin contre la dent des loups. Quelques mulets ou quelques bourricauds sont chargés d'une tente en grosse toile à voile, d'un baril d'huile d'olive, d'une marmite et de provisions consistant en lard fumé et en biscuits, comme pour des matelots. Sobres, patients, endurcis à toutes les misères, ces bergers sont habitués dès leur enfance à cette vie nomade ; ils sont pauvrement vêtus, et leur coiffure consiste en un véritable sombréro cachant une figure hâve, basanée, sauvage. Pour compléter cet ensemble, il ne faut pas oublier le bouc traditionnel marchant toujours à la tête de chaque troupeau, et portant au cou une grosse clochette dont le tintement sert à rassembler les moutons. — Cette sonnette, à mon avis, est superflue : la forte odeur de l'animal suffirait pour indiquer le point du rassemblement.

Ces mœurs, ces voyages périodiques, rappellent les anciens patriarches : c'est une page détachée de la Bible, ou mieux encore, pour être moins poétique et sans aller chercher une comparaison dans des temps aussi reculés, c'est la vie nomade des Arabes dans le désert, telle qu'elle existe aujourd'hui à l'extrémité méridionale de nos possessions d'Afrique.

A peu de distance du village de la Placette, qui occupe le haut du col, une averse nous surprit au milieu du chemin et nous obligea de chercher un abri dans une grange qui, par bonheur, se trouvait ouverte et à notre portée. A peine installés, nous vîmes le moment où nous allions être forcés d'en déguerpir.

Deux gros chiens, vrais molosses, s'élancèrent contre nous, et, le poil hérissé, les yeux flamboyants, la gueule béante, nous montraient une double rangée de dents longues et pointues avec lesquelles nous nous souciions fort peu de faire connaissance. Il fallut combattre pour conserver la position, et nous préférâmes courir le risque de voir notre blouse et même notre peau recevoir un accroc, plutôt que d'être rejetés au dehors dans un pareil moment et par une pareille averse. Nos bâtons ferrés en avant, nous faisions tête à nos adversaires; et je ne sais trop qui serait resté maître du terrain sans un auxiliaire inespéré.

Le fermier accourt de la maison voisine pour reconnaître la cause des aboiements de ses chiens. De la main et de la voix il calme ses trop fidèles serviteurs, qui n'en continuaient pas moins à nous regarder de travers en grognant sourdement, et à nous considérer encore comme des ennemis.

A la suite d'un coup-d'œil rapide et prudemment

examinateur, l'honnête fermier nous invita à entrer dans sa maison, où il nous offrit quelques rafraîchissements. Après une demi-heure passée sous ce toit hospitalier et la pluie ayant cessé, nous donnâmes une poignée de main au maître, une caresse aux chiens, et nous nous séparâmes, bêtes et gens, les meilleurs amis du monde.

Le beau temps ne fut pas de longue durée, la pluie recommença de plus belle ; le ciel était complètement couvert. Jugeant prudent de ne pas pousser plus loin, nous entrâmes dans une auberge située sur le bord du chemin, à l'extrémité du village.

Comme s'il nous attendait, l'hôte, à la mine réjouie, en costume de voyage, nous reçut avec empressement, et, sans nous consulter, nous constitua gardien de sa demeure jusqu'à l'arrivée de M. le *Docteur* ; il se disposait à conduire quelques bestiaux à la foire de Voiron qui avait lieu le lendemain.

Cet aubergiste était veuf et seul dans sa maison ; toutes les fois qu'il allait aux marchés des environs, c'était le susdit Docteur qui le remplaçait.

— « Tenez, messieurs, vous venez à propos !.. dit-il sans façon. Vu le mauvais temps, vous passerez la nuit ici !.. Voici du pain, du vin ; vos lits sont prêts ; buvez, mangez et couchez-vous !.. Un peu de patience ! M. le Docteur viendra bientôt vous relever de faction !.. C'est un bon garçon, monsieur le Docteur ; vous verrez... Allons, messieurs, il faut que je parte, au revoir !... »

Ce disant, et sans autre explication, il endossa un pardessus de peau de bique, siffla son chien et se mit en route, poussant devant lui deux ou trois porcs et autant de moutons.

Nos quatre voyageurs, étonnés de l'aventure, n'avaient pu faire la moindre objection à ce brave homme qui leur abandonnait ainsi sa maison. Les voilà donc aubergistes par circonstance, assez embarrassés de leur nouvelle position, lorsque arriva le Docteur annoncé.

Forte corpulence, teint coloré, vêtements attestant un long service : tel était ce Docteur au physique et au costume. Le soin de ses malades n'absorbait pas son temps au point de l'empêcher de faire de fréquentes stations au cabaret. Il se plaignait de sa profession, disant, comme la plupart des médecins de campagne, que le paysan était plus soucieux de la santé de sa vache que de celle de sa femme et de ses enfants.

Tout en trinquant et fumant, nous eûmes bien vite fait connaissance avec le Docteur marchand de vin. Il parlait peu, mais par compensation il buvait beaucoup. Afin de tuer le temps, nous fîmes quelques parties de piquet et nous jouâmes au billard. Tout était à l'avenant dans cette auberge : les cartes étaient recouvertes d'une patine des moins attrayantes, et le billard était une espèce de tombereau où les billes sautaient comme sur un chemin rocailleux.

A la nuit close, le disciple d'Esculape souhaita le bonsoir aux voyageurs qu'un fatal destin enchaînait dans une demeure étrangère; il priait Morphée de secouer ses pavots sur leur couche et de leur envoyer les songes les plus gracieux; puis, un peu troublé par les libations en l'honneur de Bacchus, il regagna son logis d'un pas mal assuré.

Pour nous, au lieu des faveurs du dieu du sommeil et des rêves heureux, souhaits de M. le Docteur; au lieu de la protection de l'Olympe, nous n'eûmes en partage que la triste réalité de coucher sur un lit d'auberge où nous endurâmes les supplices du Tartare, qui avait vomi contre nous des légions ténébreuses de puces et de punaises, ennemies déclarées du repos des malheureux humains.

Au petit jour, le matineux Docteur vint nous faire lever; il nous invita à vider avec lui une bouteille de wermouth, ordonnance qu'il fallut suivre de par la

Faculté. Puis, dépenses soldées, et adieux faits à cet estimable Docteur, qui regrettait de nous voir partir si tôt, nous reprîmes le chemin de Saint-Laurent-du-Pont.

Grâce à un petit vent matinal qui balayait l'atmosphère de ses nuées humides et au soleil qui les absorbait, le ciel promettait d'être pur et se présentait avec tous les avant-coureurs d'une belle journée.

Nous fûmes alors témoins d'un de ces spectacles si communs dans les Alpes, et pourtant toujours si intéressants aux yeux de l'artiste. Quand la nuit a été pluvieuse ou la rosée abondante, des vapeurs plus ou moins épaisses, appelées *nielles* dans ce pays, s'élèvent majestueusement sur le flanc des montagnes. Tantôt agitées par le vent, elles ressemblent à une mer houleuse où l'on voit des îles et des promontoires; tantôt immobiles, elles figurent de larges baldaquins accrochés à la cîme des sapins et aux aspérités des rochers ; souvent elles permettent à l'œil de découvrir à travers leurs éclaircies les forêts et les vallées ; d'autres fois, enveloppant d'une immense ceinture le milieu de la montagne, elles n'en laissent de visible que la base et le sommet.

Ce tableau animé et vraiment féerique, qui change d'aspect à chaque instant, devient de plus en plus complet à mesure que ces mêmes vapeurs se fondent dans l'atmosphère sous l'action de la chaleur du soleil.

Au-delà du village de Saint-Julien-de-Raz, où gisent les ruines informes du château fort de la Perrière, qu'en 1333 le dauphin Guy VIII cherchait à enlever aux Savoyards et devant lequel il trouva une mort prématurée, nous rejoignons la route départementale de Vienne aux Echelles par Voiron, à son débouché de la gorge pittoresque du Crossey; puis nous traversons le hameau de Saint-Joseph-de-Rivière, situé sur les bords d'un petit lac, au milieu de plusieurs ruisseaux qui sillonnent le pays.

Avant midi nous arrivâmes à Saint-Laurent-du-Pont, et nous descendîmes à l'hôtel Gondrand, où quelques années auparavant j'avais déjà séjourné en compagnie de mes excellents amis Francisque, Léon et Lucien.

VII

*Saint-Laurent-du-Pont rajeuni. — Mascarille et Jodelet. —
C'est chââmant !.... c'est chââmant !....*

Le bourg de Saint-Laurent-du-Pont n'offrait plus l'aspect champêtre qu'il avait lors du premier séjour que nous y fîmes. Ses vieilles masures noircies par les ans, couvertes en chaume ou en bardeaux, et bâties irrégulièrement, au caprice du propriétaire, étaient remplacées par de nouvelles maisons bien alignées, aux fenêtres larges et aux toits de tuiles rouges. — Deux fléaux avaient passé sur la contrée.

En 1851, le bourg fut ravagé par une des plus terribles inondations dont on ait gardé le souvenir. Tous les torrents grossis outre mesure par des pluies incessantes étaient descendus des montagnes, entraînant des arbres, des rochers, renversant les ponts, les usines, les habitations, coupant tous les chemins.

rongeant jusqu'au roc les champs et les prairies, ou n'y laissant qu'une couche de sable et de gravier à la place de la terre végétale.

A peine relevé de ce désastre, Saint-Laurent faillit encore être complètement détruit : un incendie éclata en 1854 et dura plusieurs jours. Grâce à des dons de toute nature recueillis spontanément sur tous les points de la France, les malheureux habitants purent passer l'hiver et attendre que leurs maisons fussent reconstruites telles qu'on les voit aujourd'hui. L'église et quelques habitations qui se trouvaient au-delà du Guiers avaient seules échappé à l'incendie.

Nous avions l'intention de nous faire servir à dîner immédiatement, pour continuer notre voyage afin d'aller coucher à la Grande-Chartreuse ; mais une rencontre imprévue nous retint à Saint-Laurent jusqu'au surlendemain.

Trois artistes de Lyon étaient installés à l'hôtel Gondrand. Tous les matins ils partaient dans différentes directions, en quête de motifs nouveaux dignes d'être croqués et de figurer sur leurs albums. Le soir, chacun rentrait au gîte.

Un de ces artistes était encore au lit, sous le coup de la frayeur qu'il avait éprouvée la veille, nous apprirent les deux autres en souriant. La cloche du dîner allait sonner; on espéra qu'il oublierait à table ses fatigues, en nous racontant lui-même la véridique et longue odyssée dont il avait été le héros.

Mais au préalable, deux mots sur notre artiste!.. Homme de société, il est d'une taille élancée et passerait pour joli garçon, n'était sa figure en façon de casse-noisette, précédée d'un nez qui pointe en pique-bise et terminée par un menton de galoche. Peintre pour son agrément, il est riche, il a des maisons, des domaines; il joue au gentilhomme : c'est un grand seigneur qui renverrait son portier ou sa femme de ménage s'ils oubliaient de l'appeler M. de... Il a l'esprit très-exalté : pour lui le moindre événement tourne au romanesque, prend des proportions extraordinaires et devient le thème de mille commentaires. Véritable Faublas, il a été le héros d'une foule d'aventures galantes, qu'il narre mystérieusement aux hommes, et d'aventures dramatiques qu'il raconte aux dames, très-haut, en plein salon, avec une prolixité des plus amusantes...

Ment-il à ses amis ?..

J'aime mieux croire qu'il se ment à lui-même !..

Cela expliqué, commençons cette terrible histoire, avec la mise en scène arrangée par notre gentleman et l'emphase qui lui est habituelle.

La veille de notre arrivée à Saint-Laurent, il s'était hasardé à faire une excursion plus loin que de coutume ; il reproduisait sur la toile un site comme les affectionnait Salvator Rosa. — C'était près du village de Saint-Christophe, dans un sauvage défilé formé par des roches menaçantes et par un affreux précipice au fond duquel le Guiers-Vif livre de puissants assauts aux obstacles qui essaient vainement d'arrêter son cours. — Il n'y manquait qu'une scène de bandits...

Déjà il la disposait sur son tableau, quand un homme apparut soudain, et se plaça d'une manière pittoresque, comme pour combler les souhaits du moderne Salvator. Mais s'il désirait voir des brigands en peinture, autre chose était d'en rencontrer en chair et en os dans un pareil endroit !..

Assez peu rassuré, il eût bien voulu être dans son atelier... La peur grossit, dit-on, les objets. A ses yeux, cet homme avait une taille colossale et une figure atroce; son bâton était une massue, ou plutôt un tromblon... Evidemment, pour cent sous ce misérable étranglerait père et mère !..

Le brigand s'approche de l'artiste qui, afin de dissimuler son trouble, chantonnait, sifflotait, en rangeant sa toile et ses pinceaux.

— Hâtez votre départ, lui dit-il à brûle-pourpoint et avec la rudesse particulière aux montagnards; un orage va éclater... Hâtez-vous ! ou plutôt suivez-moi jusqu'à un chalet où les gens de la montagne trouvent un abri en pareil cas...

— Merci ! répond notre ami, craignant qu'on ne veuille l'entraîner dans un coupe-gorge. Merci ! j'ai le temps de parvenir à Saint-Christophe, ou tout au moins à l'auberge située avant le village...

— Puisque c'est comme ça, continue le brigand avec la même rudesse affectueuse, donnez-moi votre sac, suivez-moi; je vous ferai passer par une coursière qui abrège le trajet...

— Merci ! j'irai bien seul; le trajet n'est pas long et mon sac n'est pas lourd... il n'y a rien dedans !...

— Eh bien ! alors prenez la coursière jusqu'à la croix de la *Dangereuse*. Là, vous tournerez à gauche et vous tomberez droit sur le village. Dépêchez-vous.... Adieu !...

De plus en plus troublé, notre pauvre ami s'éloigne à la hâte de l'affreux bandit; ses jambes flageolent, ses dents claquent, ses yeux lancent des regards obliques : chaque pointe de rocher, chaque buisson, lui semblent des hommes embusqués. A la Dangereuse, la pluie mêlée de tonnerre et d'éclairs, tombe à torrents ; les échos répètent en concert lugubre les éclats des éléments déchaînés. Enfin, la peur lui donnant des ailes, il atteint l'auberge tant désirée...

— Ah ! grand Dieu ! quelle histoire à raconter à mon retour !... murmure-t-il dans le plus profond abattement.

L'aubergiste parait contrarié de cette arrivée ; il jette cependant un fagot dans l'âtre et place sur le bout de la table du vin, du pain et du fromage.

Aussitôt que notre voyageur a repris quelques forces et que ses vêtements sont à peu près secs, il veut profiter du reste du jour pour regagner Saint-Laurent. Vain projet ! fol espoir ! La tempête continue son affreux vacarme, et menace de le retenir dans ce lieu, peut-être toute la nuit... L'inquiétude que son absence causera à ses camarades, la vue de ce cabaret sombre et enfumé, cette solitude, l'air soucieux de son hôte qui de temps en temps regarde mystérieusement au dehors, comme pour guetter quelqu'un, tout contribue à faire germer dans son esprit, déjà accablé, les idées les plus sinistres...

Hélas ! infortuné, tu n'es pas arrivé au bout de tes épreuves !.. L'implacable destin te réserve encore ses coups les plus cruels !.. Mais n'anticipons pas sur les événements, dirait l'illustre auteur des *Petits orphe-*

lins du hameau et de tant d'autres chefs-d'œuvre dont la lecture faisait le charme et la terreur de notre enfance...

Croyant que le sommeil fera trêve à ses cruelles inquiétudes, notre héros se couche tout habillé sur une botte de paille, au fond de la salle, dans un petit réduit dont il barricade la porte.

Il essayait de fermer les yeux, quand, à un signal du dehors, auquel répond l'aubergiste, quatre hommes à figure farouche entrent dans la maison. L'œil collé contre la cloison, tremblant de tous ses membres, il les aperçoit, grâce à une chandelle dont la pâle clarté se disputait avec les ténèbres.

Ces étrangers avaient des allures suspectes : ils allaient, venaient sur la pointe du pied, et causaient à voix basse.

— Nul doute ! ce sont des voleurs... Ah ! mon Dieu... je reconnais le bandit du défilé !..

Mais que font-ils ? Que veulent-ils faire de ces cordes qu'ils tirent d'une armoire ?.. Que disent-ils ? Quels sont ces mots incohérents : « Nuit sombre... torrent... on ne se doutera de rien... l'affaire est faite... »

Oh ! pour le coup, ce sont des assassins... Ils veulent me lier avec ces cordes et me précipiter dans le

Guiers pour cacher la trace de leur crime... Horreur !.. Mon couteau-poignard, ma canne à dard ne seront pour moi qu'un bien faible secours : que faire contre quatre ?.. Mais au moins je ne succomberai pas sans vendre chèrement ma vie...

Il en était là de son monologue désolant, le malheureux !.. Hors de lui, la tête en feu, il croyait sa dernière heure venue, quand, ô bonheur ! un nouveau signal se fait entendre ; les hommes à projets sinistres disparaissent et deux gendarmes entrent dans le cabaret. Il est sauvé !.. Ces deux tricornes seraient-ils deux anges descendus du ciel ?..

Ces gendarmes arrivaient de la correspondance, et, mouillés jusqu'aux os, ils venaient vider une bouteille avant de rentrer à Saint-Laurent. Notre héros quitte alors son réduit et sollicite comme la plus insigne faveur de faire route avec eux. En croupe sur le cheval de l'un de ses sauveurs, il rentrait une heure après à son hôtel, jurant bien de ne jamais retourner peindre le paysage dans cette localité, véritable coupe-gorge, disait-il à ses camarades, qui riaient comme de jeunes fous de le voir ainsi effaré, crotté jusqu'à l'échine et si bien escorté.

Expliquons maintenant ce qui avait causé tant de frayeur à ce pauvre diable.

Comme on a pu le deviner, l'aubergiste était associé avec des contrebandiers, et les cordes destinées à garotter la victime devaient sans doute servir à lier les ballots que l'on faisait parvenir sur l'autre frontière au moyen d'un va-et-vient établi sur une plus grosse corde fixée de l'une à l'autre rive, en travers du torrent.

Bien qu'il sache à quoi s'en tenir sur son aventure, notre gentilhomme n'en raconte pas moins tous les épisodes de cette affreuse nuit; il paraît toujours persuadé que, sans les gendarmes, malgré le sang-froid et le courage dont il donna tant de preuves, c'en était fait de lui, et que son corps aurait servi de pâture aux truites du Guiers-Vif.

Dans les salons où il débite ces récits émouvants, les hommes sourient entre eux, mais les dames sont vivement impressionnées.

A souper, notre Faublas, encore un peu abasourdi par les événements de la veille, vit bientôt son naturel revenir au galop; il s'enivrait en nous débitant ses contes drôlatiques : ainsi, aux eaux d'Aix, il avait enlevé la maîtresse du roi de Sardaigne; à Bade, c'était, au contraire, une princesse russe qui l'avait enlevé, lui, et séquestré en galant tête-à-tête pendant un mois entier dans un vieux château des bords du

Rhin, etc., etc... Mais il se garda bien de raconter la cruelle mésaventure qui lui arriva aux eaux de Dieppe. Dans les salons des Bains, comme d'habitude, son nom était précédé de la noble particule, les dames raffolaient de lui ; il était heureux, ce sultan, il allait jeter le mouchoir à l'une d'entre elles. Par malheur, un autre Lyonnais, — comme lui aristocratisant son nom, — courait sur ses brisées; pour le ruiner dans l'esprit de la belle, il apprit à celle-ci l'origine plébéienne de son rival, lequel riposta aussitôt de la même manière, au milieu des risées de la société.

Le lecteur sait d'avance ce qui dut arriver à ces deux personnages de Molière : M. le marquis de Mascarille et M. le vicomte de Jodelet, ennemis mortels, jugèrent à propos de décamper au plus vite, maudissant leur fâcheuse rencontre.

Après souper, nous visitâmes les toiles et les carnets de nos trois amateurs. Leur caractère particulier se réflétait dans leurs œuvres, reconnaissables comme si elles eussent été signées. Notre héros avait des ébauches dont le sujet était prétentieux et la couleur clinquante, ébauches empreintes néanmoins d'un certain sentiment artistique, plaisant à première vue, mais ne supportant pas une analyse trop sévère.

Les toiles du second offraient une nature sombre, des tons lourds, peu de ciel, peu d'air; mais on y découvrait une large composition, une bonne ordonnance. L'album sur lequel nos yeux s'arrêtèrent sur le plus vif intérêt, était celui du troisième, M. Francisque G***, fils d'un savant médecin de Lyon, qui a laissé dans cette ville les plus honorables souvenirs.

Instruit, laborieux, modeste, cet artiste fait également de la peinture et de l'aquarelle, mais son goût le porte de préférence au simple croquis à la mine de plomb, genre où il excelle. Tout le monde a pu remarquer à nos expositions annuelles ses œuvres consciencieuses. Mais, hélas! devrais-je le dire?... il se trouve des artistes qui, par mesquine rivalité, le critiquent ostensiblement, tout en s'arrachant en secret ces petits croquis, si pleins d'esprit et de finesse...

Nous passâmes la journée du lendemain à faire avec nos amateurs d'agréables promenades autour de Saint-Laurent.

Au milieu des ruines de l'ancien château du bourg, s'élève une humble chapelle d'où la vue est délicieuse. Le hameau de Provenche se distingue par son heureuse position sur le revers d'un coteau agreste couvert de prairies et de massifs d'arbres. Le château et le parc de Villette appartenant à la riche famille de Barral appellent aussi l'attention du promeneur. Mais ce qu'il ne faut pas négliger, c'est une visite à la petite Chartreuse de Currière.

A peu près à égale distance du bourg et de Fourvoirie, sur la droite, un sentier frayé au milieu des bois et des rochers vous conduit bientôt au chalet de Curriérette ; puis, dans un immense pâturage, que la nature a disposé comme un cirque, incliné aux rayons du soleil couchant, et garanti des vents du nord par une ceinture de rochers et de magnifiques arbres verts, on a devant les yeux la petite Chartreuse de Currière, fondée en 1212 par Amblard d'Entremont, évêque de Maurienne, et réunie plus tard à la maison-mère dont elle devint une succursale.

Véritable miniature de la Grande-Chartreuse, c'était là que les religieux venaient rétablir leur santé altérée par les durs exercices de leur règle ; la température y est plus douce que dans le Désert.

Les bâtiments sont en bon état, mais l'intérieur est entièrement démeublé, sauf quelques chambres où demeure une petite colonie composée d'un garde forestier, de deux paisibles familles de bûcherons et de charbonniers, et d'un Chartreux chargé de la garde d'une partie des troupeaux du couvent. On a restauré une cellule pour les inspecteurs des Eauxet-Forêts et une autre pour l'économe de la Grande-Chartreuse.

Dans toutes ces courses, deux personnes établies à notre hôtel s'étaient jointes à notre caravane, c'était un monsieur et une dame. La dame était très-bien de figure et de manières ; sa mise simple respirait le bon goût. Le cavalier était le type photographié du gandin parisien ; il changeait de toilette trois fois par jour, et avait un langage de convention en usage parmi le sport, sur le turf ou sur le boulevard, espèce d'argot qu'un *provincial* a de la peine à comprendre. Toujours le binocle sur le nez, il s'extasiait devant chaque objet comme un jeune écolier échappé du collége, et avec ce grasseyement désagréable particulier à certains Parisiens, il ne faisait entendre qu'un éternel : *C'est extaodinaie! C'est chââmant! C'est chââmant!...*

On croyait entendre et voir un incroyable du Directoire.

« — N'est-ce pas, ma *chèe*, que ce pays est *chââmant ;* comment se fait-il que dans *note pac*, à *Montmoency* il n'y ait *ien* d'aussi *chââmant!* C'est *extaodinaie* de *voie* d'aussi belles choses en *povince*... Les Alpes *devaient ête* placées à *Montmoency* ; elles *seaient* bien mieux à la *potée* des *Paisiens*. C'est *extaodinaie* que la *natue* n'ait pas songé à cela!... »

Ces mots : *c'est chââmant! c'est extaodinaie !* revenaient à chaque instant, et finissaient par devenir fastidieux. — Il n'y avait que notre ami à bonnes fortunes qui ne s'en apercevait pas, occupé qu'il était à rechercher les moyens de se faire remarquer de la belle **Parisienne**.

Le jour suivant, après déjeûner, nous laissons nos trois Lyonnais continuer leurs travaux artistiques et notre **Parisien** exclamer son insipide : *C'est chââmant!...*

VIII

Encore la Grande-Chartreuse. — Les cinq parties du monde. —
Un muletier qui n'a pas de chance.

Après avoir côtoyé le Guiers pendant vingt-cinq minutes, nous remontons la gorge qui va toujours en se rétrécissant, et nous parvenons à Fourvoirie, à l'entrée de la maison à double porte qui donne accès dans le Désert.

Au commencement de cet ouvrage, nous avons donné la description de l'ancien chemin si pittoresque du couvent. Ne voulant pas nous répéter, nous rappellerons seulement au lecteur que le trajet nous offrit beaucoup plus de charme à la montée qu'il ne nous en avait offert à la descente : notre vue embrassait mieux l'ensemble de ces sites variés. Elle les appréciait d'autant plus que, fatiguée de la majesté sauvage et des âpres solitudes de l'Oisans, elle pouvait se reposer agréablement sur une végétation vigoureuse, pleine à la fois de fraîcheur, d'ombre et de mystère.

Le Désert est vraiment la partie la plus complète que je connaisse, et celle dont j'ai conservé le plus agréable souvenir. Il renferme, en effet, une réunion de merveilles si variées qu'il est difficile d'en rencontrer ailleurs de semblables ; la nature lui a prodigué les sites les plus agrestes et les plus poétiques, les tableaux les plus accidentés et les plus grandioses. Trop délaissées jusqu'à ce jour, nos Alpes dauphinoises ne le cèdent en rien aux Alpes de la Suisse et du Tyrol ; de ces contrées si souvent visitées et si souvent décrites, qui, grâce à la mode et à une réclame incessante, ont su, pour ainsi dire, monopoliser l'admiration des voyageurs.

Et cependant le Dauphiné, par ses richesses et ses curiosités naturelles, par ses glaciers éternels et ses pics perdus dans les nuages, ses cascades écumeuses et ses forêts profondes; par l'intelligence de ses habitants et leur patriotisme, par ses châteaux, ses donjons, ses ruines féodales, par ses souvenirs historiques, ses traditions, ses légendes ; le Dauphiné, dis-je, revendique une large part de cette admiration donnée uniquement par les voyageurs à des pays étrangers bien moins intéressants. Il est temps de faire justice de cet oubli ou de cette indifférence, et de combattre le prestige exclusif que ces mêmes pays exercent avec tant de puissance sur le touriste français.

Depuis notre dernier voyage, la route du Désert a été rectifiée, élargie ; ses pentes ont été adoucies. Plus de ces larges ravines pierreuses, ni de ces obstacles qui surgissaient à chaque pas !.. Plus de ces rochers penchés qui étaient une menace perpétuelle pour la vie du voyageur !.. La route est maintenant très-carrossable ; l'omnibus de Saint-Laurent et des voitures particulières la parcourent dans la belle saison. L'ancien Pont-Péran, dont les abords étaient si difficiles, a été abandonné pour le nouveau pont Saint-Bruno, construit un peu plus bas. Au-delà du Guiers, elle laisse à gauche la rude montée de l'Aiguillette pour se développer, entre le torrent et le pied de la pyramide, sur des murs de soutènement percés de voûtes destinées à l'écoulement des eaux de la montagne ; puis, rencontrant une barrière de rochers, elle la franchit au moyen de trois tunnels rapprochés les uns des autres.

Nous sommes arrivés au-dessous de la Croix-Verte, qui s'élève à plus de cent pieds sur nos têtes. C'est à la Croix-Verte, sur l'ancien chemin que, il y a quelques années, le Père supérieur, accompagné des

Chartreux, vint recevoir Mgr le cardinal de Bonald, qui allait visiter le monastère. Le supérieur se jeta aux pieds du prélat ; mais celui-ci le releva avec bonté et le pressa dans ses bras. A la suite de cette touchante entrevue, les deux hauts dignitaires, suivis d'un nombreux cortége, se rendirent au couvent.

Un an après, ce même lieu fut témoin d'une autre réception. M. le maréchal de Castellane y trouva, venus à sa rencontre, les religieux, leur supérieur en tête, lequel s'empressa de le conduire et de lui faire visiter dans les plus grands détails toutes les parties du monastère, la chapelle de Notre-Dame-de-Casalibus et l'ermitage de Saint-Bruno.

Un énorme câble attaché à de forts crampons en fer fixés aux rochers de droite, traverse la gorge et vient aboutir à d'autres crampons scellés aux rochers de gauche, sur la nouvelle route. Par ce câble, les arbres abattus sur les montagnes situées de l'autre côté du torrent, sont amenés jusque sur la route, à l'aide d'une autre corde attachée à une poulie qui glisse sur le câble. Là, les charretiers viennent les prendre pour les transporter sur les bords de l'Isère, où l'on en forme d'immenses radeaux.

Les bûcherons eux-mêmes ne connaissent pas d'autre mode de locomotion pour traverser la gorge et se rendre à leurs travaux. Placés dans un panier attaché à la poulie, comme des aéronautes dans leur nacelle, ils effectuent journellement ce voyage, sans qu'il leur inspire aucune crainte.

Je croyais que l'établissement de cette route aurait détruit le charme et la poésie du Désert ; il n'en est rien, les travaux d'art que l'on y rencontre à chaque pas ajoutent une nouvelle beauté aux œuvres de la nature. Du reste, l'amateur est libre de suivre le chemin étroit et sinueux de l'Aiguillette où partout la patience des Chartreux s'est trouvée aux prises avec de grandes difficultés ; il voit toujours ces rochers, ce torrent écumeux, ces ponts, ces scieries, ces profonds et romantiques ombrages… Mais ce que bientôt il ne verra plus, c'est la maison à double porte de Fourvoirie : l'administration des Ponts-et-Chaussées, peu soucieuse du pittoresque et des souvenirs, veut, dit-on, la faire abattre pour faciliter l'élargissement de ce chemin.

Au-delà du dernier tunnel, la route tracée en pente douce se déroule à l'ombre de la magnifique forêt au débouché de laquelle apparaît majestueux le couvent de la Grande-Chartreuse.

Le bon frère Jean-Marie n'existait plus depuis quelques années ; frère Jérosime qui l'avait remplacé nous reçut avec la même urbanité que son prédécesseur.

Les visiteurs étaient nombreux; et je le dis avec un regret bien sincère, ce second voyage fit évanouir les illusions que j'avais conservées du premier.

Sous ces cloîtres, sous ces arcades, plus de silence solennel, plus de douce solitude, plus rien de religieux !.. Le couvent était changé en une vaste hôtellerie ; des troupes de mendiants assiégeaient le voyageur et le fatiguaient de leurs importunités ; la pelouse qui s'étend devant l'Infirmerie, et la forêt qui entoure la chapelle Saint-Bruno ressemblaient à un parc public, où des groupes de curieux des deux sexes se promenaient en faisant retentir de leurs cris joyeux les échos d'alentour ; pauvres échos solitaires si peu habitués à répéter ces chants mondains et parfois licencieux...

On y voyait des dandys en gants jaunes et des lionnes à la vaste crinoline, des dames de tous les mondes possibles, depuis le *quart* et le *demi* jusqu'au *petit* et au *grand*, et même des célébrités dans le genre de Mlle Rigolboche et autres Mimi-Bamboche de toutes les catégories...

Il faut aussi attribuer cette affluence aux loisirs du dimanche, journée qui permet aux montagnards des environs de venir entendre la messe au couvent. D'un autre côté, grâce à la nouvelle route qui établit une prompte et facile communication, et amène des flots de voyageurs, beaucoup d'habitants de Grenoble et des villes voisines s'y donnent rendez-vous : sur tous les chemins aboutissants, on les voit en longues caravanes partir le samedi pour se trouver le dimanche à la Chartreuse où ils passent la journée et d'où ils repartent le lundi.

Ainsi que moi, mes camarades réprouvaient ce mouvement, ce bruit, ce brouhaha; à peine arrivés, nous avions hâte de nous remettre en route. Ce qui pouvait contribuer à nous éloigner du couvent ce même jour, c'est qu'il n'y avait pas de lits pour tous les voyageurs, et qu'on était exposé à se voir forcé de passer la nuit sur des bancs de bois, pêle-mêle dans les grandes salles; mais ce qui nous décida tout-à-fait, c'est que nous rencontrâmes au couvent notre Parisien qui menaçait de nous assommer de son éternel refrain : « *C'est chââmant, c'est chââmant!...* »

A la suite d'un conseil tenu à nous quatre, nous résolûmes, à l'unanimité, d'aller coucher le soir même à Saint-Pierre-d'Entremont, et de devancer d'un jour notre arrivée au village de Lumbin, dans la vallée du Graisivaudan, où les parents de notre ami Lucien possédaient une propriété.

Avant de partir, nous dînâmes en trop nombreuse et trop bruyante compagnie. A table, nos regrets augmentèrent encore ; je ne suis pas rigoriste, mais j'aime que l'on respecte les coutumes et même les préjugés des sociétés dans lesquelles on se trouve. Des questions indiscrètes, inconvenantes, adressées à frère Jérosime et aux servants par certains voyageurs se vantant bien haut d'être *philosophes ;* des saucissons et autres viandes introduites subrepticement dans le monastère au mépris de la règle, et étalés effrontément sous les yeux des bons frères : tout cela m'inspira un profond mépris pour ceux qui se rendaient coupables d'un pareil oubli des convenances.

Ce sont ces procédés qui ont forcé le supérieur général à faire mettre dans les corridors et les cloîtres des barrières et des grilles que les visiteurs ne peuvent franchir qu'accompagnés d'un frère surveillant ; et on a vu de ces mêmes visiteurs pousser l'indécence jusqu'à tracer sur les murailles et sur la porte des cellules des dessins obscènes et des inscriptions impies.

Le régime intérieur de l'Infirmerie avait aussi subi des modifications. Il y a quelques années, les dames étaient servies par des frères, et celles qui y passaient la nuit étaient enfermées sous clé à la chute du jour; elles ne recouvraient la liberté que le lendemain matin. La clé était remise entre les mains du supérieur. Maintenant des sœurs dirigent l'Infirmerie, et donnent aux visiteuses tous les soins désirables; la séquestration a été abolie (1).

A une heure de l'après-midi, nous entreprîmes donc une course que bien peu de Lyonnais ont faite. Il s'agissait de contourner l'énorme massif du Grand-Som.

Sous la conduite d'un habitant d'Entremont, dont le mulet nous portait quelques provisions, nous montons jusqu'à la chapelle Saint-Bruno, que nous laissons à notre droite, ainsi que le chemin des Bergeries de Bovinant. Par une gorge étroite, des pentes ardues, des forêts épaisses, nous arrivons dans les immenses prairies de la Vacherie, où les Chartreux ont construit des chalets pour abriter les nombreux troupeaux qu'ils élèvent dans cette localité.

Au-dessus des prairies égayées par le bruit des sonnettes, au débouché d'un sentier qui vient du col

(1) En revoyant les épreuves de la première partie de cet ouvrage, page 43, nous nous apercevons, — mais, hélas! trop tard, — d'une erreur à propos du nombre des cellules qui s'ouvrent de plain-pied sur le grand cloître. — Il est dit qu'on en compte 400, c'est 40 qu'il faut lire.

de Bovinant, on rencontre une croix, puis les forêts recommencent et continuent jusqu'à un misérable hameau dépendant du village de la Ruchère. Les quelques cabanes qui le forment, aussi bien qu'une vieille chapelle, sont construites avec de grossières planches de sapin et couvertes en paille. Rien ne peut donner l'idée du dénûment au milieu duquel végètent les rares habitants de ce pauvre pays.

A partir de ce groupe de cabanes, la gorge s'élargit et descend, en traversant d'immenses prairies où paissent de nombreux troupeaux, au hameau de Cerne, dans la vallée d'Entremont. Là, nous fîmes une courte halte pour livrer un assaut à nos provisions de bouche.

Au lieu de prendre à droite, pour gagner Saint-Pierre-d'Entremont, où nous avions le temps d'arriver avant la nuit, nous laissâmes notre mulet à Cerne et nous prîmes à gauche pour aller visiter un des passages les plus remarquables de ces montagnes. Je veux parler du passage du Grand-Frou.

Au-delà des hameaux et des ponts du Planet et de Brigoud, et au sortir d'un bois épais, on rencontre l'extrémité du passage, c'est une corniche pratiquée contre la paroi d'un rocher gigantesque, au-dessus d'un abîme vertigineux au fond duquel le Guiers-Vif lutte courroucé contre mille obstacles que les révolutions de la nature y ont accumulés. Large à peine de deux pieds, taillée en escalier dans quelques endroits; dans d'autres, soutenue par des troncs d'arbres que des crampons de fer fixent au rocher et à travers lesquels le voyageur effrayé entrevoit l'abîme ouvert sous ses pieds, cette corniche d'une demi-lieue de long sert pourtant d'assiette à la *grande route* qui descend à Saint-Christophe et aux Echelles, et qui dessert toutes les vallées d'Entremont. Par mesure de prudence, on a placé de distance en distance des branches d'arbres, en manière de garde-fous.

Nous descendîmes et nous remontâmes avec une curiosité mêlée d'effroi ce passage infranchissable dans les mauvais jours de l'hiver, où l'on ne peut passer qu'à la file les uns des autres, et où la moindre distraction causerait la mort de l'imprudent.

On travaille dans ce moment à une route qui évitera le Grand-Frou. — Je ne sais en vérité comment la science des ingénieurs parviendra à l'établir.

» —Bien ! il ne manquera plus que ça pour achever de me ruiner, nous dit notre muletier en proie à une vive douleur. Quand la route sera faite, on viendra en voiture dans ce pays, tous les transports se feront au moyen de charrettes ; alors mes mulets et moi nous voilà sur la paille... Je n'ai jamais eu de chance, moi... Jugez-en vous-mêmes, messieurs !..

» Il y a quelques années, établis à Saint-Laurent-du-Pont, avec mes deux bonnes bêtes, nous faisions passablement nos petites affaires; nous étions contents; l'été, nous transportions les voyageurs, le reste du temps, du charbon de bois... Mais voilà que tout à coup le miracle de la Salette nous coupe bras et jambes; tous les voyageurs se dirigeaient sur la Salette : pendant longtemps ils ont déserté la Chartreuse... Ah! les Chartreux ont dû en gémir... Quelle mauvaise idée a eu celui qui a inventé ce miracle!.. Il a ruiné notre pays... Il est vrai que là-bas il rapporte cent mille écus par an !.. On aurait bien dû le faire arriver à la Chartreuse...

» Après le miracle de la Salette, nous avons eu l'inondation, puis le feu, puis la terreur qu'inspirait le fameux bandit Ginot, que l'on croyait caché dans nos bois, et, pour comble de malheur, voici la nouvelle route de Fourvoirie, avec son omnibus, ses voitures, qui conduisent le visiteur jusqu'à la porte du couvent. Et tout ça, au détriment des pauvres muletiers. Tous les fléaux sont tombés sur nous... Voyant ça, nous avons quitté Saint-Laurent, nous nous sommes réfugiés ici, au milieu de ces montagnes, où tout se transporte encore à dos de mulet. Et maintenant ne voilà-t-il pas qu'on s'avise d'y vouloir créer aussi une grande route !.. Pour le coup, nous sommes perdus !..

» A propos de la Salette, continua notre loquace muletier, j'en sais long sur le miracle. Je connaissais le petit Maximin...

» — Quel Maximin ?..

» — Maximin Giraud, un des petits bergers auxquels la Vierge est apparue !.. Vous savez qu'à la suite de l'apparition, une communauté de femmes prit la sœur de Maximin pour la mettre à l'abri des questions, et que de son côté, le séminaire de Grenoble s'empara de Maximin pour le faire élever suivant les bons principes.

» Je le connus à la Chartreuse où le séminaire l'envoyait passer le temps des vacances. C'est par prudence qu'on agissait ainsi, et pour éviter le retour d'indiscrétions qui pouvaient compromettre le miracle. Car, il est bon de vous le dire, pendant les vacances précédentes que l'enfant avait passées dans sa famille, il avait jasé, et ses indiscrétions avaient fait des accrocs au miracle...

» Oh ! il m'en a raconté de belles !.. Que de petits verres de chartreuse il a bus, et que de pipes de tabac je lui ai données !.. »

Tout en écoutant les doléances de ce contempteur du miracle de la Salette, nous revenions sur nos pas...

De retour à Cerne, nous mettons le cap sur Saint-Pierre-d'Entremont, où nous arrivons après avoir marché par des chemins hérissés de difficultés. Nous avions voulu traverser le pont du Buis et emprunter le territoire savoyard où existe une route un peu moins fatigante; mais la consigne des douaniers et des carabiniers s'y était opposée...

Le village de Saint-Pierre-d'Entremont, divisé par le Guiers-Vif, est mi-partie sarde, mi-partie français. Notre muletier nous fit descendre à la meilleure auberge du pays, nous disait-il. Il avait parfaitement raison, on n'avait pas le choix : c'était la seule; mais quel taudis !..

Le lendemain, après que nous eûmes déjeûné des restes de nos provisions de la veille et avant de nous mettre en route pour les sources du Guiers-Vif, nous montâmes à l'ancien château des riches seigneurs d'Entremont. Autrefois, ses fortifications étaient puissantes, et sa position formidable; mais à présent il tombe en ruines. En face, sur la terre de Savoie, sont situés les vestiges du vieux château d'Epernay.

J'engage les artistes à consacrer deux jours à étudier les curiosités naturelles de cette vallée, où la beauté des ruines s'unit aux beautés de la nature, et dont l'histoire est entremêlée de nombreuses légendes qui font passer devant votre esprit les exploits des Sarrasins et des chrétiens, les révoltes des vassaux et la cruauté des seigneurs, les combats entre les sires d'Epernay et d'Entremont, la félonie de celui-ci et la mort tragique de celui-là, l'enlèvement de la belle Hermesende et le repentir de son ravisseur qui termina sa vie sous le froc d'un Chartreux.

Remettons à une autre fois ces histoires merveilleuses, et poursuivons notre itinéraire à travers ces vallées, ces fermes, ces hameaux, ces villages qui jadis appartenaient au couvent.

Du village de Saint-Mesme, nous voulions passer en Savoie pour visiter les curieuses grottes creusées dans les rochers du Haut-du-Seuil et d'où jaillissent les sources du Guiers-Vif; mais comme la veille, au pont du Buis, nous trouvâmes la même aménité prohibitive de la part des douaniers savoyards, qui pensaient, peut-être, que nous allions conquérir cette province, berceau de la monarchie piémontaise; nous nous éloignâmes, et la fibre patriotique un peu surexcitée par ce refus, nous entonnâmes une strophe de la *Marseillaise*, désirant que le *sang impur* de ces sicaires *arrosât nos sillons*. Mais ces braves gens nous répondirent en chantant à leur tour les autres strophes de l'hymne national.

A Saint-Mesme, la vallée, qui n'a cessé de contourner le Grand-Som, se rétrécit et forme un étranglement entre la montagne du Petit-Chenevé et celle du Grand-Chenevé. Nous arrivons dans la vallée des Meuniers qui renferme un certain nombre d'habitations éparses à travers les prairies, sur les penchants des montagnes. Au bout de cette vallée, nous nous reposons quelques instants au sommet du Cucheron, col qui sépare le mont du *Soulier* de l'énorme Grand-Som; puis, laissant à notre gauche les sources du Guiers-Mort qui, comme celles du Guiers-Vif, sortent d'une caverne appelée le *Trou-du-Glas* (1), nous traversons plusieurs hameaux dont la réunion forme la commune de Saint-Pierre-de-Chartreuse. Nous faisons halte dans le principal, avec l'espoir de rencontrer une auberge où il nous soit possible de trouver de quoi satisfaire la faim qui commençait à se faire sentir.

Je vois mon lecteur sourire de ce que je ne néglige aucune occasion de lui faire part des luttes que ce tyran domestique, qu'on appelle la faim, nous livrait

(1) Le *Trou-du-Glas*, trou du glacier.

régulièrement deux ou trois fois par jour. Mais je ferai observer au lecteur que nous ne ressemblions nullement aux romanesques héros de cette école de sensiblerie à la mode au siècle dernier, et que nous ne possédions pas comme eux le talent de vivre sans boire ni manger, et sans nous acquitter d'aucune des fonctions vulgaires que de jeunes touristes doués d'un appareil digestif des mieux conditionnés sont forcés de remplir.

Le village de Saint-Pierre-de-Chartreuse fut détruit par un incendie en 1846. A la première nouvelle du sinistre, les Chartreux étaient accourus pour le combattre. Tout fut perdu. Les habitants, en proie à la plus horrible détresse, furent recueillis dans le couvent et à la Courrerie, où ils demeurèrent jusqu'au printemps suivant, soutenus par les bienfaits des religieux.

IX

Le col du Pas-de-Fer. — Un Monsieur qui sort par la fenêtre et rentre par la porte. — La vallée du Graisivaudan. — Mort aux Anglais!

En sortant du village de Saint-Pierre-de-Chartreuse, si le voyageur laisse sur la droite le chemin des Cottaves et le pont du Grand-Logis, il a devant lui l'énorme montagne de Saint-Pancrace et la dent de Crolles, appartenant l'une et l'autre à la chaîne du Sapey. Le sommet de la montagne est couronné de rochers dénudés et noirâtres, et échancré par le col du Pas-de-Fer qui permet de franchir cette chaîne pour gagner la vallée de l'Isère.

Ce col est ainsi nommé à cause de la couleur des rochers ou plutôt de la rudesse du chemin. Sur les pentes inférieures, les maisons du hameau de Gontière, basses et entièrement construites en planches, sont disséminées au milieu de prairies et de bouquets de sapins. Ces habitations alpestres ont quelque chose qui charme l'esprit et les yeux.

Nous les dépassons, mais en retournant souvent la tête de leur côté jusqu'à ce que le relief du terrain les dérobe à notre vue. Nous approchons de la forêt; une fumée bleuâtre, voltigeant capricieusement au-dessus des arbres nous indique la présence de charbonniers. Nous fîmes une station auprès de ces braves gens, et nous fûmes bientôt au courant des procédés qu'ils emploient pour la préparation du charbon de bois. Ils construisent un bûcher composé de petites branches de bois dur, auquel ils donnent la forme d'un dôme arrondi de deux mètres de hauteur sur douze de circonférence; le tout doit être recouvert d'une couche de terre humide qu'il faut surveiller nuit et jour afin de reboucher hermétiquement les crevasses produites par l'action du feu, empêchant ainsi l'air de pénétrer dans l'intérieur, où la combustion doit être lente et continue.

Ces pauvres diables restent plus de six mois perdus au centre des forêts. Cependant chaque dimanche leurs femmes et leurs enfants leur apportent les provisions de la semaine, et quelques chasseurs, des bergers, de rares voyageurs, des contrebandiers, viennent de temps à autre rompre la monotonie de

leurs longues journées et de leur triste existence.....
Avant de nous éloigner, nous leur laissâmes quelque peu de tabac, léger cadeau qui parut leur faire grand plaisir ; ils ne fument d'habitude que le mauvais tabac apporté de la Savoie par les contrebandiers.

Après une ascension de près de trois heures par un sentier âpre et tortueux, nous nous reposons auprès d'un chalet, à l'abri duquel un pâtre et son troupeau laissaient passer le plus fort de la chaleur. Altérés, nous commettons l'imprudence de boire une ou deux tasses de lait, ce qui fut loin de nous donner des forces. Il nous avait été impossible de mettre à profit le fameux dicton provençal : *En voyage, bois du vin ; le vin fait le chemin !*...

Outre le manque absolu de ce liquide précieux, l'eau avec laquelle nous avions mélangé quelques gouttes de rhum était d'une nature si saumâtre qu'il n'y eut pas moyen d'en boire.

Un vigoureux coup de collier nous fait atteindre le col du **Pas-de-Fer**. Nous étions parvenus à une hauteur considérable. Là, j'oubliai mes fatigues en présence du panorama qui se déroula tout-à-coup devant nous. On a sous les yeux le pays le plus riche du **Dauphiné** et dont la fertilité est devenue proverbiale : la vallée du Graisivaudan !.. Que de châteaux, de fermes, de hameaux, de bourgs, de clochers, dans cette vallée arrosée par l'Isère !... Et dans son entourage de montagnes, que de sites enchanteurs, quelle perspective variée, quelle grandeur sublime !

Du col du Pas-de-Fer, dominant les rochers de la rive droite de l'Isère et ceux de la rive gauche, nous fûmes frappés de la différence de couleur des uns et des autres. Les premiers, de nature calcaire, possèdent une belle teinte blanche et jaune; les seconds, de nature granitique, sont au contraire gris, noirs, sombres : ils appartiennent à la chaîne des Alpes.

Le temps qui nous pressait mit un terme à notre admiration et nous fit reprendre notre marche. Ce fut peut-être un bien, car le vent froid qui règne constamment sur ces crêtes pelées et qui s'engouffre par l'échancrure dans les vallées aurait pu nous être pernicieux, mouillés comme nous l'étions par la sueur....

Un chemin rapide descend sur un plateau, couvert de bois et de prairies et terminé brusquement par des précipices qu'il faut franchir pour arriver sur un autre plateau, où se trouvent alors des terres cultivées, ainsi que le village de Saint-Hilaire. Ce dernier plateau aboutit aussi sur le bord de précipices dont la pente est si abrupte que l'on croirait possible de lancer une pierre sur le village de Lumbin, qui, nonobstant une certaine distance, paraît situé tout-à-fait au-dessous, sur la grande route de Grenoble en Savoie.

La nature a ménagé cependant un passage à travers ces rochers, et l'homme en a profité pour y établir un sentier. Notre ami Lucien, qui l'avait maintes fois parcouru, ne pouvait venir à bout de le retrouver. Nous nous disposions donc à passer outre et à suivre le chemin à charrettes, en faisant un détour de près de deux lieues, quand un paysan vint à propos nous tirer d'embarras ; il nous indiqua la naissance du sentier caché par des broussailles, et quel sentier, grand Dieu !...

Véritable casse-cou qui se replie plusieurs fois sur lui-même, tantôt suspendu sur l'abîme, tantôt creusé dans le roc, son âpreté m'effrayait comme elle doit effrayer quiconque n'a pas le pied montagnard. Là où les petits bergers courent insoucieux, moi, j'allais à pas comptés. — J'avoue que cette manière de cheminer est passablement fastidieuse et peut prêter à rire à ces mêmes bergers qui, habitués à côtoyer des précipices, y ont gagné un œil de corneille et un jarret de chèvre. Mais ne me troublant pas pour si peu, je laisse rire et je m'applaudis de cette marche de tortue, puisqu'elle m'a évité, — cela est certain, — le désagrément de descendre plus vite que je ne l'eusse désiré, et la tête la première, exercice qui ne se trouvait pas mentionné sur mon programme. Malgré mes tâtonnements, ou plutôt à cause de mes tâtonnements, j'arrivai enfin au bas de ce sentier diabolique.

Il débouche dans des vignobles plantés sur les déclivités du talus pierreux formé au pied des rochers par d'anciens éboulements.

Après avoir traversé les vergers faisant suite à ces vignes, nous entrons dans le village de Lumbin, puis dans la ferme de notre ami Lucien. La nuit était complète et notre fatigue extrême.

La distance à vol d'oiseau entre Saint-Pierre-de-Chartreuse et Lumbin est à peine de trois lieues; mais le terrain est hérissé de tant d'obstacles, de tant de détours, de ravins, de pentes, de passages scabreux et de précipices; il y a tant de montées et de descentes, de descentes et de montées, que nous avions mis près de neuf heures à faire ce trajet. Telle est la structure du versant regardant la vallée, qu'elle présente deux ou trois terrasses superposées comme des gradins gigantesques qui sembleraient construits par des Titans pour escalader le ciel.

Quant à nous qui descendions de la région des

nuages, nous eûmes la bonne chance de tomber au milieu d'une espèce de fête.

Le fermier, nommé Carron, ses fils et des voisins avaient passé la journée à une partie de pêche ; ils avaient fait un ample butin dans les endroits de l'Isère que dans ce pays on appelle des *laissées*. La fermière et ses filles étaient en train de préparer le souper, dont le menu se composait presque exclusivement de poissons apprêtés de diverses manières.

Rendons justice aux talents culinaires de cette brave femme ! Elle nous fit manger une matelotte, sinon supérieure, du moins aussi délicate que celles qu'un célèbre cordon-bleu lyonnais, la *très-chère* mère Guy, des Etroits, sait si bien servir à sa nombreuse clientèle. Au souper, le vin était abondant. Carron et les voisins buvaient comme gens qui ont passé toute la journée dans l'eau à traîner leurs filets et leurs engins de pêche, et Lucien, Bine, mon frère et moi, comme gens auxquels le grand air des montagnes a creusé l'estomac.

Malgré les instances de nos joyeux hôtes, nous dûmes quitter la table pour le lit, car nous sentions vivement le besoin de prendre un repos réparateur après la longue course que nous avions fournie depuis le matin.

Je souris encore en songeant à une aventure dont notre ami Lucien fut la plaisante victime, et qui eut lieu pendant cette nuit passée à la ferme.

Nous occupions une chambre située au-dessus de la cuisine où l'on venait de souper. Je partageais un lit avec mon frère ; Lucien était couché dans un autre, côte à côte avec Bine qui ronflait comme un soufflet de forge ; Lucien se faisait remarquer par un sommeil des plus paisibles. Pour moi, je commençais à peine à m'endormir, lorsqu'un bruit inconnu me réveilla ; il me paraissait venir du côté de la fenêtre, que je fus étonné de voir toute grande ouverte, car je l'avais moi-même fermée avant de me coucher. En outre, il m'avait semblé apercevoir comme une forme humaine qui s'évanouissait au-dehors.

Je me levai immédiatement pour refermer la fenêtre et pour m'assurer si cette apparition n'était point une erreur de mes sens.

Le ciel était noir et la cour plongée dans des ombres profondes ; mais une étroite traînée de lumière, s'échappant de la cuisine, divisait durement ces ombres en deux parties égales. Malgré cette obscurité, j'entrevis un homme qui venait de quitter le dernier barreau d'une échelle appliquée contre la fenêtre ; il traversa la petite zône éclairée, et disparut dans le fond de la cour. — Son costume me parut singulier....

Sans y ajouter d'autre importance, je m'arrêtai à l'idée d'une plaisanterie qu'un des fils Carron, sans doute excité par le vin, voulait faire à Lucien, avec qui il était dans les termes d'une assez grande familiarité. Je pensais que ma présence avait déjoué son projet; et pour le contrecarrer de nouveau, en cas de récidive, je tirai l'échelle à moi et refermai la fenêtre.

Je me remets au lit. Dix minutes ne se sont pas écoulées que j'entends un grand bruit de voix; en même temps notre porte s'ouvre violemment et donne passage à un être inconnu qui vient s'abattre sur le lit de Lucien. Mon frère et moi, réveillés en sursaut, sommes aussitôt debout; la chambre est éclairée subitement par la lampe que portait le fermier, et envahie par les paysans effarés.

Tableau : paysans criant comme des sourds ou plutôt comme des gens qui ont savouré à outrance le jus divin de la treille; femmes effrayées n'osant avancer, mais criant encore plus fort que les hommes; enfants faisant chorus et se blottissant sous les cotillons de leurs mères; mon frère, les yeux écarquillés, la bouche béante, pensant avoir sur les bras une armée de voleurs ; Bine, ronflant toujours et dormant comme un bienheureux ; enfin Lucien tantôt jetant des regards furibonds sur l'assistance, tantôt se cachant la tête sous ses draps. — C'était un bruit, un vacarme, un tohu-bohu des plus complets !..

On ne sait comment expliquer cette alerte. Les paysans prétendent qu'un grand fantôme a traversé comme un éclair la cuisine où ils étaient encore à table, et a franchi l'escalier qui communique à notre chambre, dans laquelle il est entré. N'y trouvant pas trace de fantôme, ils visitent les autres parties de la maison pour tâcher de le découvrir.

Quel est donc ce mystère ?... demandons-nous, comme dans la *Dame-Blanche*.... Lucien va nous l'apprendre...

Notre ami Lucien entretenait depuis quelque temps un tout petit commerce d'amourettes avec une jeune fille de la ferme. Comme ce soir-là il devait aller lui conter fleurettes, en chevalier discret, il lui fallut attendre que nous fussions plongés dans le sommeil. Il se lève alors ; et, n'ayant pour tout vêtement, sauf une chemise, que celui de notre père Adam avant le péché, il ouvre la fenêtre, attire à lui une échelle, — qui se trouvait là par hasard, — et descend en catimini, guidé par les amours.... C'est dans ce moment que, réveillé par ce premier bruit, je m'étais levé, avais retiré l'échelle et refermé la fenêtre.

Mais grand fut l'embarras de notre Céladon lorsque, voulant rentrer au gîte, il ne trouva plus d'échelle. Il maudit le fils Carron qu'il supposait son rival et qu'il accusait de lui avoir joué ce mauvais tour. Cependant, comme il ne voulait pas compromettre la jeune fille, ni s'exposer lui-même aux railleries des paysans, il eut recours à un moyen héroïque pour se tirer d'affaire : il s'élance tête baissée dans la cuisine, semant l'épouvante parmi les buveurs, et court se réfugier dans son lit... — On sait le reste de l'histoire...

Je lui avouai alors, en remettant l'échelle à sa place, que j'étais l'auteur involontaire de cette mésaventure. Enfin, riant tous de bon cœur, nous regagnâmes nos lits où nous dormîmes jusqu'à une heure assez avancée du lendemain. Quant aux paysans, ils avaient fouillé la maison de la cave au grenier, n'avaient rien trouvé, mais tous, moins sans doute la jeune amoureuse, demeuraient convaincus d'avoir eu affaire à un véritable fantôme.

Sur la fin de la matinée, nous remercions nos hôtes de leur bon accueil et nous nous dirigeons vers Allevard.

La vue du village de Crolles me rappela que le 10ᵉ bataillon des gardes nationales de l'Isère y resta en cantonnement pendant le mois de mai de l'année 1815. Il était placé sous les ordres de mon père dont l'expérience eut bientôt fait acquérir à ces conscrits une précision dans les manœuvres digne des vieilles troupes d'élite. Dans la grande revue que le maréchal Suchet passa à Chambéry d'une partie de l'armée des Alpes, la bonne tenue et la discipline de ces braves gardes nationaux valurent au baron Raverat les justes éloges du maréchal.

Au lieu de suivre la grande route jusqu'au village de la Terrasse, d'où part le chemin conduisant directement à l'Isère, nous nous engageons dans les champs qui précèdent les terrains marécageux qui longent les rives du fleuve.

Il faut avoir parcouru ce pays pour se faire une idée de ses richesses agricoles. Dans la zône moyenne de la vallée, à l'abri des grosses eaux, se trouvent des champs complantés d'arbres à fruits, dont les plus précieux sont le mûrier et le cerisier. Le fruit de ce dernier servait autrefois à fabriquer la liqueur connue sous le nom de *Ratafia de Grenoble*, et qui était alors très-renommée. Ces arbres, au moyen de barrières qui les relient, voient aussi la vigne s'entrelacer dans leurs branchages et y étaler ses pampres gracieux. Ces *hautins* rapportent beaucoup plus de raisin que les petits ceps plantés sur les éboulis du pied des rochers; mais en revanche, les vins qu'ils produisent sont d'une qualité inférieure et ne se conservent pas aussi longtemps. Dans les allées formées par ces barrières et ces arbres, on récolte des fourrages et des céréales, mais surtout du lin et du chanvre qui servent à fabriquer la toile si renommée de Voiron.

A la suite de ces champs cultivés, on traverse, tantôt sur des levées de terre, tantôt sur des ponts, un grand nombre de fossés, de laissées, de flaques d'eau, de marécages, que l'Isère forme en se retirant après chaque crûe et qui ne produisent que des *vourgines;* puis on parvient sur le bord de la rivière, à l'endroit où est établi un pont suspendu, au débouché d'une fort jolie route.

» —Ah çà! mon cher ami, demandai-je à Lucien, pourquoi avons-nous donc négligé cette route pour traverser ce pays de grenouilles où l'on risque à chaque instant de faire un plongeon, et où l'on patauge dans une boue tellement épaisse que c'est un miracle si notre chaussure n'a pas divorcé d'avec nos pieds?...

» — En haine des Anglais, mon cher!...

» — Des Anglais!...

» — Hélas! oui.., j'ai à la Terrasse un *anglais*, avec lequel j'ai un petit compte à régler... C'est pour ce motif que nous avons pris à travers champs, afin de nous éviter, à lui et à moi, l'ennui d'une rencontre... Oh! les Anglais! les Anglais!... »

Et dans sa haine patriotique contre les fils de la *perfide Albion*, notre jeune Dauphinois se mit à chanter à tue-tête :

> Guerre aux tyrans!
> Jamais, jamais en France,
> Jamais l'Anglais ne règnera...
> Non!...

Combien je connais de jeunes gens qui eussent fait chorus avec notre ami Lucien!...

L'Isère est bientôt franchie en vue des bourgs de Goncelin et de Tencin. Cette rivière n'a pas la largeur du Rhône, mais elle est beaucoup plus rapide. Dans l'hiver, les eaux en sont bleues et d'une belle transparence, tandis que pendant l'été, grossies et sans cesse alimentées par la fonte des neiges, elles prennent une teinte grise due aux terres qu'elles entraînent. Ses bords rongés par la violence d'un courant capricieux, les arbres déracinés qu'elle charrie, les îlots, les bancs de graviers, rendent sa navigation difficile. Les radeaux descendant de la Savoie peuvent seuls affronter ces écueils. — Ici, point de ces embarcations légères, point de ces gracieux bateaux à vapeur qui sillonnent en tous sens d'autres rivières au cours plus tranquille !...

Un essai de navigation à vapeur a cependant été tenté il y a quelques années ; un bateau mu par une machine puissante réussit, après mille efforts, à remonter l'Isère, depuis le Rhône jusqu'à Grenoble. Mais on rencontra tant de difficultés, on eut à lutter contre tant d'obstacles, que l'on dut renoncer à établir un service régulier. — Semblable à un fleuve des déserts de l'Amérique, l'Isère coule indépendante et fière au milieu de ces montagnes, dont les habitants aussi sont jaloux de leur liberté !...

Tencin possède un joli château habité autrefois par une dame que ses galanteries ont rendue célèbre, et qui fut, dit-on, la mère d'un des plus illustres encyclopédistes du XVIII*e* siècle, d'Alembert. Le village est ancien et n'a rien de particulier. Quant à Goncelin (*Goncellinum*), il a été entièrement rebâti depuis la terrible trombe qui, en 1827, éclata sur le pays et le détruisit de fond en comble. — Cet événement a laissé dans l'esprit des habitants de douloureux souvenirs.

Je crus m'apercevoir que pour la traversée du bourg, Lucien faisait mine de répéter la manœuvre de la Terrasse.

» — Eh bien! eh bien! lui dis-je en riant, y a-t-il encore ici des Anglais... des ennemis de la belle jeunesse grenobloise?...

» — Non! répond-il de même, il y a des amis!... »

En effet, un jeune homme tenant un café de très-bonne apparence embrassa Lucien, et nous invita cordialement à entrer chez lui, où il fallut vider quelques verres de bière qui furent les bien-venus.

A Goncelin, se détache de la grande route de Grenoble à Chapareillan le petit chemin spécial d'Allevard qui vous fait arriver par une longue montée à l'entrée de la gorge du Frey, d'où l'on découvre, à trois lieues de distance, les ruines du château de Bayard. C'est dans ce château que naquit cette illustration dauphinoise, dernier type de l'ancienne chevalerie. La statue du *chevalier sans peur et sans reproche* orne une des places publiques de Grenoble. En face des ruines, et séparé par l'Isère, le fort Barraux défend l'entrée de la vallée du Graisivaudan.

Nous passons un quart-d'heure à examiner cette belle perspective et à nous reposer sous les arbres touffus qui ombragent la gorge du Frey.

Bientôt on dépasse un vieux manoir assez bien conservé et qui s'élève au sein d'un massif de verdure, sur la gauche, au-delà d'un profond ravin ; on laisse à droite l'ancien bourg historique de Morêtel, commandant la gorge et dont catholiques et huguenots se disputèrent maintes fois la possession. Tournant ensuite un coude, et traversant le Ruissallin, on pénètre dans un vallon fertile qui, en moins d'une heure, conduit par une pente insensible au village de Saint-Pierre et à la très-petite ville d'Allevard (*Al Var*, *Alavardum*).

Ici, devant son hôtel, le brave père Custillon, le classique bonnet de coton sur la tête, le tablier blanc retroussé sur son ventre rebondi et le sourire stéréotypé sur sa bonne figure, se tient à l'affût du voyageur.

Nous saisissant au débotté, il prend nos sacs et nous entraîne, pour ainsi dire, dans son établissement, où bon gré, mal gré, il faut s'installer.

» — C'est chez moi, dit-il avec une bonhomie des plus amusantes, c'est chez moi que les peintres paysagistes lyonnais ont l'habitude de descendre, les Guindrand, Fonville, Leymarie, etc... Artiste moi-même, mais dans un autre genre, les artistes m'appartiennent. Chacun en témoignage de bon souvenir m'a peint sous toutes les faces et m'a fait présent de croquis et d'études que je conserve avec amour!... »

Le type original de ce bonhomme nous plut ; nous nous considérâmes comme très-heureux d'être hébergés par ce protecteur des arts et des artistes.

Afin de donner le temps au digne successeur du grand Vatel d'allumer ses fourneaux, de faire tourner ses broches et de mettre notre couvert, nous allons visiter la ville bâtie au pied des montagnes, au débouché de la gorge où gronde le Bréda.

X

Allevard. — Un Mécène au fourneau et le *petit bourgeois* de
M. Guindrand. — La Ferrière.

A en juger par sa position entre le Bréda et un autre cours d'eau, le Flumet, et surtout par des restes de murailles fortifiées, Allevard a dû avoir au Moyen-Age une certaine importance militaire pour la défense de la vallée, qui, à une lieue et demie de là, aboutit à la Savoie.

Cette importance a changé de nature : elle est maintenant toute industrielle, et cette ville offre l'aspect d'un immense atelier où chacun travaille, hommes, femmes, enfants, et même goîtreux et crétins, pauvres êtres déshérités qui viennent de leurs tranquilles vallées traîner une misérable existence au sein de cette activité. Un bruit confus de chutes d'eau, de roues et d'engrenages hydrauliques, d'enclumes et de marteaux, de soufflets de forge et de martinets, retentit de tous côtés et assourdit les oreilles de l'étranger. Dans les hauts-fourneaux et les fonderies, la fonte apportée à l'état de minerai y est travaillée de mille manières ; puis elle en sort pour être livrée au commerce, sous toutes les formes, depuis la grossière marmite jusqu'au vase élégant, depuis la simple barre jusqu'à la fine et gracieuse arabesque, depuis le fil de fer ténu comme un cheveu, jusqu'à ces énormes masses que l'on ne peut mouvoir qu'à l'aide des plus fortes machines. Auprès de ces vastes établissements métallurgiques, où l'on traite non-seulement la fonte, le fer et l'acier, mais encore le plomb et le cuivre, on voit des scieries mécaniques, ainsi que des moulins à moudre le grain, et d'autres à pulvériser la pierre à plâtre extraite des carrières voisines.

Une atmosphère lourde et rembrunie règne en triste souveraine sur la ville, où elle dépose partout une couche foncée qui est en parfaite harmonie de tons avec la verdure et les rochers du pays. Chaque cheminée, obélisque de l'industrie moderne, vomit dans les airs une fumée épaisse s'élevant tantôt en ligne droite, tantôt se déroulant en spirales ou ondulant comme un panache de deuil, selon les caprices du vent. La nuit, changement complet : la fumée n'étant plus perceptible dans les ténèbres, on s'aperçoit alors que ces longues cheminées lancent aussi des gerbes enflammées, ce qui les fait ressembler à autant de petits volcans ; et, spectacle non moins curieux, les ouvertures, les portes, les fenêtres des ateliers, se détachant en rouge vif sur un fond brun, laissent voir s'agiter autour de ces immenses fournaises un nouveau Vulcain et de nouveaux Cyclopes...

Ce sont les eaux rapides du Bréda qui, par un grand nombre de petits canaux de dérivation, souterrains ou découverts, impriment à toutes ces usines la vie et cette activité dévorante qui ne connaît ni trève ni repos. Le Bréda descend de la montagne des Sept-Laux, distante d'Allevard d'une journée de marche. Après un cours de plusieurs lieues, il va se perdre dans l'Isère, près de la ville de Pont-Charra.

De retour à l'hôtel, nous fîmes connaissance avec un original, d'un type encore plus vigoureusement accusé que le père Custillon. Un bon gros garçon élevé dans le respect dû aux artistes, aussi bien que dans l'art si précieux de la cuisine, nous servait à table. Par ses manières prévenantes mêlées à une intempérance de paroles peu ordinaire, il avait l'air de provoquer nos questions et notre curiosité.

» — Tenez, messieurs, voici du vin que M. Guindrand aimait beaucoup et auquel il revenait souvent. C'était son vin d'ordinaire, et il le nommait le *petit bourgeois*!.. Voici un plat qui faisait les délices de M. Guindrand... Ah!.. c'est que M. Guindrand savait vivre!.. »

C'était toujours M. Guindrand!.. M. Guindrand par ci, M. Guindrand par là!.. De tous les artistes que ce gros garçon avait eu l'honneur de servir et de connaître, M. Guindrand était le chef : M. Guindrand était plus qu'un homme, et son admiration pour lui dégénérait en fanatisme!..

Pâté était le nom de ce fervent apologiste : ainsi l'avait baptisé un caprice du peintre. Pâté accompagnait celui-ci dans toutes ses excursions artistiques ; c'était lui qui portait sa boîte à couleurs, son ombrelle et son pliant ; c'était lui qui bourrait sa pipe et qui savait ménager d'agréables surprises en exhibant à propos une bouteille de *petit bourgeois* pour rafraîchir le maître pendant ses travaux. Pâté se croyait de moitié dans les succès du grand artiste.

» — Et pour comble d'honneur, disait-il avec orgueil, M. Guindrand me tutoyait comme un ami!.. »

Tout en mangeant d'excellents riz de veau à la purée de pommes de terre, arrosés de *petit bour-*

geois, nous avions vraiment du plaisir à écouter cet original, surtout dans son appréciation du talent des artistes lyonnais.

Si je ne rapporte pas son opinion sur nos paysagistes modernes, c'est que tels d'entre eux se trouveraient peu flattés du rang que leur assigne le jugement de Pâté, l'illustre aristarque d'Allevard.

En face de l'hôtel Custillon existait un café de modeste apparence, mais possédant une terrasse ombragée par des platanes et placée délicieusement sur les bords du Bréda. Après le dîner, nous y allâmes humer le moka et fumer un cigare. Sur notre invitation, Pâté nous y accompagna ; il nous amusait par ses racontages et ses anecdotes sur les artistes.

Cet établissement était exploité par une dame Meyran, qui tenait en même temps un magasin de modes. M. Meyran, son époux, me parut être le meilleur client du café ; avec un sans-façon charmant il venait se mettre à votre table et causer avec vous.

Causeur agréable, et ne jurant jamais que par saint Hubert, il nous racontait ses exploits de chasse, qui nous paraissaient devoir justifier le vieux dicton appliqué aux chasseurs. Une foi bien robuste nous eût été nécessaire pour croire à ces hauts faits cynégétiques narrés avec un aplomb et une verve intarissables. C'était par centaines qu'il avait tué des chamois, des chevreuils, des loups et même des ours ; quant aux renards, lièvres, lapins de garenne, marmottes, faisans, jalabres, gélinottes, coqs de bruyère, alpins et autres gibiers à poil ou à plume, le nombre en était incalculable... Tout cela était assaisonné des aventures les plus piquantes. — Les exploits rapportés par le *Journal des Chasseurs* sont bien pâles à côté de ceux de ce nouveau Nemrod...

Pendant notre séjour à Allevard, ce fut à son établissement que nous donnâmes la préférence ; il nous tint fidèle compagnie, et même, comme à d'anciennes connaissances, il s'offrit pour nous accompagner dans les environs, à notre retour des Sept-Laux. Il nous donna les renseignements utiles pour favoriser notre ascension, et nous indiqua un des meilleurs guides du pays, Coquand-le-Frisé, habitant le village de la Ferrière, au pied même de la montagne des Sept-Laux. Voilà certainement plus qu'il n'en faut pour recommander ce café et son propriétaire aux artistes en tournée à Allevard ; bien entendu aussi qu'on ne doit pas oublier le père Custillon et son digne élève, l'enthousiaste Pâté !..

La journée se termina par une visite à la grotte de la *Jeannotte*, qui ne nous offrit rien de curieux, et à un établissement d'eaux sulfureuses qui ne nous présenta non plus aucun intérêt; mais une promenade à la cascade du Bout-du-Monde nous dédommagea amplement.

Après avoir franchi torrent, on s'engage dans la gorge qui, se resserrant par degrés, finit par amener le voyageur au fond d'un impasse où il est forcé de s'arrêter devant des obstacles insurmontables. Là, il voit le Bréda étranglé entre deux murailles de rocher, bouillonner et tomber divisé en plusieurs cascatelles. C'est un site bien connu des artistes et des curieux, et il mérite d'être visité par ceux-là même qui reviennent du Bourg-d'Oisans et de la Grande-Chartreuse.

Le jour suivant, nous partîmes pour les Sept-Laux... Deux chemins suivent les flancs de la montagne, remontent le cours sinueux et accidenté du Bréda, et se rejoignent à Pinsot, petit village situé au centre de la gorge.

Nous choisissons le chemin de la rive gauche, nous promettant de revenir par celui de la rive opposée.

Le pays est paré d'une belle verdure et parfaitement ombragé; des maisons à l'aspect rustique sont groupées çà et là sous des châtaigniers séculaires. De chaque côté de la gorge, la vue est bornée par de hautes montagnes ; mais devant soi les neiges dont les Sept-Laux sont couverts reluisent au soleil et forment un fantastique lointain. On marche pendant deux heures par un chemin très-rude. Une colonne de fumée noire et épaisse se montre alors à travers les arbres et indique le voisinage d'un haut-fourneau. Un pont de bois conduit sur la rive opposée où l'usine et le village de Pinsot sont construits.

Là, ainsi qu'à Allevard, toute la population est occupée soit à la fabrication du charbon de bois, soit à l'extraction du minerai, soit enfin à sa fusion. Ces divers travaux sont pénibles, attendu que certains sentiers de la montagne sont si durs que les mulets ne peuvent les aborder et que les montagnards sont forcés de porter eux-mêmes sur le dos charbon et minerai. Quant au service entre Pinsot et Allevard, où l'on expédie tous les produits de l'usine, la route de la rive gauche n'est fréquentée que par les bêtes de somme et les piétons ; celle de la rive droite, malgré de fortes pentes, est cependant praticable pour de petits chars d'une forme particulière à ces pays accidentés.

Le hasard nous favorisa lors de notre passage ; il nous permit d'assister à une des opérations les plus intéressantes de la métallurgie. Une coulée allait avoir lieu. Le directeur nous avait accordé gracieusement l'entrée des bâtiments d'exploitation.

Au bout de quelques instants, un homme, revêtu d'une blouse de cuir descendant jusqu'aux pieds et la tête cachée sous un vaste chapeau à rebords rabattus, creva, à l'aide d'une longue tige de fer, la cloison en terre glaise qui fermait l'orifice inférieur de l'immense creuset; aussitôt le métal liquide s'échappa en ruisseaux de feu et coula dans des sillons ménagés à travers le sable qui recouvrait le sol.

Il ne faut pas moins de quinze heures au métal pour se refroidir complétement; pendant qu'il est chaud, on le divise en morceaux d'un demi-mètre de long, appelés *gueuses* dans le commerce; puis ces gueuses sont poinçonnées et expédiées à Allevard, où elles subissent toutes sortes de transformations.

On ne fait qu'une coulée par vingt-quatre heures, et le fourneau reste allumé toute l'année, excepté pendant le chômage des fêtes de Pâques et de Noël. Chaque fois qu'on le rallume, il faut huit jours avant que sa température soit assez élevée pour arriver à la fusion du minerai.

Beaucoup de soins sont à prendre dans l'opération de la coulée : le sable, notamment, doit être d'une siccité des plus complètes. Aussi recommande-t-on aux visiteurs de s'abstenir de cracher sur le sol : la moindre humidité que rencontrerait la fonte en fusion occasionnerait une explosion suivie des plus graves accidents.

Comme les vallées de l'Oisans, les vallées d'Allevard sont très-riches en minerais. Tournées au sud, les premières produisent de l'or, de l'argent et de fort beaux cristaux ; les secondes regardant le nord donnent du fer, du plomb et autres métaux communs. Et les noms de ces localités sont eux-mêmes caractéristiques : ici, c'est la Ferrière, la Martinette, Taillefer, là, c'est l'Auris, l'Argentière, etc. Ces différentes exploitations de mines sont anciennes et remontent selon quelques-uns au temps où les Romains étaient maîtres des Gaules ; selon d'autres, elles ne dateraient que de l'époque où les Sarrasins habitaient ces vallées. Tous ont peut-être raison : les Sarrasins ont pu se borner à reprendre et à continuer les travaux des Romains, travaux qui devaient avoir été interrompus depuis l'abandon de ces contrées par les premiers conquérants.

Au-delà du Pinsot, le chemin traverse les hameaux de Grand-Pré et de la Vacherie, ainsi qu'une foule de ruisseaux plus ou moins considérables, et continue sur la rive droite de Bréda qui, depuis Allevard jusqu'à ce point, est encaissé dans une fissure profonde ; mais dans sa partie supérieure, il coule sur un sol moins tourmenté. La gorge s'est élargie peu à peu et a pris le nom de vallée *de la Ferrière*. Elle offre partout un terrain aride et un aspect de tristesse particulier à toutes les vallées supérieures ouvertes, comme celle-ci, à l'action des vents du nord.

A mesure que l'on s'éloigne d'Allevard, les arbres à fruit disparaissent graduellement ; quelques cerisiers, des poiriers et des sorbiers à peu près sauvages résistent encore aux rigueurs du climat, mais leurs fruits n'arrivent jamais à maturité. Les pâturages de la montagne, quelques champs cultivés, composent toute la richesse agricole de cette vallée. Malgré la parcimonie avec laquelle les traite la nature, les habitants sont loin d'être misérables, grâce à l'usine de Pinsot.

Autrefois, la Ferrière et la Martinette possédaient des hauts-fourneaux, mais depuis longtemps ils ont cessé de fonctionner. Ils ont dû avoir une grande importance, à en juger par les mâchefers, scories et autres débris vitrifiés que l'on trouve en abondance le long du chemin.

A peine arrivés au village de la Ferrière, à une lieue au-dessus de Pinsot, nous cherchons la maison de Coquand-le-Frisé, le guide recommandé par M. Meyran. Coquand-le-Frisé était à la montagne et absent pour deux ou trois jours.

Désappointés par ce contre-temps, nous entrons dans l'unique auberge de l'endroit pour nous enquérir d'un autre guide et prendre notre repas. Un jeune homme d'assez bonne mine nous servit. A son langage nous reconnûmes bien vite qu'il n'avait pas constamment demeuré dans ces montagnes; en effet, Gonin, — c'était son nom, — faisait partie, en qualité de musicien, d'un régiment en garnison à Lyon ; il était momentanément en congé à la Ferrière, chez son père, propriétaire de l'auberge. Il voulut bien remplacer Coquand-le-Frisé, mais sans nous dissimuler les difficultés et même les dangers que nous allions rencontrer dans notre excursion. La saison n'était pas assez avancée pour une pareille entreprise ; les neiges et les glaces couvraient encore la plus grande partie des Sept-Laux.

Ces objections ne nous rebutèrent point ; nous étions venus de trop loin pour reculer ; nous étions décidés à tenter l'ascension et à la pousser aussi loin que la prudence et les frimas nous permettraient de le faire.

D'après le conseil de M. Meyran, nous voulions

gagner le chalet du Gleyzin, l'*abert* (1), qui se trouve à mi-hauteur de la montagne. Gonin nous fit observer que la journée tirant sur sa fin, on risquait fort de ne pouvoir arriver avant la nuit au chalet, où d'ailleurs on ne trouverait pas même de la paille pour reposer. Il nous conseilla donc d'aller coucher au hameau de la Martinette, plus rapproché d'une demi-lieue de la montagne. Nous nous rangeâmes à cet avis.

(1) L'*abert* est le nom générique donné aux chalets dans cette partie des montagnes du Dauphiné.

XI

Une cascade qui a deux noms. — Nos voisins cornus. — Les Sept-Laux.

Notre guide, muni d'un carnier contenant des provisions de bouche pour le lendemain, et nous, déchargés de nos sacs pour être plus dispos, nous retraversons le Bréda à la hauteur des *aberts* de l'Arpette ou de l'Alpette, et nous entrons dans une maison de paysan à la Martinette.

Le chef de cette famille, vieux brave homme, que Gonin surnommait le père *la Patrie*, nous offrit tout ce qu'il pouvait offrir, c'est-à-dire du lait pour nous désaltérer et de la paille pour nous coucher. Sa maison se trouve un peu en dehors de la Martinette, qui est bien le hameau le plus triste et le plus élevé de ce pays, et dans un lieu appelé le *Cul-de-France*, dénomination caractéristique singulièrement traduite et mitigée par la pruderie de certaines gens en celle de *Fond-de-France*.... Les habitants, les actes publics, les employés du cadastre, les cartes géographiques, ne reconnaissent que le premier de ces noms ; et j'ai lieu de soupçonner que le second s'emploie par euphémisme, afin de ne pas effaroucher les oreilles des.... précieuses, qui dans la belle saison viennent visiter le pays.

Afin de donner satisfaction à ce scrupule, je ferai en sorte d'arrêter ma plume assez à temps pour qu'elle ne trace plus le mot malencontreux qui pourrait blesser les yeux de mes lectrices.

A l'extrémité du hameau, et au fond de la vallée que termine brusquement la montagne des Sept-Laux, se trouve la cascade du... Fond-de-France, la plus belle de cette partie des Alpes. D'une hauteur prodigieuse, le Bréda se précipite tout entier ; telle est sa violence qu'il décrit dans sa chute un demi-cercle qui permet au voyageur de passer entre les rochers et la nappe liquide. Le soleil couchant se jouait dans ces eaux bondissantes et éclairait une nature d'un très-grand caractère.

Le jour qui allait disparaître nous força de retourner du côté de la maison devant laquelle nous nous assîmes un instant pour jouir de la fraîcheur du soir. Nous fumions nonchalamment nos pipes, en attendant le moment de nous jeter sur la paille, lorsque deux douaniers s'approchent et causent avec nos hôtes. Ils nous avaient aperçus vers la cascade, et en bons limiers ils venaient rôder autour de nous.

Leur poste se trouvait à une lieue de là, à la cime de la Combe de Madame, au col de la Croix qui mène à Saint-Jean-de-Maurienne, en Savoie, dont nous étions séparés par les Grands-Glaciers, que l'on suit constamment depuis le village de Pinsot. Ce sentier étant l'unique passage pour aller de France en Savoie, est l'objet d'une active surveillance pendant six mois seulement, car dans les six mois d'hiver il est complètement obstrué par les neiges.

En 1815, nous dit-on, il fut le théâtre d'un combat acharné entre les habitants de la Ferrière et une brigade austro-sarde désignée pour envahir cette partie de la vallée. La victoire resta à nos braves Dauphinois, qui par leur courage surent affranchir leur canton de la présence de l'ennemi. — Il eût été heureux que sur les autres points de la France les populations eussent montré le même patriotisme!

L'horloge à coucou de la maison sonna neuf heures; il fallait songer au repos, car le lendemain nous devions nous lever avant l'aurore, et la journée devait être des plus rudes.

Précédés de Gonin, et à l'aide d'une échelle, nous montons dans notre chambre à coucher. C'était une grange remplie de foin et de paille, occupant le dessus d'une vaste écurie. La prévoyance de nos hôtes y avait mis quatre draps de grosse toile dans lesquels chacun s'enveloppa tout habillé. Aucun de nous, excepté le guide, ne put fermer l'œil; le beuglement et la rumination de nos voisins cornus durèrent toute la nuit, qui nous parut très-longue.

A trois heures du matin environ, nous nous levons à tâtons, et notre toilette est bientôt faite. Quoiqu'on n'y voie goutte, nous partons incontinent.

Nous traversons un petit pont rustique jeté sur le ruisseau qui débouche d'une gorge stérile, appelée en patois du pays *Vau-Gela* (Val-Gelé) ; puis, par un sentier serpentant dans une belle forêt de sapins, dont nous aspirons avec la brise matinale les bienfaisantes émanations résineuses, nous gravissons les parties inférieures de la montagne du Gleyzin. L'obscurité diminuait de minute en minute, et le jour commença de poindre à notre arrivée au chalet ; nous avions marché une heure environ.

A la suite de la forêt et sur un méplat du terrain couvert de prairies, ce bâtiment se trouve là, comme pour engager le voyageur à prendre un instant de repos avant de continuer son ascension. Il est assez semblable aux Bergeries du Grand-Som : murailles en pierre, épaisses, solides ; toiture basse, ramassée et n'offrant aucune prise aux vents. Les pâtres s'y établissent pendant la saison des pacages. Aucun d'eux n'y était encore monté, la neige n'étant pas entièrement fondue.

Nous entrons dans ce chalet ouvert à tout venant, et nous y trouvons pour tout mobilier une façon de lit de camp formé d'herbe et de feuilles sèches, une marmite de fonte et quelques vases de terre. Là, comme à la Grande-Chartreuse, les touristes n'ont pu résister à la gloriole d'inscrire leurs noms. La poutre qui soutient la toiture était surchargée d'inscriptions ; et en compulsant les dates, nous vîmes que personne n'y était encore venu de cette année. On était cependant au 8 juin.

Bien qu'arrivés à une altitude considérable, nous n'avions pas atteint la moitié de notre but. Un peu au-delà du chalet et à la suite du méplat, le terrain reprend sa raideur, la forêt recommence et devient de plus en plus sauvage : c'est l'image frappante des immenses solitudes de l'Amérique du Nord. Les loups, les renards, les chamois, quelques ours, fréquentent ces parages, au milieu d'un fouillis d'arbres déracinés par la tempête ou brisés par la foudre, et au travers desquels les avalanches et les chutes de rochers font de larges trouées.

A l'extrémité de cette forêt, là où la grande végétation cesse de se montrer, je vis pour la première fois, en très-grande quantité, le rhododendron à l'état sauvage. Ses jolies fleurs carminées, ses feuilles lisses et brillantes comme celle du laurier-rose, avec lequel il a un grand air de famille, offrent un aspect des plus gracieux au sein de cette nature sévère. Toute la montagne est couverte de ces arbrisseaux; on se croirait transporté au milieu d'un parterre entièrement consacré à la culture du rosier. Là aussi nous rencontrâmes la neige, et la marche commença à devenir dangereuse, tout sentier ayant disparu sous ce manteau glacé.

Nous longions une suite de crêtes noirâtres, appelées *crêtes des Eustaches*, au bas desquelles le Bréda roule ses eaux fougueuses qui à peu de distance de là vont se précipiter dans la vallée par la cascade du... Fond-de-France. Le soleil était voilé; Gonin marchait le premier et sondait la neige avec son bâton, mes camarades et moi nous avancions lentement en emboîtant les trous que ses pieds avaient formés. Tantôt enfonçant jusqu'aux genoux et trébuchant, tantôt arrêtés par des ravins et par des blocs, nous parvenons enfin après un exercice gymnastique des plus fatigants à l'endroit où finit la raideur de la montagne, et où commence un plan horizontal hérissé d'infranchissables difficultés. Ici, Gonin déclare l'impossibilité de pousser plus avant.

Il était environ huit heures du matin, et depuis l'*Abert* nous avions mis trois fois plus de temps qu'il n'en faut d'ordinaire dans la belle saison, alors que la neige a disparu.

L'air apéritif de la montagne et cette course matinale nous avaient singulièrement aiguisé l'appétit. C'est avec une joie des plus prosaïques que nous nous asseyons sur le roc, où Gonin étale nos provisions qui disparaissent comme par enchantement. On comprendra sans peine combien fut terrible l'assaut que nous leur livrâmes, faisant peu attention si le pain était dur et le jambon coriace.

Nous allumâmes notre pipe, cette bonne compagne du voyageur, et nous jetâmes les yeux autour de nous.

Le lieu où nous venions de prendre notre repas est à deux mille deux cents mètres environ au-dessus du niveau de la mer. C'est l'entrée d'un col étroit et déprimé, d'une lieue de longueur, formé par la séparation de deux pics qui s'élèvent de chaque côté. L'un se nomme la *roche de Pindé*, l'autre est la *roche de Mucillon* ; tous deux dominent le pays et sont là comme deux sentinelles perdues entre la France et la Savoie.

Alimentés par des glaciers et par des sources intarissables, des lacs au nombre de onze occupent les bas-fonds du col ; on en distingue sept principaux : de là le nom de *Sept-Laux* donné à la montagne, que l'on connaît aussi sous le nom de *Montagne-Abîmée*. Ils sont tous de grandeur différente et tirent leur dénomination, soit de leur configuration, soit de quelques traits particuliers : lac Noir, lac Carré, lac Mort, lac de la Motte, lac du Cotapen, lac du Cos, lac du Jéplan, lac Guizo, lac Chaplou, lac de la Sagne, lac du Fond.

Outre ces onze lacs, dont le moins grand a plus de cent mètres de largeur, il en existe d'autres petits n'ayant pas de noms particuliers, mais connus des montagnards sous le nom général de *Gabioux*.

Leur eau est fortement saturée de principes amers, ce qui n'empêche point de nombreuses familles de poissons d'y vivre et d'y multiplier. Les truites que l'on y pêche sont très-recherchées et figurent avec avantage sur la table des plus riches maisons de Grenoble et sur celle des plus fins gourmets. Au moyen de canaux formant cascades, ces lacs se dégorgent les uns dans les autres; sept d'entre eux donnent naissance au Bréda qui se dirige vers le nord; séparés de ceux-là par une éminence, point de partage des eaux, cinq autres lacs sont les sources de l'Alle, torrent qui se précipite par le versant méridional pour aller grossir la Romanche.

Pendant les mois de juillet et d'août seulement, les touristes peuvent visiter cette région des lacs; mais peu s'aventurent à descendre le dernier versant, en raison des dangers qui se présentent à chaque pas, surtout dans le sombre passage appelé la *Cheminée-du-Diable* : ils s'arrêtent d'ordinaire au-dessus du Rivier-d'Allemont d'où l'on découvre dans son entier le bassin de l'Oisans.

Un chalet, grossièrement construit en pierres sèches et abrité par des blocs énormes, offre un pied-à-terre aux pêcheurs, chasseurs et voyageurs, qui, en fait de provisions, y trouvent tout... ce qu'ils ont apporté avec eux. Il appartient à un nommé Chavot, de la Ferrière, qui y réside pendant ces deux mois.

A côté du chalet, une petite cabane sert de poste d'observation à des douaniers français, placés là pour observer je ne sais trop quoi. — Il me semble que les contrebandiers ne doivent pas leur donner beaucoup de besogne....

J'ignore quelle est la physionomie de ce pays durant les chaleurs de l'été ; à toute autre époque c'est le tableau de la désolation la plus complète : l'œil plonge avec effroi sur un ensemble de pics décharnés, noircis, sillonnés par la foudre, de crevasses, de gouffres et d'abîmes profonds recouverts d'un perfide linceul de neige. La mort nous semblait avoir étendu sa main sur toute cette nature, et le soleil lui-même, comme pour nous dérober ce tableau, allait disparaître enveloppé de nuages et de brouillards épais.

Une des curiosités naturelles particulières à cette région sont des glaciers qui forment pendant l'hiver une des parois du lac Noir.

Afin de les examiner de plus près, nous traversons un canal rapide, mais peu profond, qui sert de déversoir aux eaux du lac Carré dans le lac Noir par une cascade de cinquante à soixante pieds. Le lac était gelé, excepté dans un cercle assez restreint sans cesse agité par cette chute. Les glaciers s'élevant du niveau du lac jusqu'à nous, ressemblaient assez à des tuyaux d'orgue et à d'élégantes colonnettes; et, selon sa forme et les jeux de la lumière, la glace possédant les propriétés du prisme étincelait de mille couleurs ; mais la couleur bleue dominait et offrait au regard toutes les nuances, depuis le bleu d'azur jusqu'au bleu le plus foncé.

Pendant que nous admirions ce phénomène, l'orage se préparait, et Gonin craignant qu'il ne nous prît sur ces hauteurs désertes, nous engagea à descendre au plus vite.

En effet, l'orage sévissait avec fureur au-dessous de nous, dans la région comprise entre l'*Abert* et les lacs. Tout-à-coup un bruit qui augmenta graduellement, et qui se termina par un éclat terrible, vint ébranler la montagne et jeter l'effroi dans nos âmes.

D'un signe Gonin nous fait arrêter ; son oreille exercée a reconnu la chute d'une avalanche, — d'une *lavanche*, comme on dit dans le pays. — L'orage pouvait monter jusqu'à nous, sur ce sommet dénudé, et c'était fait de nous.... Il était urgent de gagner le pied d'un rocher pour nous y abriter.... Gonin nous montre le chemin ; il se laisse glisser sur une pente rapide qui finit au bord d'un précipice ; il disparaît dans un nuage de poussière de neige que ses pieds soulèvent et font voler autour de lui. Une minute après, il nous crie de le suivre. Lucien le premier, puis Bine et mon frère lui obéissent. Je reste le dernier ;

j'entends le signal. Le corps plié en deux, les talons en avant, les mains appuyées sur mon bâton ferré, je m'abandonne à mon tour sur cette déclivité au bout de laquelle on peut trouver la mort. Mon bâton casse au milieu de la glissade, et privé de mon point d'appui, je roule sans me faire aucun mal jusqu'au bas, où Gonin, les bras étendus, me retient.... Nous avons bientôt gagné le rocher dont la structure nous offre un refuge assuré contre l'orage qui s'approche. Le sang-froid de notre guide nous avait sauvés !..

La tempête monte, va ravager les hauteurs que nous venons de quitter et porter ses fureurs dans d'autres régions de la montagne. De grosses nuées d'une teinte sinistre passent devant nous en rasant le sol, et telle est leur densité que les objets les plus rapprochés disparaissent à nos yeux.

Après un temps qui nous sembla bien long, les nuages commencèrent à se dissiper. Nous pûmes alors reprendre notre route, mais nous fûmes arrêtés par un ravin qui n'existait pas deux heures auparavant. C'était le passage de l'avalanche...

Au moment du dégel, ces éboulements sont fréquents dans ces parages, et souvent un rien les détermine. Ebranlée par le vent, une petite pierre s'était sans doute détachée du sommet des rochers; elle avait entraîné la neige et formé une boule qui avait grossi incessamment et acquis une vitesse d'autant plus grande que son volume était devenu plus considérable. Cette masse s'était engloutie dans le Bréda, en l'encombrant de mille débris et en faisant résonner les échos de ces vastes solitudes du bruit épouvantable qui nous avait glacés d'effroi. — Je suis encore tout ému en songeant que nous avons failli nous trouver sur son passage...

Nous traversons, non sans danger, le ravin que ce fléau avait creusé; la neige et la terre étaient profondément labourées, et le roc mis à nu ; des blocs avaient été apportés là où il n'y en avait pas trace le matin : tout était horriblement bouleversé.

Nous quittons enfin cette affreuse région où nous avions éprouvé tant de déceptions ; nos yeux se reposent sur les rhododendrons fleuris, nos pieds foulent la prairie à l'herbe douce et constellée de fleurs, et nous arrivons au chalet, véritable terre promise, après avoir parcouru en deux heures tous les climats de l'Europe, depuis les neiges de la Laponie jusqu'au soleil de l'Italie...

Du bois mort est rassemblé ; le feu est allumé et a bientôt séché nos vêtements tout mouillés par les brouillards et la neige. Ce bon feu répara tout. De plus, un punch fait avec le contenu de nos gourdes brûlait dans un des vases du chalet; bien que le sucre y fît totalement défaut, il fut trouvé délicieux et il acheva de nous remettre en belle humeur.

Vers deux heures de l'après-midi, nous rentrons à la Ferrière. Nous y dînons; puis, nous reprenons la direction d'Allevard.

Au-delà de Pinsot, le chemin desservant l'usine suit exactement toutes les sinuosités de la vallée et passe sur le pont de la Pelouse qui rejoint les deux rives du Veyton. Ce torrent mugit au fond d'une gorge étroite et solitaire et vient se jeter à angle droit dans le Bréda. En le remontant pendant l'espace d'une lieue, on rencontre les trois belles cascades du *Pas-du-Bœuf*, puis on arrive à l'extrémité de la gorge, devant un pont d'un aspect très-curieux appelé *Pont-Haut*, en patois *Pontaut*.

Cette construction qui, dans quelques parties, ressemble au passage du Grand-Frou, est tout en bois de sapin grossièrement équarri; elle est peut-être unique au monde : non-seulement elle traverse le torrent, mais fixée comme une échelle contre le rocher, elle donne accès dans un pays perdu, qui, sans ce moyen de communication, serait inaccessible, à moins de prendre le chemin des aigles et des vautours...

C'est la vallée de la Chevrette, appelée aussi vallée de l'*Haut-du-Pont*.

Elle nourrit une petite population de bergers, dont la seule industrie consiste à savoir convertir en fromage le lait de leur bétail.

De retour au pont de la Pelouse, nous descendons la route de Panissière, tracée en nombreux lacets sur le revers d'une côte couverte de châtaigniers, et nous rentrons à l'hôtel Custillon un peu avant la nuit.

Le soir, nous étant rendus au café Meyran, nous y organisâmes pour le lendemain une petite excursion aux ruines de la Chartreuse de Saint-Hugon. Comme ces ruines se trouvent sur le territoire savoyard et que nous étions sans passeports, M. Meyran, homme de ressource, se chargea de nous faire passer la frontière sans aucune difficulté.

XII

La Chartreuse de Saint-Hugon. — Le Pont-du-Diable et le Grand-Charnier. — Agréable rencontre. — Retour.

La vallée d'Allevard, à travers laquelle serpente le Bréda, qui a ralenti son cours depuis sa sortie de la gorge du Bout-du-Monde, incline doucement vers la Savoie ; elle est fertile en blés, mais sa hauteur est un obstacle naturel à la culture de la vigne. Quelques ceps cependant paraissent dans les endroits privilégiés. Plusieurs constructions du Moyen-Age s'élèvent encore sur les côteaux et montrent avec tristesse leurs tours démantelées et leurs murailles édentées ; elles donnent à ce pays comme un reflet de l'aspect guerrier que sa proximité de la frontière justifiait dans les derniers siècles. Le donjon du Treuil est la plus remarquable de ces constructions féodales, qui toutes ont une légende dramatique ou merveilleuse à raconter au voyageur.

A la suite des orages qui avaient fondu sur la vallée quelques jours auparavant, le chemin, près du hameau des Buissons, était raviné en maints endroits; malgré les terres, les cailloux et les troncs d'arbres qui l'encombraient encore à notre passage, deux petites heures nous suffirent pour atteindre le torrent du Bens, limite des deux nations. Nous le passons sans être astreints à remplir aucune des formalités d'usage en pareil cas, grâce à M. Meyran, qui était bien avec tout le monde et au mieux avec le chef de la douane du village de la Chapelle-de-Bard.

Le torrent de Bens prend sa source dans les glaciers qui recouvrent les sommets de la montagne du Grand-Charnier; après un parcours de peu d'étendue, il va affluer dans le Bréda, à une courte distance de la Chapelle.

Nous remontons la rive droite du Bens, et entrons dans la gorge boisée au fond de laquelle il bouillonne. Les bâtiments mutilés de la Chartreuse de Saint-Hugon ne tardent pas à paraître à travers le feuillage d'arbres de toute nature.

Moins favorisée que la Grande-Chartreuse, la maison-mère, et en raison de la facilité de ses abords et de sa proximité de centres populeux, la Chartreuse de Saint-Hugon, fondée en 1171, par Hugues d'Arvillard, noble seigneur du voisinage, fut achetée à l'Etat par les démolisseurs de la bande noire, qui enlevèrent le plomb, le fer, le bois et les matériaux susceptibles d'être revendus avec bénéfice. Néanmoins, il faut dire aussi que, bien avant la réunion de la Savoie à la France, et par conséquent avant cet achat, les meubles, les tableaux, les livres d'une riche bibliothèque, avaient été pillés par les paysans des environs, Français et Savoyards. Sa position sur un territoire étranger aurait dû la garantir de la rapacité de nos compatriotes ! Des mains de la bande noire, ces bâtiments passèrent aux mains d'un particulier, aussi bien que les forges et les hauts-fourneaux situés à une demi-lieue plus loin, et qui faisaient partie des anciens domaines des Chartreux.

Ces ruines sont imposantes, mais dans un état de délabrement complet. De vastes jardins s'étendaient aux alentours, et la culture y était plus belle et plus variée que dans ceux de la Grande-Chartreuse où les hivers sont plus rigoureux. Il s'y trouve encore une épaisse avenue de charmilles, à l'extrémité de laquelle existe un pavillon d'où l'on jouit de la vue d'un tableau que le peintre peut reproduire sans y apporter aucun changement, tant la nature s'est plu à le rendre parfait. — Comme premiers plans énergiquement dessinés, ce sont les deux côtés de la gorge, alternés de rochers sauvages et de forêts à la sombre verdure, dont les éclaircies laissent paraître les eaux tumultueuses du torrent; pour les autres plans, c'est une perspective enchanteresse, fuyant graduellement jusqu'aux dernières limites de l'horizon, où s'éteint alors le profil des monts sourcilleux de la Grande-Chartreuse.

Les religieux étaient en vérité de grands artistes; ils savaient admirablement choisir l'emplacement de leurs monastères. Ils comprenaient qu'en face des beautés de la nature, l'esprit, même le plus sceptique, devient meilleur, et finit par rendre hommage à la puissance et à la majesté du Créateur.

Jusqu'à l'année 1840, ces ruines n'avaient eu d'autres habitants qu'un fermier et sa famille. Depuis lors, un industriel est venu y fonder, devinez quoi?.. un établissement de bains de petit-lait!... Une aile du couvent est affectée au logement des baigneurs; l'église sert d'écurie et de remise, et les cellules de cabinets de bain.

Quelle métamorphose!.. De nos jours, une femme mondaine, jolie, attrayante, venant se plonger dans un bain parfumé, afin de conserver à ses appas la fraîcheur et l'éclat de la jeunesse; une femme étalant indiscrètement des trésors de beauté au lieu même où jadis le Chartreux solitaire, prosterné aux pieds de l'image du Sauveur des hommes, méditait devant une tête de mort sur la fragilité et le néant des choses de ce monde!...

Ah! si les ombres de ces bons pères errent encore à travers ces ruines, elles doivent croire que, pour elles, Satan veut renouveler toutes les ruses déployées autrefois vainement pour tenter le bienheureux saint Antoine.

Un semblable établissement, on le comprend, ne peut exister que dans un pays riche en pâturages. En effet, ces montagnes sont couvertes de troupeaux, et les bergers apportent tous les jours des quantités considérables de lait pour la préparation des bains.

Au-dessous de la Chartreuse, un pont, que les artistes ne doivent pas négliger comme étude de détail, relie la Savoie à la France. On y descend par un chemin serpentant dans les bois qui finissent au bord du précipice. Il est en bon état, fort beau de lignes, d'une coupe aussi hardie qu'élégante, et son arche de soixante pieds d'ouverture voit passer, à une profondeur de cent pieds, les eaux tourmentées du Bens se brisant contre les quartiers de roche accumulés dans leur lit.

Comme la plupart des ouvrages hardis de cette partie des Alpes, il s'appelle le *Pont-du-Diable*. Je ne rapporterai pas la légende que les montagnards de la contrée, amoureux du merveilleux, rattachent à son établissement : elle ressemble trop à celle du fameux ouvrage du même nom, existant sur la Reuss, au Saint-Gothard. Après tout, le pont de Saint-Hugon mérite moins son épithète effrayante que l'ancien Pont-du-Diable de la vallée de Vénosc, dont l'aspect général est beaucoup plus sauvage.

Les Chartreux le bâtirent à la fin du XVIIe siècle pour établir une communication plus facile avec les domaines qu'ils possédaient sur la rive française, et qui se composaient entre autres de belles forêts appartenant aujourd'hui à l'Etat. Leurs armoiries sont gravées sur le socle d'une croix de pierre placée sur l'un des parapets ; elles sont encore visibles malgré la mutilation que leur ont fait subir les démolisseurs de 1793.

Avant la construction du pont, on se servait d'un autre très-ancien et beaucoup moins commode, situé à deux ou trois portées de fusil au-dessus du nouveau ; il n'en reste aujourd'hui que des ruines. En 1815, le général Chabert le fit sauter sous les yeux de l'ennemi, qui menaçait le département de l'Isère. Quant au nouveau Pont-du-Diable, dont la défense demandait moins de forces, il fut seul conservé. Deux postes de douaniers français et savoyards occupaient ses débouchés.

Après avoir visité ces deux monuments, nous continuons notre course et nous arrivons bientôt aux forges de Saint-Hugon, exploitées jadis par les Chartreux eux-mêmes.

Située dans une espèce d'entonnoir, sur le bord du torrent, cette usine est considérable. Sans présenter la même activité que celle de Pinsot, elle occupe néanmoins un certain nombre d'ouvriers. Nous causâmes avec quelques-uns d'entre eux; puis un contre-maître nous fit visiter l'établissement, tout en nous donnant des détails sur les habitudes des charbonniers et des mineurs employés dans l'usine, soit pour l'extraction, soit pour le transport du minerai recélé dans les flancs du Grand-Charnier.

La tradition, d'accord cette fois avec l'histoire, a donné le nom de *Grand-Charnier* à cette montagne en souvenir du massacre des Sarrasins qui s'y étaient réfugiés pour échapper à la vengeance des chrétiens conduits par le zèle religieux d'Isnard, évêque de Grenoble.

Cet évêque belliqueux, impatient de rentrer en

possession de son siége épiscopal, dont il s'était éloigné devant l'invasion des Sarrasins, accourut du monastère de Saint-Donat, où il avait trouvé un refuge ; il prêcha une croisade contre les sectateurs du Croissant, surexcita la foi des populations chrétiennes, convoqua la noblesse du pays et lui promit les dépouilles des vaincus. Se faisant précéder de saintes reliques, il délivra la ville de Grenoble, chassa les Infidèles de la plaine du Graisivaudan, s'empara de la forteresse de Morêtel qui défendait de ce côté l'unique entrée du bassin d'Allevard, et les refoula dans les montagnes. Il les pourchassa de vallée en vallée et finit par les acculer dans la gorge du Bens, où il fit un épouvantable massacre de tous ceux qui ne voulurent pas embrasser la foi chrétienne. Le torrent roula des flots de sang, et le sol resta couvert de cadavres. — Ce carnage a laissé à ce lieu une empreinte sanglante dans le nom significatif de *Grand-Charnier*...

Les malheureux qui avaient réussi à échapper à cette boucherie s'étaient réfugiés sur des hauteurs réputées inaccessibles, d'où ils bravèrent les excommunications de l'évêque et les armes des chrétiens. Plus tard, lorsque cette ardeur de prosélytisme fut refroidie, ils descendirent dans les vallées et se mêlèrent à ceux de leurs compatriotes qui avaient accepté le baptême, ainsi qu'au reste de la population. On reconnaît encore chez les habitants de certains cantons le sang et les traits arabes qui depuis des siècles se sont conservés dans toute leur pureté.

Cet épisode important de notre histoire locale se passa sous le règne de Conrad-le-Pacifique, roi de la Bourgogne cisjurane, en l'année 972, époque depuis laquelle les Sarrasins n'ont plus joué aucun rôle politique ou militaire dans le Dauphiné.

Mais revenons à notre récit.

Le temps qui s'était mis à la pluie nous empêcha de pousser notre exploration jusqu'au col de la Frêche, aux sources du Bens et aux glaciers du Grand-Charnier. Mettant alors à profit une éclaircie du ciel pour regagner le gîte le plus promptement possible, nous traversons un petit pont de bois destiné au service de l'usine; nous côtoyons les belles forêts qui bordent la rive française, et, débouchant dans la vallée au village de Montgaren, nous rentrons à Allevard vers la fin de la journée.

Le jour suivant, nous entreprîmes l'ascension de Brâme-Farine, montagne qui se trouve sur la gauche de la ville et qui sépare la vallée de l'Isère du bassin d'Allevard. Le trajet est plus ennuyeux que pénible;

on monte pendant deux heures par un chemin creux jusqu'à l'endroit appelé le *Jardin anglais*, où se trouve la Maison-Blanche dans laquelle les touristes ont l'habitude de s'arrêter pour se rafraîchir ; puis durant une autre heure, on monte encore au milieu de bois taillis tout-à-fait insignifiants. Comme pour compléter nos petites misères, la brume nous déroba le point de vue étendu que l'on découvre du sommet lorsque le temps est clair. Néanmoins notre peine ne fut pas complétement perdue, car le hasard nous avait ménagé une rencontre agréable, comme pour nous indemniser de notre ascension stérile.

Un jeune homme était depuis quelques jours établi sur ce sommet, dans une cabane solitaire. Il y avait transporté différents instruments de physique qui lui servaient à faire des expériences hygrométriques. — Des observations semblables avaient lieu en même temps, sur divers points de la France, par ordre du Ministre de l'instruction publique. Le professeur de physique au collége de Grenoble avait été désigné pour cette étude dans le département de l'Isère.

Savant sans prétention, mettant la science à la portée de chacun, M. M***, qui depuis lors occupe avec distinction la chaire de physique et de chimie dans l'un de nos premiers colléges, avait le bon goût de ne pas employer dans la convérsation ces mots techniques qui, pour les oreilles du profane, semblent de la plus complète barbarie ou sentent le pédantisme d'une lieue. Aussi, ses entretiens étaient pleins d'intérêt et de charme, et tout le monde prenait plaisir à l'écouter.

Il avait terminé ses expériences et se disposait à quitter son observatoire lors de notre arrivée. Il mit la plus exquise complaisance à nous expliquer l'emploi de ses divers instruments, ainsi que la nature de sa mission. Après plusieurs démonstrations fort intéressantes, même pour nous, étrangers à la science, nous reprîmes tous ensemble le chemin d'Allevard.

La descente se fit en *ramasse*, mode de locomotion détestable dont je jurai de ne plus faire usage. La ramasse est un traîneau grossièrement fabriqué, auquel est attelé un malheureux paysan qui le conduit avec la rapidité de la flèche jusqu'au bas de la montagne.

Notre professeur était pensionnaire de l'hôtel Custillon, et un petit marmiton était chargé de lui porter chaque matin ses provisions de la journée. Celui-ci, collègue de notre ami Pâté, enfant naïf et nouveau-venu de sa vallée, était aussi intrigué de la présence du professeur sur ce sommet que de la forme étrange de ses instruments : il le prenait pour un sorcier ou tout au moins pour un fou…. Rien au monde ne l'aurait fait demeurer seul avec lui ; aussi, le panier aux provisions déposé dans la cabane, il s'éloignait rapidement et avait bientôt regagné Allevard, sans même oser regarder derrière lui. Le plus souvent, il se faisait accompagner par un autre gamin de son âge, pensant sans doute qu'à eux deux ils pouvaient braver le diable….

Pour nous, de retour à l'hôtel, nous trouvâmes quatre ou cinq professeurs du collége de Grenoble et autant de leurs élèves, venus en partie de promenade rejoindre M. M*** pour rentrer avec lui à Grenoble. Celui-ci eut l'obligeance de nous proposer d'être des leurs, ce que nous acceptâmes avec plaisir.

Pour faire connaissance avec si nombreuse compagnie, nous dînâmes ensemble. Grâce à ces messieurs et à ces jeunes gens, le repas fut très-gai et la journée charmante.

Une brumeuse matinée nous vit remettre en route, *pedibus cum jambis*… disaient en riant nos jeunes lycéens ; ce fut une des plus agréables parties de notre voyage. Chacun choisissait le compagnon pour lequel il éprouvait le plus de sympathie ; la conversation instructive de M. M*** me captivait, et je regrettai que la route fût si courte. Pendant ce trajet et dans cette société, je me sentais rajeuni, et, contagion agréable, j'étais devenu aussi gai que le plus fou d'entre eux.

Vers midi, station à Goncelin où l'on dîna; passage de l'Isère au même lieu que la première fois; à la Terrasse, où nous devions prendre le mauvais omnibus qui fait le service de Chapareillan à Grenoble, métamorphose subite de notre ami Lucien, que j'avais peine à reconnaître.

— Pourquoi donc, lui dis-je, cette cravate qui vous cache la moitié du visage?... Pourquoi aussi ce chapeau rabattu sur les yeux?.. et ce collet relevé?..

— Je crains un coup de soleil!.. répond-il d'une voix caverneuse...

— Ah! j'y suis... le soleil d'Albion!.. les *Anglais*...

Il inclina la tête en signe d'assentiment, mais garda son poste à l'ombre des plus grands élèves. Il ne soufflait mot; il cherchait à s'annihiler le plus possible : personne n'est plus ingénieux que celui qui veut éviter un.... coup de soleil.

Le roulement de l'omnibus vint à propos le tirer de ses perplexités : une heure de plus, et le malheureux allait étouffer. A mesure que l'on s'éloigne de la Terrasse, — où le soleil est si ardent, — un collet se renverse, une cravate se rabaisse et un chapeau se relève : Lucien est redevenu lui-même, il a repris sa gaîté naturelle... L'*Anglais* n'avait rien vu...

Nous revînmes dans la capitale du Dauphiné par Lumbin, Crolles, Bernin, Saint-Hismier, Montbonnot, la Tronche, jolis et riches villages bordant la grande route jusqu'à l'entrée du faubourg Saint-Laurent.

MM. les professeurs et les élèves insistèrent pour nous emmener dans leurs chambres, au collége, où il fallut rester jusqu'à dix heures du soir à causer et à rire comme de vieilles et bonnes connaissances...

Le lendemain était le jour fixé pour notre départ. Laissant donc Lucien à sa famille et nos collégiens à leurs classes, Bine, mon frère et moi nous prenons le chemin de fer et rentrons à Lyon, rapportant de charmants souvenirs qui compensaient bien au-delà les fatigues et les contrariétés éprouvées pendant le cours de ce petit voyage...

FIN DE LA DEUXIÈME PARTIE.

TROISIÈME PARTIE.

TROISIÈME PARTIE

INTRODUCTION.

Ce fut moins un voyage qu'une promenade que j'entrepris au milieu de l'année dernière ; si la relation que j'en fais ne me rappelle pas les magnificences de la nature qui m'ont frappé dans le cours de mes précédentes excursions, en revanche elle me laisse sous l'influence d'un charme inexprimable. Elle me fait revoir des lieux qui me sont chers à bien des titres : la petite ville de Crémieu, où je suis né; le village de Trept, où se sont écoulées trois années de mon enfance, et d'autres localités dont le nom se mêle à mes premiers souvenirs...

Montalieu-de-Vercieu était le but de cette promenade, et comme un écolier en vacances, j'allais prendre le chemin le plus long. Après Crémieu, ma première étape, je m'étais proposé de visiter à peu près tout l'arrondissement de la Tour-du-Pin, puis de me rendre à Montalieu, où je devais passer quelques jours, invité par l'aimable curé de ce village, M. Raymond B***, avec qui je suis uni non-seulement par des liens de parenté, mais encore par ceux d'une sincère amitié.

Mon vieil et excellent ami Joseph Bine, et mon frère Octave étaient encore cette fois mes compagnons de voyage.

TROISIÈME PARTIE.

I

Arrivée à Crémieu. — Précis historique et descriptif sur cette ville.

Au lieu de prendre le chemin de fer de Bourgoin jusqu'à la station de Saint-Quentin, puis l'omnibus de Saint-Quentin à Crémieu, nous prenons l'ancien mode de locomotion, c'est-à-dire la voiture ordinaire, préférant rester deux heures de plus en voyage.

La voiture traverse donc le long et insipide faubourg de la Guillotière, et s'engage sur la route de Crémieu.

Au-delà du village de Villeurbanne et de la plaine de Dessine, on met pied à terre pour alléger la voiture et lui permettre de monter avec moins de peine une petite côte, le *Molard*, qui est le commencement de cette suite de collines désignées sous le nom de *Balmes Viennoises* et courant parallèlement au Rhône. L'horizon s'élargit alors, on découvre une contrée plus agréable que la précédente, puis la route redescend et traverse le village de Meyzieu et celui de Pusignan, où l'on change de chevaux.

Pendant cette opération, le voyageur a le temps de jeter un coup-d'œil sur un vieux château délabré couronnant un mamelon boisé

En 1430, quatre jours avant la bataille d'Anthon, le château de Pusignan fut emporté d'assaut par le gouverneur du Dauphiné, Raoul de Gaucourt, malgré la présence du prince d'Orange, campé dans la plaine et s'appuyant sur le château de Colombier et sur la forteresse d'Anthon.

Une lieue plus loin que Pusignan, voici le misérable hameau de Janeyriat, ensuite quelques marécages formés par les eaux de pluie, lesquelles n'ayant pas d'écoulement croupissent dans les bas-fonds. Cet endroit est appelé *les Quatre-Chemins*; il est désert; autrefois, les voyageurs y étaient souvent détroussés.

A la sortie de Charvieux, on aperçoit un fort joli village, aux alentours bien cultivés. Ponchéry (contraction de Pont de la Charruize) est plein de vie, grâce à une petite rivière sur laquelle sont établis grand nombre de moulins à blé, de fabriques de galons et d'étoffes de soie, d'ateliers d'impression sur foulards, d'étirages de fils métalliques, de scieries à bois et à marbre, de papeteries et d'usines de différente nature.

Ce cours d'eau, appelé indistinctement la *Bourbre* ou la *Charruize*, est le canal naturel qui conduit au Rhône toutes les eaux des marais de Morestel, de la Tour-du-Pin, de Bourgoin et de la Verpillière.

La voiture traverse la rivière sur un vieux pont de pierre, dont la possession fut maintes fois disputée pendant les guerres religieuses. Nous roulons dans une plaine au sol graveleux et peu fertile. Encore une lieue, et nous serons à Crémieu!...

A mesure que l'on avance, le pays perd de son aridité et devient plus verdoyant ; des sources et des ruisseaux y entretiennent une agréable fraîcheur, et des bois lui donnent une physionomie des plus riantes. Déjà nous devinons la place que Crémieu occupe au pied de rochers, premiers gradins de la région montagneuse ; nous aspirons avec plaisir le parfum des bruyères et des buis sauvages que le vent, passant sur les collines, apporte jusqu'à nous. Nous avons dépassé le petit hameau de Saint-Romain, qui se reconnaît à sa vieille et noire masure seigneuriale, la ferme de la Levretière, la prairie des Jonchaies et la tour carrée de Montiracle, ancienne commanderie des chevaliers de Malte; nous sommes à la *Vraie-Croix*, où existaient jadis une chapelle et une maladrerie; nous tournons le coude de la route; Crémieu surgit tout-à-coup devant nous!...

Salut, ville du Moyen-Age, vieux château des Dauphins, vieux couvent des Bénédictins!... Salut, donjon qui vous dressez encore avec orgueil!... Murailles en ruines, aux créneaux ébréchés et aux tours festonnées de lierre, salut!...

J'aime Crémieu; j'aime à y penser, à en parler; j'aime ses rues désertes et ses maisons aux toits moussus; j'aime ses vieilles halles et son tilleul planté par Sully; j'aime son église au clocher élancé, ses anciens couvents, ses remparts, ses portes à machicoulis, son château démantelé; j'aime son aspect à la fois guerrier et religieux; j'aime ses environs aux sites tour-à-tour sauvages ou ravissants, ses vallons tranquilles et ses gorges profondes; j'aime son patois si expressif!... Que dirai-je de plus?... j'aime mon berceau et les doux souvenirs de mon enfance...

Il est difficile d'assigner une époque précise à la fondation de la ville de Crémieu; aucun document n'en fait mention. Doit-elle son origine au voisinage d'un camp romain, à une communauté religieuse ou à une forteresse féodale?.. Nos annales sont muettes à cet égard.

C'est en 836 que, sous le nom de *Stramiacum*, *Cremiacum*, elle apparaît pour la première fois dans l'histoire, à l'occasion d'un concile, ou plaid, tenu par l'empereur Louis-le-Débonnaire et son fils Pépin, roi d'Aquitaine. Pendant plusieurs siècles, son nom retombe dans l'oubli ou ne revient qu'à de rares intervalles. Que de lacunes dans son histoire !... Tout ce que l'on peut affirmer, c'est que, vers le milieu du XIe siècle, époque des troubles occasionnés par les luttes sanglantes entre le Sacerdoce et l'empire d'Allemagne, — duquel relevait le deuxième royaume de Bourgogne, — la ville de Crémieu avait pour suzerains les barons de la Tour-du-Pin. Ces barons, à l'exemple des autres seigneurs dauphinois, laïques et ecclésiastiques, avaient profité de ces troubles pour se créer de petites souverainetés et se rendre indépendants de l'Empire, qui, depuis lors, ne conserva sur la province qu'un pouvoir purement nominal.

Ils entourèrent Crémieu de remparts crénelés, le couvrirent d'un donjon formidable et en firent la première place de leur baronnie.

Mais à partir de l'année 1282, année de l'avénement au pouvoir delphinal de Humbert Ier, baron de la Tour-du-Pin et chef de la troisième race des souverains du Dauphiné, Crémieu acquit une grande importance non-seulement comme place de guerre, mais encore comme ville de commerce. Les Dauphins l'enrichirent à l'envi; des couvents y furent fondés; un hôtel des Monnaies y fonctionna (1); des foires et des marchés y appelèrent de tous côtés une nombreuse population de trafiquants; elle devint bientôt le centre du commerce des grains de la contrée; les toiles que l'on y fabriquait s'exportaient jusqu'à Beaucaire et étaient recherchées pour la marine; des juifs, agents indispensables à toute transaction de négoce au Moyen-Age, y furent attirés par les franchises et les priviléges dont cette ville jouissait, et ils y établirent plusieurs maisons de banque.

Malheureusement, depuis la réunion du Dauphiné à la France, Crémieu perdit de jour en jour de son importance : l'atelier des Monnaies fut transféré à

---

(1) C'est de ce temps-là que datent les armoiries de la ville de Crémieu ; leur origine est clairement établie et expliquée par les pièces meublant l'écusson : *d'azur à trois besants d'or, 2, 1, au chef chargé d'un dauphin de sable.*

Grenoble, et par un zèle religieux mal compris, les juifs furent non-seulement chassés mais aussi spoliés ; avec eux le grand commerce disparut. L'industrie, privée de ces hommes actifs et intelligents, perdit ses débouchés et alla toujours en déclinant. La population qui était de 7,000 âmes, suivit ce mouvement de décadence, et décimée plusieurs fois par la peste et la famine, finit par tomber au chiffre minime d'environ 1,700 âmes.

Depuis lors, aucune fabrique, aucune manufacture n'a pu prospérer dans cette ville ; des négociants lyonnais tentèrent à plusieurs reprises d'y implanter l'industrie de la soie et d'y monter des métiers de tisseurs ; ce fut en vain : ces généreux efforts, qui pouvaient y rappeler la vie, échouèrent devant l'apathie des habitants ou l'incurie des magistrats. La jeunesse, cependant, possède le goût des affaires et l'énergie nécessaire pour les mener à bien ; mais elle déserte sa ville natale pour venir à Lyon, où elle peut donner un libre essor à son intelligence.

La relation détaillée des événements historiques dont Crémieu a été le théâtre, fera le sujet d'un autre ouvrage, nous nous bornons ici à donner une notice succincte sur cette petite ville, devenue, par suite de la nouvelle division territoriale, un chef-lieu de canton de l'arrondissement de la Tour-du-Pin, département de l'Isère.

La colline de Saint-Laurent est isolée au centre d'un étroit bassin circonscrit par de légères ondulations du terrain et par une chaîne de petites montagnes abruptes dont les ramifications forment ce massif de quatre lieues de diamètre, connu, dans l'ancienne géographie du Dauphiné, sous le nom d'*Ile de Crémieu*. Placée par la nature à l'entrée de trois défilés qui, de la plaine, s'enfoncent dans le haut pays, cette colline présente un abord escarpé, hormis du côté de l'orient où, en inclinant un peu, elle se rattache aux rochers verticaux de Saint-Hippolyte.

Sur le point culminant, l'antique château baronnial de Saint-Laurent s'élève comme un dominateur, et les maisons qui se sont groupées successivement sur les pentes et dans la partie basse ont formé la ville de Crémieu. Des remparts surmontés d'un chemin de ronde, percés de trois portes principales et renforcés par de grosses tours demi-circulaires, partent du château, enceignent sans interruption la colline et finissent au pied des rochers.

Ces mêmes rochers appartiennent à la chaîne de montagnes, et, comme un promontoire, s'avancent sur la ville. Trois de leurs faces, protégées par des précipices et des ravins profonds, sont inexpugnables; l'art est venu défendre le côté oriental, le seul que la nature n'ait pas fortifié.

Dans le Moyen-Age, Saint-Hippolyte était occupé par des Bénédictins, qui y avaient érigé un prieuré, dépendant de la riche et puissante abbaye de Saint-Chef. Ils l'avaient entouré de solides remparts qui venaient se relier à ceux du château et de la ville, en suivant les sinuosités et les replis du terrain. Le système de ces fortifications était combiné dans le double but de braver les entreprises du seigneur et des habitants de Crémieu, aussi bien que les attaques du dehors. Un étroit et rude sentier ménagé le long des rochers était le seul passage qui permît de monter au couvent ; ce sentier était défendu lui-même à son extrémité supérieure par une grosse tour carrée dans laquelle s'ouvrait une porte massive.

Tels étaient, durant les temps féodaux, les moyens de défense de cette ville, qui furent encore augmentés par les rois Louis XII et François Ier lorsqu'ils portaient la guerre en Italie.

De nos jours, que reste-t-il de tant de travaux?..

A Saint-Laurent, un pan de muraille du vieux donjon qui, malgré son ancienneté, se montre encore fièrement sur ses assises de rocher et semble défier les efforts du temps ; autour de la ville, des murailles trouées par les habitants pour faciliter les communications, quelques poternes bouchées, la porte Neuve et la porte de Lyon encore intactes, ainsi qu'un fragment de la porte des Moulins, demeuré debout comme pour protester contre le marteau de l'administration des Ponts-et-Chaussées qui a abattu cette porte pour le passage de la grande route. A Saint-Hippolyte, du couvent ruiné par le baron des Adrets, il n'existe plus que quelques murs dégradés de l'ancienne église, la grosse tour carrée et, sur le bord du rocher, une haute tour ronde dans laquelle on a placé une horloge.

La ville est coupée par des rues irrégulières, pittoresques, qui se développent tantôt dans les quartiers bas, tantôt sur les flancs de la colline. A côté de vieux couvents, de vieilles églises, d'humbles chapelles, on y voit d'anciennes demeures seigneuriales et d'intéressantes maisons du Moyen-Age, aux façades bizarrement sculptées, et devant lesquelles l'artiste s'arrête avec bonheur pour enrichir son album de leur reproduction.

Elle ne possède pas de monuments historiques de premier ordre ; mais sur ces ruines, sur ces églises, ces couvents, ces maisons, le temps a déposé une telle couleur, une telle patine, qu'on ne peut les regarder sans éprouver un sentiment de mélancolique et religieux respect...

Depuis la réunion du Bugey à la France, on n'entretenait plus de garnison dans le château de Saint-Laurent, on le laissait à l'abandon, lorsqu'un arrêt du conseil d'Etat, rendu le 26 janvier 1633 sur les conclusions du cardinal de Richelieu, en ordonna définitivement la démolition, en même temps que celle de toutes les autres forteresses situées sur cette ancienne frontière.

Les débris provenant de la démolition du vieux donjon delphinal couvrirent le sommet de la colline jusqu'au moment où, par suite d'une ordonnance royale, ces matériaux, mis à la disposition des religieuses de Sainte-Marie, furent employés à la construction de leur monastère. La même ordonnance avait également octroyé à ce couvent toutes les dépendances du château, qui furent déblayées, minées et disposées en vignes et en jardins.

Il n'est rien moins qu'agréable pour un étranger, le sentier qui, à travers ces vignes et ces jardins, conduit au pied des ruines! Exposé en plein midi, rocailleux, semé de débris, il est, indépendamment de tout cela, infesté de petits serpents. On en trouve partout : sur les murs, sur la terre, dans les cavités, sous les pierres, et jusque dans l'intérieur des maisons. On ne peut s'asseoir sur un bloc, s'accouder contre la muraille, remuer un caillou, cueillir un fruit, une fleur, sans que soudain une tête se lève en faisant entendre un sifflement aigu...

Heureusement, ces vilains petits reptiles ne sont pas venimeux ; ils sont même tout-à-fait inoffensifs. Les enfants s'en amusent, ils les enroulent autour de leur cou en forme de cravate, autour de leurs bras en guise de bracelets ; ils en mettent dans leurs poches et même dans leur sein.

II

Saint-Jullin et la Fusa. — Conseils à mes compatriotes. — Combat nocturne. — Promenade autour de la ville.

Après avoir dîné à l'hôtel de X***, nous montons à Saint-Hippolyte par le sentier raboteux le long duquel on voit encore les niches destinées à recevoir des tableaux qui servaient jadis au chemin de la croix. Nous passons une demi-heure sur ce rocher à examiner le panorama varié qu'offre cet ensemble de collines s'étageant en amphithéâtre, et de plaines s'étendant jusqu'à Lyon. Que ne puis-je peindre ce paysage enchanteur!.. que ne puis-je raconter les légendes ou l'histoire de ses nombreux châteaux!..

Si l'on sort de la ville par la porte Neuve, on ne tarde pas à rencontrer un vallon ouvert au sud-ouest, vallon agreste, bien boisé, rafraîchi par les eaux d'un étang, arrosé par un *ruy* et coupé d'*ermitures* arides et de *violets* sinueux (1).

Voici le manoir de Haute-Pierre et la petite source d'eau minérale, dite la *Fontaine rouge* ; voici Champ-Profond, où jaillissent les eaux qui, par un conduit souterrain, vont alimenter la fontaine de Crémieu ; voici le moulin dont la grande roue reçoit son impulsion du *ruy* qui, par un étroit chenal, s'échappe de l'étang ; voici l'étang lui-même, et sa chaussée et sa bonde, et ses saules et ses roseaux ; voici, à l'extrémité supérieure du vallon, le château de Saint-Jullin, dont les modernes tourelles gothiques surgissent au milieu d'une ceinture de grands arbres, comme pour se mirer dans la nappe liquide qui s'étend au pied du mamelon sur lequel il est bâti.

Ce château a donné son nom à une branche de l'illustre famille des La Poype, dont un membre joua un si grand rôle dans les guerres religieuses. Si durant cette période, le château ne fut pas détruit complètement par les Huguenots, il ne pouvait échapper aux niveleurs de la Révolution.

(1) *Riz*, *ruy*, *ru*, abréviation du mot *rivulus*. — *Ermitures* (*eremos*), espaces incultes formés de rochers à fleur de terre qui apparaissent comme des taches au milieu des champs cultivés, des prairies et des bois. — *Violets*, petite voie, diminutif de *via*.

Il y a quelques années, Mme de Chapponais le fit restaurer, ou pour mieux dire le fit rebâtir en entier d'après l'ancien plan. M. Pollet, architecte lyonnais, qui jouissait d'une certaine réputation pour la restauration des monuments gothiques, fut chargé de ces travaux.

Jolie, coquette, bien blanche, bien léchée, cette habitation seigneuriale est loin de présenter l'aspect sévère et imposant qu'elle avait encore su conserver malgré la torche des incendiaires. C'est un gentil colifichet qui représente assez fidèlement un petit château de bois peint expédié dans un carton par les fabricants de joujoux et de poupées de Nuremberg. Il appartient aujourd'hui à M. de Monteynard, gendre de Mme de Chapponais.

Un employé du château, qui cumulait les fonctions de garde-chasse et de concierge, nous accompagnait dans notre visite à l'intérieur; on avait rassemblé dans une galerie des meubles antiques et de vieux tableaux, des cuirasses, des casques, des lances et autres armes du Moyen-Age, et même des boulets de canon. Quelques-unes de ces armes avaient été trouvées au fond d'une citerne située au milieu de la cour et comblée depuis longtemps; des ossements humains étaient pêle-mêle avec elles.

En l'absence de documents précis, je suppose que le château fut pris d'assaut, ou par le baron des Adrets, lorsqu'il était maître de Crémieu, ou par Lesdiguières quand il assiégeait cette ville, et que ses défenseurs furent précipités dans la citerne qui fut comblée.

Ce château servit de résidence au roi François Ier; celui de Saint-Laurent n'était ni assez vaste, ni assez commode pour un tel hôte. Ce prince brillant et chevaleresque avait une suite nombreuse; les seigneurs des environs lui faisaient une cour assidue; les plaisirs, les fêtes, les chasses, se succédaient sans interruption.

Cependant il se rendait tous les jours à Crémieu pour diriger lui-même les travaux de défense de la ville, à l'époque où la frontière était menacée par le duc de Savoie, et où la Provence était envahie par l'empereur Charles-Quint. C'est pendant le séjour du roi à Crémieu que l'on démolit une partie du rempart septentrional pour l'ouverture d'une nouvelle porte, la porte Neuve, destinée à compléter le système de défense et à faciliter les communications avec Quirieu et la Balme.

Cette circonstance a trompé certains historiens. D'après eux, le souverain serait entré dans la ville par une brèche que les consuls auraient fait pratiquer pour le recevoir avec plus de pompe.

Plus tard, lors de la terrible peste qui désola Crémieu en 1631, furent établis dans le vallon de Saint-Jullin des hôpitaux provisoires pour les pestiférés; sur un autre point plus éloigné, s'élevaient d'immenses baraques de planches dans lesquelles étaient entassés les habitants qui avaient déserté la ville et qui ne tardèrent pas à payer à leur tour leur tribut au fléau. Tout service religieux était suspendu; les mourants n'étaient plus assistés; on enterrait les morts sans linceul et sans bière. Dans les bois qui dominent l'étang au nord, on découvre encore journellement des tombes formées de ces pierres longues et plates qui se trouvent en abondance dans le pays.

De retour à Crémieu, après un bain dans les eaux tranquilles de l'étang, nous terminons la journée par une promenade à la gorge de la Fusa; gorge étroite, profonde, tourmentée; gorge sauvage mais toujours pittoresque, que l'on rencontre en sortant de Crémieu par la porte des Moulins et que la route de Bourgoin, tracée depuis une cinquantaine d'années seulement, traverse dans toute sa longueur.

Aspects saisissants et inattendus; accidents de tous genres; rien ne manque à cette localité pour en faire le rendez-vous des artistes et des curieux. A côté d'un *ruy* qui coule en murmurant sous un berceau de feuillage, à côté de moulins et de scieries aux rares habitants, se dressent des rochers perpendiculaires couronnés de verdure et montrant l'ouverture d'une grotte naturelle, dite grotte de *Balthazar*, qui sert de retraite aux corbeaux dont les cris rauques et sinistres font retentir les échos de cette solitude.

Isolée des rochers par un de ces accidents géologiques si communs dans ces pays, une pyramide en forme de pain de sucre apparaît à l'entrée de la gorge, tel qu'un fantôme menaçant préposé à la garde du passage. Cette pyramide, appelée *la Fusa*, — d'un mot patois qui signifie le fuseau dont nos paysannes se servent pour filer le chanvre, — a donné son nom à ce défilé que l'on croirait perdu au milieu des Alpes et qui cependant est à deux pas de la ville.

Bientôt ce défilé s'élargit en vallon gracieux, les rochers deviennent moins âpres, s'adoucissent peu à peu et finissent par se transformer en collines dont les pentes sont couvertes de bois taillis ; la fontaine des Capucins et la source si abondante de *Bourbou* laissent échapper des eaux fraîches et limpides recueillies par l'étang du Merle, réservoir qui alimente le *ruy* ; plus loin, le pré des Tronches (*Truncata*, forêt coupée) s'étend à perte de vue ; encore des bois charmants, des sources nombreuses, mais toujours la même solitude. Après un parcours de deux lieues, le vallon va mourir tristement dans les immenses marais voisins.

Cette nature, plongée dans une demi-obscurité due à l'heure avancée de la journée, offrait à l'œil et à l'esprit un charme mystérieux, une indéfinissable poésie.

Depuis peu de temps seulement les peintres commencent à apprécier les beautés artistiques de Crémieu. — Comme tous les trésors que l'on a sous la main, cette partie du Dauphiné était inconnue des Lyonnais, lorsque des peintres parisiens, MM. Corot, Daubigny, Rousseau, etc., la mirent en faveur.

Des artistes de Paris, de Lyon, et même de Genève, viennent maintenant planter leur ombrelle classique au sein d'un pays qui offre au caprice de l'amateur tous les motifs qu'il peut désirer.

M. Hector Allemand et M. Adolphe Appian, de Lyon, sont de tous ces paysagistes ceux qui, selon moi, savent le mieux rendre l'esprit de cette poétique nature, si riche de détails, de lignes et de lointains. Je serais injuste, toutefois, d'oublier M. J. Joannin, dont le pinceau facile enfante de gracieux sujets, ainsi que M. H. Chevallier, qui produit de larges et bonnes compositions, sobres de détails et exemptes de ces artifices dont on ne saurait trop blâmer l'emploi chez la plupart de ses collègues (1)...

La nuit nous força de rentrer en ville. Habitués que nous étions à l'éclat du gaz qui chasse les ténèbres des rues de nos grandes cités, Crémieu, privé de réverbères, nous parut d'une tristesse sans égale, — L'antique falot y est encore le meuble obligé des personnes attardées; c'est la lune qui fait tous les frais de l'éclairage public, de même que c'est la pluie qui est chargée du balayage des rues. Tant pis si la lune ne brille pas; tant pis s'il ne vient pas de temps en temps quelques bonnes averses!.. L'administration de la voirie est une vraie sinécure; il est vrai qu'elle ne grève pas d'un poids bien lourd le budget de la commune.

Tout est à l'avenant dans cette pauvre cité; les hô-

(1) Nous regrettons que MM. Maisonville n'aient pas encore exploré cette localité, dont la reproduction ajouterait de nouvelles richesses à leur nombreuse collection. Où trouver, en effet, des collines plus harmonieusement ondulées, des vallons plus romantiques, une végétation plus vigoureuse, des rochers plus pittoresques, des ruines plus majestueuses et des lointains plus ravissants ?... A l'œuvre donc, Messieurs ! et vous comblerez les vœux de nos artistes, de l'impatience desquels je crois être ici l'interprète.

tels laissent beaucoup à désirer : ce sont de véritables cabarets. Si les chefs de ces établissements comprenaient bien leurs intérêts, ils se mettraient à l'unisson de leurs confrères de la Suisse et des autres contrées que le touriste fréquente, parce qu'il est assuré d'y trouver ce confort devenu une nécessité de notre époque, et surtout cette affabilité et ces prévenances que semblent ignorer mes compatriotes.

C'est à la condition de réaliser ces réformes indispensables que Crémieu pourra devenir le rendez-vous des touristes, conserver et même augmenter la clientèle d'artistes et d'amateurs qui déjà, depuis quelque temps, en ont pris le chemin.

Du reste, les faits que je signale sont communs à presque toutes les localités du Dauphiné. Que de fois, dans mes courses, là où un homme intelligent eût élevé une maison confortable, n'ai-je trouvé que de pauvres habitations, dont les hôtes n'avaient à m'offrir pour dîner qu'un morceau de pain et de fromage, et pour lit qu'une poignée de paille !... En Suisse, on rencontre partout, même au pied des glaciers, des hôtels somptueux.

Voici un exemple d'indifférence impardonnable de la part de mes compatriotes :

Crémieu possède à proximité de ses murs, au centre du délicieux vallon de Saint-Jullin, la source d'eau ferrugineuse, appelée la *Fontaine-rouge* ; elle est cependant tout-à-fait délaissée, malgré ses vertus curatives, faute d'un abord facile pour les malades et surtout d'un gîte quelconque. Peut-être veut-on qu'un industriel étranger vienne y créer un établissement et profiter des avantages que la nature a mis si libéralement à la portée des habitants de Crémieu ?

En attendant que le progrès leur fasse sentir son aiguillon et les secoue de leur apathie, leur vie s'écoule dans une monotonie désespérante ; ils n'ont point d'autres distractions que de s'entretenir des faits et gestes de leurs voisins, ce qui amène bien des querelles et des inimitiés. La considération que l'on s'accorde réciproquement est basée sur la fortune que l'on possède ; les gens aisés, quoique en petit nombre, tiennent leur rang, — comme on dit dans les petites villes, — et évitent de se commettre avec les classes inférieures. — C'est cette oisiveté qui donne à Crémieu une physionomie si triste, et cette jalousie et cette morgue qui en rendent le séjour si ennuyeux.

Après un assez mauvais souper, la nuit, que nous pensions mettre à profit, fut par nous employée aux travaux opiniâtres d'une chasse de nouvelle espèce, et dont le *Journal des Chasseurs* a oublié de faire la description. Malgré la plus grande persévérance à poursuivre des ennemis de diverses sortes, qui conspiraient contre notre sommeil, nous ne pûmes venir à bout de les éloigner.

O illustre Vicat, et toi, son non moins illustre concurrent Bouvarel, si nous avions été munis d'un de vos petits soufflets à poudre insecticide, nous n'aurions pas été forcés de battre en retraite devant ces hordes antropophages, et de leur abandonner une couche dont les draps portaient les traces sanglantes d'un combat acharné! Pauvres vaincus, nous nous assîmes sur une chaise, et, faute de mieux, nous nous accoudâmes sur le rebord de la fenêtre.

La nuit était belle, le ciel parsemé d'étoiles; la lune de sa clarté douteuse enveloppait la ville comme d'une gaze légère et adoucissait les angles des rochers. Sauf le battement monotone et régulier de l'horloge de Saint-Hippolyte, pas le moindre bruit ne venait troubler le silence de la nature : tout semblait plongé dans le plus profond sommeil. Nous ne tardâmes pas à nous endormir aussi, malgré la dureté de la pierre qui nous tenait lieu de traversin.

A peine l'aurore colorait d'une teinte rosée la crête des rochers, — comme disent les anciens poètes, —

que nous eûmes hâte de fuir l'hôtel, nouveau cirque où un nouveau Tibère livrait impunément des chrétiens aux bêtes...

Le *Mont* où nous dirigions notre promenade extra-matinale, en compagnie d'un de nos compatriotes, M. C. G***, homme d'esprit et de talent, versé dans l'histoire des antiquités de sa ville natale et auteur de divers opuscules; le *Mont*, dis-je, est la partie la plus élevée de la chaîne des collines qui de Crémieu se dirigent au nord. Son sommet ne produit que des *pâquerages* arides. On y aperçoit quelques murailles à fleur de terre, dont on peut à peine suivre la direction. — On prétend que ces vestiges proviennent d'un couvent de Bénédictins saccagé au X° siècle par les Sarrasins établis dans la forteresse de Larina, au-dessus du village d'Hières.

Tout près de ces arasements, dans une déclivité de terrain, les eaux de pluie forment un petit marécage où les bestiaux viennent se désaltérer; cette eau est la seule que l'on trouve sur le sommet.

Le revers oriental par lequel nous étions venus est couvert de bois qui touchent presque aux habitations d'Annoisin et de Vasserat. Celui qui est tourné au sud-ouest est connu sous le nom de *Mas-de-Bepténe*; il est planté de vignes qui donnent un petit vin blanc sec, agréable au goût et à l'œil, et assez estimé dans le pays.

Nous descendîmes du *Mont* en traversant les vignes et rejoignîmes la route qui se déroule au pied des collines.

A quelques pas de là, dans la plaine, on rencontre à moitié cachée sous les arbres et dans un endroit isolé la vieille gentilhommière de la Mûre dont on avait fait une auberge, abandonnée depuis que la route a changé de direction. Des fossés et une muraille la mettaient à l'abri d'un coup de main de la part des bandits qui autrefois infestaient ces parages. Une source sortant à gros bouillons et désignée par une onomatopée des plus parfaites (***Bourbouillon***) a donné son nom à ce lieu dont la nature empreinte de poésie, d'ombre et de fraîcheur a été reproduite plusieurs fois par le pinceau d'Appian.

Tout proche de là, en tirant du côté de Crémieu, on aperçoit, également entre les cîmes des arbres, la grosse ferme, le pigeonnier et le moulin de Sainte-Marie-de-Tortas; puis, aux portes de la ville, sous une voûte maçonnée comme il en existe dans la campagne de Rome, on voit la jolie fontaine du Truffet, dont les eaux tombent dans un long bassin de pierre où le bétail vient s'abreuver.

Le chemin que nous prîmes pour éviter de repasser par Crémieu se nomme la *Marie-Siffle*. Ombragé par des frênes et des noyers, il offre une promenade agréable pour ceux qui recherchent la solitude. Il longe les remparts occidentaux de la ville, domine des champs cultivés et des vergers placés en contre-bas, et va déboucher dans la plaine, près de la porte de Lyon.

Ces remparts sont pleins d'intérêt dans ce développement. Là, ils servent de points d'appui à divers corps-de-logis de l'hôpital, ici de clôture à des vignes et à des jardins ; là, une brèche a été ouverte, ici une poterne a été murée ; ailleurs, des tours rondes, des tours carrées aux étroites meurtrières ; sur leurs flancs, des lierres ; sur leur crête dentelée, des mousses et des arbrisseaux : partout du pittoresque, de l'imprévu... Mais, où ils attirent le plus le regard, c'est au pied du donjon de Saint-Laurent dont ils défendaient les abords : ils sont très-élevés, d'une construction hardie, et sont bien propres à donner une idée de la grandeur et de la force des siècles féodaux où ils furent édifiés.

Une petite chapelle, la *Vraie-Croix*, placée à l'intersection des routes de Lyon et de Vienne, rappelle un souvenir de la peste de 1720. Lorsque ce fléau parut dans la contrée, les consuls de Crémieu publièrent la défense, sous peine de mort, de laisser pénétrer personne dans la ville. La garde établie par les habitants formait un cordon sanitaire autour des murailles. Les malheureux villageois, cruellement éprouvés par la maladie, venaient rôder autour de la ville, réclamant en vain des secours et faisant retentir les airs de leurs cris lamentables; ils expiraient même au pied des remparts, sous les yeux des habitants effrayés.

A la vue de tant de misères, les consuls établirent à la *Vraie-Croix*, comme sur divers autres points du rayon de Crémieu, un lazaret où étaient déposés des provisions et des médicaments. Une cloche suspendue à un poteau élevé avertissait de l'approche d'un pestiféré. Aussitôt les gardiens, la bouche et le nez recouverts d'un linge épais imbibé de vinaigre, tendaient au malheureux une longue perche au bout de laquelle étaient fixés les objets dont il avait besoin. Mais comme si ce n'était pas assez de cette épidémie, la famine vint, à son tour, apporter le comble à tant de maux.

Les paysans chassés de leurs villages par la faim, et persuadés que Crémieu possédait des réserves de grains et de farine, y affluèrent à l'improviste. La ville ferma ses portes, et les habitants repoussèrent par la force ces populations affamées.

Eloignons-nous de la *Vraie-Croix* et dirigeons nos pas dans la plaine, du côté de ce mamelon que couronne un petit manoir dont le profil simple et sévère imprime au paysage un caractère historique. C'est Montiracle, ancien domaine de l'ordre de Malte, au souvenir druidique *(mons oraculis* ou *mons irascibilis)*, et qui n'est plus aujourd'hui qu'une habitation villageoise, une simple ferme. Une haute tour carrée s'élève au-dessus d'une muraille d'enceinte et de quelques bâtiments dont l'irrégularité et la couleur font la joie de l'artiste.

Les collines auxquelles appartient le mamelon de Montiracle sont très-boisées; elles sont tournées au nord, et par conséquent toujours vertes et fraîches. Fi de ces coteaux exposés en plein soleil!... On est certain d'y trouver de la vigne avec de longs échalas ou des plantations de mûriers bien alignées, végétation monotone d'où les yeux du paysagiste se détournent dédaigneusement.

Des fermes, des hameaux, des villages, des maisons bourgeoises, des châteaux sont disséminés le long de ces collines. Parmi les habitations qui affichent plus ou moins de grands airs de demeures seigneuriales, voici Chamagneux au nom ambitieux *(castellum magnum)*, Poizieux à la grosse tour au toit pointu, Bienassis dont le nom indique l'heureux emplacement, et Malins qui est dans de petites mais gracieuses proportions.

« — Puisque nous sommes arrivés à Malins, ne passons pas outre sans aller visiter un monument attribué aux druides, nous dit notre ami C. G***.

— Va pour le monument druidique !.. répondîmes-nous. » Et nous voici en marche à travers les bois qui dominent le hameau.

Sur un sommet désert couvert de bruyères, que sa position exceptionnelle a fait surnommer *Bel-Air*, nous trouvons ce prétendu monument qui, à mon avis, est loin d'avoir une origine aussi ancienne.

Comment admettre une hypothèse contraire ?.. Ce n'est pas une pierre debout; ce ne sont pas non plus trois pierres placées en forme de table et convenablement orientées. Quatre ou cinq gros blocs disposés de manière à offrir aux anciens bergers un abri contre la pluie ou contre les ardeurs du soleil forment ce monument apocryphe. J'avais déjà remarqué des réduits semblables sur des montagnes, où l'emploi de mêmes matériaux est nécessaire pour résister aux orages qui, pendant l'hiver, désolent ces sommets dénudés.

Nous descendîmes ensuite dans un vallon bien vert, bien fleuri, bien retiré, le vallon des Granges, et nous atteignîmes le village de Moirieux où C. G*** possédait un petit domaine. Ce brave ami, aidé de la femme du fermier, eut bientôt ramassé quelques œufs, décroché un saucisson et tordu le cou à un poulet, improvisant ainsi un excellent déjeûner que nous prîmes en plein air.

Un mauvais chemin de traverse nous conduisit sur un plateau où le vallon qui s'est rétréci peu à peu finit par se confondre avec le reste du terrain.

Au bas du plateau, dans une plaine circulaire circonscrite par de riantes collines, partie boisées, partie cultivées ou réservées en prairies, on aperçoit un lac en miniature. Le lac de Moras, aux rives d'un gracieux contour et ornées de roseaux, est le séjour tranquille de nombreuses bandes de gibier aquatique. Alimenté par les eaux de pluie et par des sources, il est profond et poissonneux. Le village de Moras, avec sa tour et son vieux manoir, les villages de Frétignier, de Saint-Hilaire, de Vénérieux, sont situés aux alentours. Un moulin et un battoir, délicieusement placés à l'entrée d'un étroit défilé, sous une ombreuse végétation, sont vivifiés par les eaux d'un chenal de dégorgement.

Là encore existe un souvenir druidique et une ville engloutie à la place du lac par la vengeance ou la justice divine.

On voit au milieu de la forêt, près du village de Vénérieux et du lac, un monolithe grossier qui a exercé longtemps et qui exerce encore la science des archéologues. Il se nomme *Pierre-Femme*, et représente, assurent les villageois, une femme qui fut pétrifiée par le bon Dieu, voici dans quelle circonstance :

Le bon Dieu avait résolu la destruction de la ville et la mort de ses habitants. — On ne sait trop pourquoi ! — Une femme de la campagne voulait sauver son fils établi dans la ville : elle pria le bon Dieu, — qui sans doute lui avait communiqué sa résolution, — de retarder sa vengeance jusqu'à ce qu'elle eût prévenu son fils. Dieu le lui promit, sous la condition que, en sortant de la ville, elle ne chercherait ni à voir, ni à connaître les moyens qu'il prendrait pour la détruire... — C'était, ma foi, trop tenter cette pauvre créature !

Elle pénétra donc dans la ville, et en revenant avec son fils, la curiosité l'emportant sur la crainte, elle regarda en arrière, malgré la défense divine, et fut aussitôt changée en statue de pierre...

Les savants, qui croient en savoir plus long que les villageois, rient de cette histoire renouvelée de la Bible, et prétendent reconnaître dans la localité les traces d'une éruption volcanique qui aurait amené la destruction de la ville. Ils ne disent pas à quelle époque.

Quant au monolithe, c'est, suivant eux, un autel druidique consacré à la déesse Vénus, qui aurait donné son nom au village de Vénérieux (*Veneris*).

Notre retour s'effectua par les bois taillis couvrant les penchants de la colline qui sépare le vallon des Granges de la gorge de la Fusa. Nous arrivâmes au sommet de la côte de Blied, laquelle nous mena en quelques minutes aux portes de Crémieu.

III

Montlouviers. — Un gentilhomme de race et un enfant du peuple. — Plaisirs et déception.

Après une nuit aussi mauvaise que la précédente, nous partons de Crémieu et prenons le chemin de Trept. Ce chemin ne conduit pas directement à Bourgoin ; mais nous avions à remplir un pieux devoir : nous voulions visiter le tombeau de M. Thévenin, ancien curé de ce village, et chez lequel mon frère et moi avions été en pension de 1821 à 1824.

Laissant à droite la gorge de la Fusa, nous prenons la route de *Tortu*, étroite, âpre et tourmentée comme un sentier de chèvres. C'est l'ancienne *via italica*. Elle serpente au-dessus du ravin qui défendait les abords du vieux couvent de Saint-Hippolyte.

Dans l'espace étroit qui relie ces rochers au massif de montagnes, entre Côte-Vieille et le ravin, Lesdiguières vint camper en novembre 1589, pour assiéger la ville de Crémieu. Il dirigea sa principale attaque contre le couvent à moitié ruiné précédemment par le baron des Adrets. Mais la ville était vaillamment défendue au-dedans par le capitaine Bombin et au-dehors par l'illustre La Poype-Saint-Jullin. A la suite d'attaques infructueuses qui coûtèrent aux protestants bon nombre d'officiers et de soldats, Lesdiguières dut s'éloigner de ces remparts contre lesquels sa fortune venait de recevoir un si rude échec.

La *Tine* (*tina*, cuve) est le nom caractéristique donné à ce ravin, qui, par son escarpement et sa profondeur, le justifie pleinement.

Mais rien ne peut arrêter l'élan industriel de notre époque!... Croirait-on que ce ravin naguère encombré de ronces et de rocs; que cet endroit creusé par un *ruy* et barré par une cascade; que ce désert animé seulement par le chant du rossignol et fréquenté par des amoureux.... croirait-on qu'une route carrossable existe maintenant au sein de cette solitude et en détruit toute la poésie? Les artistes soucieux du pittoresque gémissent de cette malencontreuse intervention des Ponts-et-Chaussées; mais les paysans qui circulent facilement sur cette nouvelle route n'en gémissent point...

Guidés par des souvenirs d'enfance, nous qui n'avons pas d'équipage, nous nous engageons dans le vieux Tortu.

Du haut d'un plateau rocheux, où se trouve la modeste chapelle de Notre-Dame-de-Tortu, nous jetons un dernier regard sur Saint-Hippolyte aux remparts dentelés, sur Saint-Laurent et sur Crémieu dont les maisons se confondaient au milieu de la brume qui ne s'était pas encore dissipée. Au pré de Vard, nous échangeons quelques paroles avec un écho qui n'est plus aussi sonore qu'autrefois, sans doute à cause du déboisement des côteaux voisins ; quelques minutes après, nous apercevons le hameau de Montlouviers, gracieux réduit dont les maisonnettes encloses d'une haie vive et aux fenêtres coquettement encadrées de treillages, se cachent à moitié sous des pommiers, des pruniers, des cerisiers.

Le soleil commençait à poindre ; son disque radieux surgissait derrière les montagnes et s'élevait graduellement sur l'horizon ; les oiseaux, secouant leurs ailes humides de rosée, le saluaient de leur joyeux ramage ; les hommes, une pioche sur l'épaule, se rendaient en sifflant à leurs travaux journaliers ; des enfants à demi-vêtus s'arrêtaient curieux sur le seuil de leur porte pour nous regarder passer, et les femmes, un marmot sur les bras, menaient les vaches à l'abreuvoir qu'un filet d'eau, coulant dans un tronc d'arbre grossièrement creusé, alimentait sans cesse ; puis, pour compléter le tableau et lui donner une couleur locale, de petites filles, une gaule à la main, conduisaient dans les champs de nombreux troupeaux de ce volatile intéressant, mais peu poétique, que les pères jésuites ont importé de l'Inde, et dont Brillat-Savarin a fait un éloge pompeux dans ses ouvrages, éloge confirmé d'ailleurs par tout le monde gastronomique.

A l'extrémité du vallon de Montlouviers, je montrai à mes compagnons la petite chapelle des *Quatre-Vents*, isolée sur une éminence, au milieu d'une lande déserte. Elle date du siècle dernier, et doit son existence à un bourgeois de Crémieu.

Ce bourgeois, qui avait entretenu un commerce illicite avec une religieuse de la ville, fut condamné par l'Eglise à faire élever cette chapelle et à la doter de revenus nécessaires pour y entretenir une lampe constamment allumée. — Voilà une singulière manière de racheter ses péchés : au lieu de jeter le voile de l'oubli sur de telles faiblesses, pourquoi en perpétuer le souvenir ?

Nous voici à Dizimieux. Là encore des souvenirs

d'enfance viennent nous assaillir ; dans ce village, nous accompagnions jadis le curé de Trept qui, chaque dimanche, venait y dire la messe, que nous servions nous-mêmes... Oui, voilà bien cette modeste église ; voilà le château, bizarre assemblage de bâtiments nouveaux, mais ruinés, annexés à d'autres bâtiments plus anciens, mais mieux conservés, bâtiments dont il est facile de reconnaître les dates. Les uns présentent des tourelles angulaires en forme de poivrières, au toit pointu, aux petites et rares ouvertures percées comme au hasard ; les autres, au contraire, offrent des toits en terrasse, des lignes droites et des fenêtres hautes et régulières, de larges perrons et d'élégantes balustrades.

Cette dernière partie a été édifiée à l'époque où le seigneur sentit la nécessité de transformer ce sombre donjon en une habitation de plaisance. Il revenait de Versailles, et frappé des splendeurs de ce palais, il voulait donner à son château le même caractère; malheureusement, cette restauration ne put jamais se terminer, vu la mauvaise qualité des pierres que l'on y employa, et qui se fusaient, disent les paysans, sous l'influence des rayons de la pleine lune.

Nous croyons plutôt que l'approche de la Révolution empêcha le seigneur de donner suite aux travaux commencés, et qu'il laissa ainsi le château dans l'état où nous le voyons de nos jours.

Il y a quelques années, on retira de ces modernes ruines de très-bons matériaux qui servirent à la reconstruction du château de Saint-Jullin.

Une terrible légende rapporte qu'au XIIIe siècle, le seigneur de Dizimieux poignarda, de sa propre main, un jeune chevalier qu'il trouva aux genoux de sa fille, et que celle-ci, après avoir confessé sa faute à un bénédictin mandé du prieuré de Saint-Hippolyte, fut, par l'ordre de son père, enfermée dans un four où elle mourut au milieu d'atroces souffrances.

La forêt de Dizimieux, contre laquelle est adossé le château, se développe sur les flancs et le sommet des collines. Elle était autrefois un objet de terreur pour les jeunes pensionnaires de la cure de Trept; avant d'y pénétrer, ils avaient le soin de se grouper pour s'enhardir contre des dangers qui n'existaient que dans leur imagination.

Nous la traversons maintenant sous le charme de ces vieux souvenirs...

Nous sommes arrivés sur les Carrières, vaste plateau désert et stérile, d'où la vue s'étend au loin sur toute la contrée. A gauche, c'est l'église rustique de

Couzance qui termine de la façon la plus heureuse un mamelon ; à droite, c'est le village de Trept dont les toits enfumés s'aperçoivent à une courte distance ; en face, c'est le hameau de Sablonnière, perdu au milieu des arbres, sur le bord des marais, autrefois forteresse des rois bourguignons et rendez-vous de chasse des barons de la Tour-du-Pin ; plus loin, ce sont les collines de Salagnon et de Saint-Chef, tapissées de châtaigniers, et, à l'horizon, les montagnes du Bugey et de la Savoie ; enfin, sur un plan très-rapproché, c'est le château de Serrière, bâti sur un de ces légers renflements de terrain, appelé *poipes* dans nos campagnes.

La terre de Serrière fut érigée en comté dans l'année 1646, en faveur d'Abel de La Poype, — *La Poëpe*, comme on écrivait autrefois ; — la famille de La Poype était riche et puissante entre toutes celles qui, au Moyen-Age, habitaient l'île de Crémieu ; elle se divisait en plusieurs branches : Serrière, Saint-Jullin, Vertrieux, et toutes ont fourni des hommes remarquables à leur pays.

Le dernier descendant de cette famille, le lieutenant-général marquis Jean-François de La Poype, était un des meilleurs amis de mon père. Leur connaissance datait des campagnes d'Italie, alors que l'un n'était que simple volontaire, tandis que l'autre était chef d'état-major de l'armée républicaine (1).

Causeur agréable, spirituel, libéral, le général ne venait jamais à Lyon sans faire une visite à mon père. Je dus à cette circonstance l'honneur de me trouver plusieurs fois dans sa société. Je me rappelle aussi que, dans mon jeune âge, quand j'étais en pension à Trept, tous les élèves, le curé en tête, allaient fêter le retour du général au château de Serrière, après chaque session de la chambre des Députés, où il représentait le département du Rhône. J'étais choisi parmi

---

(1) Mon père, René-Claude-Jean Raverat, fils d'un aubergiste de Crémieu, s'engagea dès l'âge de quinze ans dans les premiers bataillons de volontaires qui coururent aux frontières menacées par les armées de la coalition. Après une carrière glorieusement parcourue, il revint dans sa ville natale avec le titre de baron de l'Empire ; il joua un rôle important dans la défense du département de l'Isère en 1814 et 1815. Il mourut à Lyon le 31 janvier 1851, dans sa soixante-seizième année.

Sa dépouille mortelle fut transférée du cimetière de Loyasse dans celui de la ville de Crémieu, où un monument lui fut érigé par mes soins.

Cette cérémonie, que l'administration municipale s'était efforcée de rendre imposante par tous les moyens à sa disposition, eut lieu le 5 août 1856, en présence d'un grand concours de population.

Les armes de Raverat sont : *d'argent à la bande d'azur, chargée d'une épée du champ ; franc-quartier des barons tirés de l'armée ;* et pour livrées : *bleu, blanc et rouge.*

mes camarades pour lui réciter un compliment ; chacun à son tour lui offrait un bouquet et l'embrassait. Mme de La Poype assistait à ces fêtes et recevait aussi sa part de compliments et de bouquets : c'était une véritable fête de famille (1).

Etrange mobilité des choses de ce monde ! Le manoir féodal est devenu la paisible demeure d'un négociant lyonnais : le berceau des La Poype appartient aujourd'hui à un marchand... »

Nous eûmes de la peine à reconnaître la propriété, tant il y était survenu de changements depuis que le général l'avait vendue. On avait abattu une forêt de chênes, — la forêt de Saint-Michel dans laquelle nous venions autrefois prendre nos ébats ; — un champ

---

(1) Mme la marquise de La Poype était fille du critique Fréron. Son frère devint membre de la Convention et représentant du peuple à l'armée d'Italie. Protégé par un tel patron, et surtout par le citoyen Servan, ministre de la guerre et beau-frère de Fréron, le jeune La Poype, qui avait embrassé avec ardeur les idées nouvelles, passa en moins de trois ans du grade de sous-lieutenant qu'il occupait aux Gardes-Françaises, à ceux de colonel, de général de brigade et de général de division. Il illustra sa carrière militaire par la défense des villes de Wittemberg en 1813, et de Lille en 1815. Il est mort le 27 janvier 1851, à l'âge de quatre-vingt-treize ans, dans sa propriété appelée *ma Fantaisie*, et située à Dessine. Il fut inhumé à Lyon.

Les armes de La Poype-Serrière sont : *de gueules à la bande d'argent*.

de seigle maigre et clairsemé remplaçait ces arbres séculaire ; une chétive sallée de mûriers végétait là où trônait avec majesté la verte vieillesse de marronniers disposés en longues avenues et tombés également sous la hache des Vandales. Autant la vue du hameau de Montlouviers nous avait réjouis, autant celle de Serrière, privé de ses grands arbres, nous attrista et jeta comme une teinte de deuil sur tout le paysage…

IV

Souvenirs d'enfance. — Les Marais. — Saint-Chef et Saint-Savin. — Halte-là !...

En arrivant à Trept nous entrâmes dans une modeste auberge, où nous déjeûnâmes avec appétit d'un morceau de pain et de fromage arrosé du vin duret récolté sur les coteaux pierreux du pays.

Nous commençons notre pieux pèlerinage. Un escalier aux marches disjointes par le temps, nous conduit au cimetière entourant la petite église rustique, sous le porche de laquelle se trouve la pierre tumulaire qui, depuis l'année 1825, recouvre la dépouille mortelle du bon curé Thévenin. Ce n'est pas sans peine que nous parvenons à découvrir cette pierre dont l'inscription est à moitié effacée par les sabots et les souliers ferrés des villageois. Nous nous y agenouillons, et les plus tendres émotions nous font palpiter le cœur et répandre quelques larmes...

Nous restâmes sous l'influence de cette émotion pendant la demi-heure que nous passâmes dans le village. Tout nous rappelait nos souvenirs d'enfance : la cure où rien n'était changé depuis que nous l'avions quittée, le jardin où chaque élève avait un petit carré qu'il cultivait lui-même, la cour où nous prenions nos récréations, et jusqu'aux deux acacias qui ombrageaient encore la porte d'entrée !.. Il nous semblait entendre les aboiements enroués du fidèle *Catulus*, et nous croyions voir apparaître elle-même la personne chérie du respectable pasteur, le sourire aux lèvres et le regard plein de bonté. Douces et chères illusions !.. — Pour moi, rien n'est plus mélancolique que le souvenir du passé...

Ce digne ecclésiastique, qui joignait à une grande gaîté de caractère beaucoup d'esprit et une vaste érudition, était en même temps un de ces hommes qui par leur douce piété ont l'heureux privilége de savoir faire aimer la religion. Sa charité ne connaissait pas de bornes, et quand il allait visiter un pauvre malade, jamais il ne sortait de la chaumière sans laisser sur la table quelques pièces de monnaie. Aussi que de bénédictions n'a-t-il pas recueillies !..

Outre l'église de Trept, il desservait encore les églises de Saint-Hilaire, de Couzance et de Dizimieux.

— Sa charge d'âmes était considérable, mais il savait s'acquitter à merveille de ses travaux spirituels...

Nous n'avions garde d'oublier cette bonne vieille Marion, sa gouvernante, femme à la mine sévère, maîtresse au logis, et qui, comme une mère de famille, brossait, peignait, débarbouillait les élèves que trop souvent elle faisait trembler par de vives et longues remontrances. Le curé lui-même n'était point à l'abri de ses semonces. Elle régissait la maison et tenait aussi la bourse de son maître dont elle connaissait la trop grande libéralité : sans cette prévoyance, le digne homme n'aurait jamais eu une obole dans sa poche et pas une soutane de rechange, lui toujours si coquet, toujours si bien poudré...

A côté de cette sévère et pourtant si bonne gouvernante, une autre personne de la cure avait une large part dans nos souvenirs; brave fille, dont les prévenances et la douceur de caractère servaient de correctif à la mauvaise humeur, hélas ! trop fréquente de la maîtresse femme. Elle s'appelait aussi Marion, et on la désignait, vu l'exiguité de sa taille, sous le surnom de *Petite*, pour la distinguer de la *Grosse*.

Tout en causant de choses qui datent déjà de tant d'années, nous regagnons la grande route de Bourgoin, un peu avant son entrée dans la forêt de Flosailles. Cette forêt, qui occupe le centre de vastes terrains autrefois marécageux, avait acquis une triste célébrité par suite des crimes qui s'y commettaient; elle est maintenant égayée dans son parcours par l'établissement de quelques habitations.

Ces marais s'étendaient sur l'espace d'une demi-lieue de large et de plusieurs lieues de long, depuis Morestel et la Tour-du-Pin jusqu'à Ponchéry, en passant par Bourgoin et la Verpillère. Des exhalaisons produites par les eaux stagnantes répandaient aux alentours leur funeste influence; les fièvres intermittentes sévissaient sur les populations; une immense étendue de pays était en friche. Quelques châtaignes, un peu d'avoine et de blé noir composaient toutes les récoltes, et la contrée était réputée la plus misérable du Dauphiné. « Malheureux comme un *châtaignard!...* » était un dicton du pays. Il y avait même un certain village, l'île d'Abeau, qui restait plusieurs mois de l'année privé de tout rapport avec ses voisins. Le gouvernement de l'empereur Napoléon Ier changea tout cela : il fit reprendre et terminer les travaux de desséchement commencés en 1768 et abandonnés presque aussitôt; des ingénieurs étudièrent de nouveau les localités, où des prisonniers espagnols furent dirigés; un grand canal, le canal des *Catalans*, fut creusé au milieu et sur toute la longueur des terres inondés ; des canaux secondaires, des saignées, des tranchées y portèrent les eaux depuis longtemps croupissantes, qui allèrent à leur tour augmenter le volume de celles de la Charruize dont le lit fut élargi et régularisé.

Desséchés et livrés à l'agriculture, ces nouveaux terrains se couvrirent de riches moissons, et les habitants furent délivrés des maladies qui les décimaient périodiquement. A cette heure, ce sont des cantons fertiles que de jolies routes mettent en communication avec le reste du pays.

Au débouché de la forêt de Flosailles, la fantaisie nous prit de laisser de côté la grande route et de passer par le bourg de Saint-Chef.

Sur une de ces fraîches collines bornant les marais au midi, on aperçoit ce bourg qui doit son existence à un antique monastère autour duquel des habitations s'étaient élevées. Il ne fut pas toujours connu sous ce nom.

Le monastère de Saint-Theudère, fondé au VIe siècle, avait acquis une grande célébrité, et le nom de Saint-Chef fut substitué à celui-là ; voici dans quelles circonstances :

Au Xe siècle, les ossements de Saint-Thibaud, archevêque de Vienne, furent partagés entre divers monastères; celui de Saint-Theudère, qui depuis longtemps avait perdu de sa vogue, eut l'honneur d'obtenir la tête, le *chef* du nouveau saint. Cette relique attira une grande affluence de pélerins et opéra de nombreux miracles; on accourait des contrées les plus éloignées : les sourds, les aveugles, les boiteux, les malades affligés des plus dégoûtantes infirmités, tous ceux, dit la tradition, qui avaient le bonheur de venir s'agenouiller devant cette précieuse relique, s'en retournaient guéris.

On oublia tout-à-fait Theudère pour le chef de Thibaud, et depuis lors le monastère et le bourg furent connus sous le nom de *Saint-Chef*.

Pendant le cours du Moyen-Age, ce couvent qui s'était rendu si célèbre par ses richesses, sa puissance, ses intrigues et le relâchement de ses mœurs, fut converti en un chapitre noble de chanoines de l'église de Vienne, institution qui dura depuis le XIVe siècle jusqu'à la Révolution française.

Nous visitons avec intérêt cet ancien bourg, dont le château, les remparts et le couvent furent renversés par les Huguenots en 1589. Au milieu de ces ruines, l'admirable chapelle abbatiale, à l'architecture romano-byzantine, est restée presque intacte; elle est classée parmi les monuments historiques de France, et est devenue l'église paroissiale de Saint-Chef.

A une lieue environ de ce bourg, du côté de Bourgoin, nous arrivons au-dessus de la petite et verdoyante vallée de Saint-Savin.

Animée par de nombreuses habitations, par des moulins et par un château placé au milieu d'un vaste parc, riche de ses vignobles et de l'éducation des vers à soie, renommée pour ses arbres fruitiers sur lesquels le cep grimpe et s'enlace en festons gracieux, agréable par ses eaux limpides qui courent en murmurant sur un lit de cresson et d'herbes fontanières, telle est cette jolie vallée...

— « Halte-là, messieurs! vous n'irez pas plus loin, si vous n'entrez dans ma maison pour vous rafraîchir et pour renouer connaissance avec moi!.... nous dit d'une grosse voix un homme barbu jusqu'aux yeux, couvert d'une blouse de paysan et appuyé sur une bêche à la porte d'une habitation confortable du hameau de la Grande-Charrière. »

Nous eûmes de la peine à reconnaître sous ce costume et dans cet endroit le personnage qui nous parlait ainsi. C'était un M. F***, que nous avions connu à Lyon, où, pendant plusieurs années, il avait dirigé une fabrique d'étoffes de soie, jusqu'au moment de son retour dans son hameau, où il était rentré pour cultiver ses terres et ses vignes.

Après avoir trinqué et causé une heure avec l'ami F***, qui voulait nous retenir jusqu'au lendemain, nous reprîmes notre route.

Entre la Grande-Charrière et le village de Saint-Savin, on rencontre une ruine, remarquable au dire des villageois. Quelques grosses pierres non taillées, posées les unes sur les autres, sans mortier, et simulant une grotte d'où s'échappe une source abondante, constituent cette ruine, abritée sous une allée de peupliers et de platanes.

Par la nature fruste de ses matériaux, cet assemblage grossier a quelque ressemblance avec ces monuments cyclopéens comme il en existe encore des vestiges dans les îles de la Grèce et dans le midi de l'Italie. Un paysan nous affirma que c'était un monument romain ; d'autres nous l'avaient déjà dit.

Je crois que c'est une grave erreur, et voici l'explication qui me paraît la plus probable. C'est un M. de Menon, de la famille des anciens seigneurs de Saint-Savin, chevalier de Malte au siècle dernier, qui, après avoir fait ses caravanes sur les galères de l'ordre, a fait élever ce monument en souvenir des édifices antiques qui, sans doute, avaient frappé son imagination pendant le cours de ses voyages méditerranéens.

Nous disons adieu à ce vallon champêtre, et par un chemin rapide qui se replie trois ou quatre fois sur lui-même, nous arrivons à Damptézieux, village dont le nom figure à différentes reprises dans l'histoire de la province, au sujet des querelles sanglantes des hautains abbés de Saint-Chef avec les Dauphins.

On voit encore dans ce village, parmi les restes des épaisses murailles d'une vieille forteresse, une porte gothique, des ornements, des détails, et un escalier d'une parfaite conservation. L'église, un peu écartée des habitations, est heureusement placée au-dessus de la vallée, et de son porche, en suivant la direction de l'ouest, l'œil va s'égarer dans la vaste étendue des marais.

Au centre d'un plateau d'une nature argileuse, où pour toute verdure il n'existe que des buissons poudreux et des arbres rabougris, on trouve le hameau de Chapèze dont l'aspect est des plus misérables. Devant ses maisons bâties en pisé et couvertes en chaume, croupit une mare fétide qui s'écoule des écuries et où barbottent quelques canards en société de cet animal que la légende donne pour compagnon à saint Antoine.

Par ma foi! c'est bien là du réalisme le plus pur.

Bergeries de Racan et de Deshoulières', tableaux de Boucher et de Wanloo, ce n'est point ici que l'on a pris vos modèles !...

A l'extrémité du plateau, nous eûmes un complet changement à vue : une longue descente bordée d'élégantes maisons de campagne, de frais vergers, de champs fertiles et de plantureux vignobles, nous conduisit dans la vallée de la Bourbre, au débouché de laquelle se trouvent la ville de Bourgoin et le faubourg de Jailleu, dont l'église antique est admirée des archéologues.

V

Bourgoin. — Jean-Jacques Rousseau et le sacrifice d'Abraham. — De Bourgoin au Pont-de-Beauvoisin.

Bourgoin est une ancienne petite ville, jadis entourée de remparts qui ont disparu en partie pour lui permettre de s'étendre tout à son aise. Il ne reste plus d'autres vestiges de ses fortifications que sur la colline de Beauregard. Fossés larges et profonds maintenant cultivés en jardins, murs d'une grande épaisseur, contre lesquels s'adossent quelques chétives cabanes, voilà tout ce qui se voit aujourd'hui d'une forteresse bâtie par les premiers Dauphins et soigneusement réparée par le dernier, mais que les catholiques démantelèrent en 1565, après l'avoir prise et reprise plusieurs fois.

Je ne m'étends pas davantage sur un sujet qui est du ressort de l'historien, mais très-peu de celui d'un simple touriste se bornant à rappeler quelques événements butinés par-ci par-là dans ses courses vagabondes. Je dirai seulement que la ville est l'ancienne **Bergusium** des Romains, dont on a fait **Bergum**, **Bregon**, puis **Bourgoin**.

Bourgoin est très-vivant, grâce à son heureuse situation au pied de riches côteaux et au centre d'un bassin où aboutissent de fertiles vallées. Plusieurs cours d'eau intarissables alimentent des fabriques de toute nature, notamment d'importants ateliers d'indiennerie et d'impression sur étoffes (1), et des moulins fournissant des farines renommées. Un grand commerce de grains, de chanvres peignés, etc. ; cinq grandes routes et le tribunal civil contribuent à lui donner beaucoup d'animation et lui assurent un bel avenir. Ses habitants sont doués d'une assez bonne entente des affaires ; pour bon nombre d'entre eux, l'argent est tout : ils savent le faire *travailler* ; ils font la petite banque, et leur réputation de finesse

---

(1) Grâce à l'obligeance du propriétaire, M. Fritz Perregaux, nous pûmes visiter en détail son superbe établissement, qui occupe un grand nombre d'ouvriers des deux sexes.

M. Perregaux était, en 1814, capitaine de la garde nationale de Jailleu et adjoint à l'état-major de mon père, commandant les forces mobilisées de l'arrondissement de la Tour-du-Pin.

est devenue proverbiale. — Cette finesse donne, par suite, matière à beaucoup de chicanes...

On ne sera pas étonné de cet esprit processif quand on saura que, depuis des siècles, Bourgoin est le siége d'un tribunal. Au Moyen-Age, il était une des grandes jugeries de la province et la résidence du juge-majeur du Viennois. — Est-ce l'amour de la chicane qui de tous temps lui a valu un tribunal, ou est-ce le tribunal qui lui a valu cet amour de la chicane ?..

Le lendemain matin, nous nous mîmes en campagne pour explorer les environs de la ville, où de jolis bouquets d'arbres et beaucoup de verdure reposent la vue. Le bois de Rosière, à l'ombre duquel s'élève la charmante habitation qui appartenait à la famille Donain, la colline de Beauregard, les bords du grand canal et les rives de la Bourbre, le temple de Vaux, autrefois commanderie des Templiers, et l'ancien château fort de Falaviers, sont d'assez agréables promenades, mais elles n'ont pas le pittoresque de celles de Crémieu. Seulement la contrée est plus riche sous le rapport industriel et agricole, et les habitants sont aussi plus laborieux.

A Maubec, tranquille village distant d'une lieue de Bourgoin, on remarque les vestiges d'un château saccagé tour à tour par les catholiques et par les calvinistes, par Mayenne et par des Adrets. Ils gisent sur un massif composé de sable durci et de cailloux roulés, d'où l'on domine le bassin de Bourgoin et la Combe de Bion, au centre de laquelle se déroule la nouvelle route de Vienne.

Ce château, ancien domaine de la famille de Boczosel, a soutenu plusieurs siéges, dont le plus terrible eut lieu en 1301.

Les habitants de Bourgoin, pour punir les nombreuses félonies du seigneur Aymond de Boczosel, qui soutenait la politique des comtes de Savoie en opposition avec celle des Dauphins, se rassemblèrent sous les ordres du seigneur de Virieu, commandant pour Humbert Ier la forteresse de Beauregard; ils se portèrent sur Maubec, mirent le village à contribution, se rendirent maîtres du château et pendirent à la porte principale l'allié du comte de Savoie.

Mais les représailles ne se firent pas attendre. L'année suivante, le seigneur de Châtonnay, frère du malheureux Aymond, aidé des troupes que lui avait fait passer le comte de Savoie, s'empara à son tour du château, défendu par les soldats du Dauphin, qui tous furent mis à mort, avec des raffinements de cruauté à la honte des vainqueurs.

Puisque nous sommes à Maubec, rappelons aux lecteurs un fait intéressant, ignoré peut-être de la plupart d'entre eux.

Jean-Jacques Rousseau, en 1768, s'était retiré à Bourgoin, où il avait pris le nom de Renou, autant pour fuir des ennemis imaginaires, que pour se mettre à l'abri des arrêts que le Parlement de Paris avait rendus contre lui, à la suite de la publication d'une de ses œuvres. Il dirigeait souvent ses promenades du côté de ce village, dont les sites tranquilles et verdoyants lui causaient de douces impressions. Un gentilhomme, M. de Sézarges, qui habitait le château de Montquin, à proximité de Maubec, lui offrit gracieusement un asile que notre philosophe, toujours soupçonneux, n'accepta qu'après les instances les plus vives et les plus bienveillantes.

Rousseau quitta donc l'auberge de la Fontaine-d'Or, où il était mal logé, pour s'installer à la ferme de Montquin, auprès d'une famille respectable, et dans un pays alterné de bois et de prairies, de plaines et de coteaux, où son goût pour la botanique trouva de nombreux aliments. Il était accompagné de Thérèse Levasseur, avec laquelle il venait de légitimer par le mariage une liaison de vingt-cinq ans. Mais à la suite d'une scène brutale qui eut lieu entre cette femme et une domestique du château, et qui amena une rupture entre Rousseau et la famille de M. de Sézarges, notre philosophe dut s'éloigner de cette demeure hospitalière où pendant un an et demi il avait goûté la plus parfaite tranquillité.

Quelle destinée que celle du pauvre Jean-Jacques!.. Lui qui écrivit tant de pages éloquentes en faveur du bonheur et de la liberté des hommes, il devait vivre errant sur cette terre, esclave et malheureux, aussi bien par des persécutions réelles que par le fait d'un caractère aigri, qui lui montrait de tous côtés des jaloux de son talent et des ennemis acharnés à sa perte, fantômes créés par une imagination maladive et un orgueil incommensurable !..

La ferme de Montquin est un petit castel avec tourelles, située entre le vieux château de Maubec et le château de Montquin. Pendant longtemps les étrangers qui passaient par Bourgoin venaient visiter la demeure du philosophe. Elle est occupée aujourd'hui par une famille de cultivateurs. Les murs sont dégradés, l'ameublement a disparu ; seulement une mauvaise peinture se voit encore sur le trumeau de la cheminée d'une chambre à coucher. Elle représente le sacrifice d'Abraham.

Le peintre a travesti cette scène de la Bible, comme de nos jours le célèbre caricaturiste Daumier a travesti l'histoire ancienne. Le père Abraham est armé d'un fusil de munition ; il couche en joue son fils Isaac ; il va lâcher le coup fatal, quand un ange mouille la poudre du bassinet, en satisfaisant un besoin, qui a été le moyen dont Gulliver s'est servi pour éteindre l'incendie de la capitale des Lilliputiens.

Après avoir passé deux jours à Bourgoin, nous en partons à pied pour aller coucher au Pont-de-Beauvoisin. La chaleur accablante du jour était heureusement tempérée par l'ombrage des noyers qui bordent la route. Au-delà du pont de Ruy et du hameau de la Tupinière, relais de poste et, comme son nom l'indique, grande fabrique de *tupins* et de vaisselle grossière, nous nous trouvons au milieu de la vallée arrosée par la Bourbre. De grandes fermes, d'élégantes maisons de campagne, des villages propres, un air aisé chez les habitants, annoncent un pays riche ; des vignobles étendent leurs pampres sur les collines exposées au midi ; des châtaigniers couronnent les hauteurs ; des mûriers, des arbres fruitiers, des champs aux productions variées couvrent la plaine. Deux choses néanmoins affectent péniblement la vue et l'odorat des étrangers ; c'est la forme disgracieuse des chapeaux de paille dont les femmes sont coiffées, et l'odeur désagréable que répand la combustion de la tourbe et du lignite. — Dans ce pays on n'emploie guère pour le chauffage que le lignite, extrait de mines peu profondes, et la tourbe fournie en abondance et presque sans frais par les marais d'alentour.

Nous traversons divers groupes d'habitations, des villages, dont le plus considérable est Cessieux, patrie du général Duchand, ancien camarade de mon père, puis nous arrivons à la Tour-du-Pin (*Terra Turris*), où nous faisons une halte dans un café, pour nous rafraîchir et reprendre haleine. Cette petite ville est loin d'être aussi populeuse et aussi industrielle que Bourgoin ; sa position centrale, seule, en a fait un chef-lieu d'arrondissement.

A la voir de nos jours si modeste, on ne se douterait guère de son ancienne importance. Elle fut cependant le berceau d'une race souveraine, et était entourée de puissantes fortifications. La famille est éteinte depuis de longues années, et les murailles ont entièrement disparu !..

Cette ville me rappelle que mon père y entra en deux circonstances bien différentes, qui toutes deux ont marqué dans sa vie. La première fois, ce fut en libérateur, félicité par les autorités, acclamé par une population ivre d'enthousiasme et de reconnaissance ; et la seconde fois, ce fut comme un criminel, conduit par des gendarmes devant la cour prévôtale, puis jeté en prison...

A mi-chemin des Abrets se trouve un pont de pierre placé sur la rivière la Bourbre, que nous avions traversée à la Tour-du-Pin; quelques maisons placées de chaque côté de la route forment le hameau du Gaz, témoin du combat glorieux livré en février 1814, et dans lequel mon père et les gardes nationaux de Crémieu défirent complètement les Autrichiens qui avaient abandonné la Tour-du-Pin à leur approche et qui furent poursuivis jusqu'en Savoie.

Le village des Abrets est heureusement placé dans un carrefour en forme d'étoiles à six pointes, où aboutissent six routes très-bien entretenues et qui donnent à cette localité un mouvement continuel.

Depuis notre départ de Bourgoin, le temps s'était mis à la pluie, et la nuit venait plus tôt que de coutume. Nous nous trouvions à la descente du Pavé, et il y avait encore un long trajet à faire pour gagner le Pont-de-Beauvoisin; nous n'y serions pas arrivés avant la nuit close, si un jeune villageois, monté sur une petite voiture, ne nous eût fait prendre place à ses côtés et conduits à l'auberge, où nous défiâmes l'orage qui sévissait avec violence.

Le lendemain, le ciel était pur, l'aube avait dissipé les nuages. Lestés d'une forte tasse de café noir, bue en compagnie de rouliers, de marchands de bestiaux, de contrebandiers, de colporteurs, qui étaient déjà réunis dans la grande cuisine de l'auberge, nous nous mîmes en route pour le lac d'Aiguebelette, et commençâmes une journée qui ne devait pas être sans fatigue.

VI

Le lac d'Aiguebelette. — La gorge de Chailles. — En plein Moyen-Age. — Un douanier français.

Le Pont-de-Beauvoisin (*Pons Bellovicinus*) est, dit-on, une ancienne station romaine, du nom de *Labisco*. Par sa position entre les deux pays, elle joua de tout temps un rôle assez important et fut souvent prise et reprise par les Français et les Savoyards. Ceux-ci avaient élevé sur leur frontière une forteresse que le roi Henri IV fit détruire.

C'est là que se faisaient les échanges de prisonniers et qu'avait lieu, avec tout le cérémonial usité en pareille circonstance, la réception des princesses lors des fréquentes alliances matrimoniales entre les deux maisons de France et de Savoie.

Cette ville frontière est divisée en deux parties inégales par le Guiers, torrent impétueux qui descend des montagnes de la Grande-Chartreuse et qui, à deux lieues de la ville, va mêler ses eaux à celles du Rhône, en face de Cordon; la plus forte partie appartenait à la France, l'autre à la Savoie. Douaniers des deux nations, carabiniers sardes et gendarmes français représentaient les deux pays, et en bons camarades se promenaient côte à côte sur le pont, dont l'arche unique, construite sous François Ier, est d'une belle portée.

Cette petite ville est propre, bien bâtie, et les habitants jouissent d'une certaine aisance, due soit à leur commerce de grains, de chanvre et d'autres produits agricoles, soit aux produits moins licites de la contrebande.

Nous prenons un chemin qui part du faubourg des Aigues-Noires, à côté du *Château*, et nous voilà au milieu de la campagne.

Le pays est fertile; les treillages de vignes, les mûriers, les arbres à fruit, les noyers, les châtaigniers croissent confondus au milieu de prairies, de vergers et de champs parés de la plus riche végétation. Partout de l'ombrage, des eaux vives, des sites agrestes animés par de modestes habitations, de nombreux troupeaux et de robustes villageois.

Nous arrivons à la Bridoire, village sur les bords

du Thieys et à la jonction des ruisseaux de Grenand et de l'Eaupendue, dont les eaux réunies mettent en mouvement un certain nombre de moulins et de martinets. — C'est jusque-là que, en 1814, mon père poursuivit les Autrichiens et qu'il les força de repasser la montagne de l'Epine.

La route que nous parcourions, et qui en peu de temps nous amena sur les rives du lac d'Aiguebelette, franchit la montagne de l'Epine au col de la Gubelette, et abrège de deux ou trois heures le trajet du Pont-de-Beauvoisin à Chambéry; mais, par suite de son état de dégradation, elle n'est plus accessible aux voitures, qui passent maintenant par les Echelles.

Tracée sur une ancienne voie romaine dont on découvre encore çà et là des fragments pavés, elle était très-fréquentée avant que l'on eût ouvert la route des Echelles et celle du mont du Chat.

Un château fort, détruit par les Dauphins, en assurait la possession.

Le nom d'Aiguebelette *(Acquæ Bellonnæ)*, donné au lac, semblerait indiquer, selon quelques antiquaires, que les Romains avaient élevé un temple à la déesse Bellonne, dans la petite île où se trouve aujourd'hui la chapelle de Saint-Alban.

Je ne conteste pas cette étymologie d'*Acquæ Bel-*

lonnæ, mais je préférerais la faire dériver du vieux français *Aigues belettes*, belles petites eaux, par allusion à la beauté et à la transparence des eaux du lac, et à ses rives pleines de charme, de grâce et de fraîcheur.

Il est difficile, en effet, de rencontrer un lac d'un aspect plus romantique : à l'orient, des rochers aux grottes profondes et aux cascades bondissantes, plongent dans les eaux et soutiennent la montagne de l'Epine; partout ailleurs des forêts et des prairies viennent mourir sur les rives ; de loin en loin, des clochers de village élèvent leurs flèches dans les airs. Quoique d'une médiocre étendue, ce lac peut rivaliser pour le pittoresque avec ceux de la Suisse que les voyageurs ont le plus prônés. Malheureusement, il est à peu près inconnu; les artistes et les écrivains n'ont pas encore vulgarisé les beautés variées que l'on admire à chaque pas sur ses bords enchanteurs, découpés de la façon la plus heureuse.

Nous n'en fîmes pas le tour, parce que de la cabane, dite des *Contrebandiers*, où nous avions fait halte, le regard peut facilement en embrasser l'ensemble.

Il a trois kilomètres de long sur deux de large. Dans l'antiquité, il était moins étendu, ainsi que le prouve un chemin pavé dont on peut encore distinguer les traces lorsque les eaux sont basses. Il est le réservoir naturel de toutes les eaux des plateaux de Novalaise et de Saint-Alban de Montbel, ainsi que des ruisseaux qui descendent en cascades des montagnes voisines. La rivière que nous avions cotoyée jusqu'ici, le Thieys, y prend naissance, et, après un parcours de quelques lieues, va finir dans le Guiers, un peu au-dessous du Pont-de-Beauvoisin.

Après une courte halte dans la maison du boulanger Gros-Jean, sise sur les bords du lac, entre le Thieys et le village d'Aiguebelette dont on aperçoit le clocher à travers le feuillage, nous revînmes au Pin, puis à la Bridoire, où nous prîmes un sentier gentiment ombragé par des noyers et égayé par le murmure d'un ruisseau dont nous suivions le cours.

Un trajet d'une heure nous ramena sur la grande route à Domessin, entre le Pont-de-Beauvoisin et la gorge de Chailles.

Depuis le Pont jusqu'à ce village, la route est tracée sur un plan horizontal ; mais à partir de là, elle ne cesse de monter insensiblement jusqu'au hameau de Saint-Béron, où la pente devient si rapide que les voitures sont obligées de prendre des chevaux de renfort. Au-dessus du hameau nommé le *Raclet*, elle pénètre dans une gorge dont l'entrée resserrée et défendue par deux pitons menaçants s'appelle la *Porte-de-Chailles*.

Cette route suivait autrefois toutes les sinuosités de la montagne ; sous l'Empire elle a été rectifiée. Elle se déroule le long d'immenses rochers ; un parapet, qui règne sur presque toute son étendue, rassure les voyageurs contre le danger des précipices. Nous nous reposons un instant près d'un bassin en pierre, rempli d'une eau fraîche et limpide, et qui se trouve, je crois, au point culminant de la route qui redescend ensuite du côté du village de Chailles et du bourg des Echelles pour remonter encore, traverser la fameuse grotte et se diriger sur l'Italie.

L'aspect de la gorge de Chailles est d'une remarquable sévérité. La vue est bornée dans un espace assez restreint par plusieurs montagnes très-élevées, colorées par les jeux de la lumière de ces teintes diverses que recherchent les artistes. Point d'autre verdure que de grêles et souffreteuses broussailles sortant des fissures des rochers ; nul autre bruit que les jurements des rouliers excitant leurs chevaux, et la grande voix du Guiers tombant de cascade en cascade, disparaissant, reparaissant, mais toujours mugissant au fond de l'abîme.

Jean-Jacques visita cette gorge, dont il a laissé une charmante description. Comme lui, nous rassemblâmes des cailloux sur le parapet et nous nous amusâmes à les faire rouler dans le gouffre, dont les échos répercutaient à l'infini le bruit de leur chute.

Un crime horrible commis dans dans ces lieux, il y a une soixantaine d'années, leur a laissé un triste renom, qui restera longtemps encore dans la mémoire des habitants de la contrée.

Dans les premiers jours de la Révolution, un gentilhomme dauphinois, voulant échapper aux poursuites dont les nobles étaient l'objet, résolut d'émigrer en Savoie. Sous la conduite d'un colporteur du pays, il avait déjà heureusement franchi la frontière, près du Pont-de-Beauvoisin, quand, au milieu de la nuit, parvenu à l'endroit le plus désert de la gorge de Chailles, il fut lâchement attaqué par son guide. Terrassé, dépouillé de ses bijoux et de ses valeurs, il fut précipité dans le Guiers, et son cadavre ne fut englouti sous les eaux profondes du torrent qu'après avoir laissé des lambeaux sanglants à chaque aspérité du rocher.

Après avoir jeté un dernier coup d'œil sur cette nature bouleversée, nous revenons sur nos pas, et déjeûnons à Saint-Béron.

Dans le menu de ce frugal repas du matin, se

trouvait du miel savoureux et bien supérieur à celui que j'avais gouté jusqu'alors. Nous nous en régalâmes, et notre gourmandise fut bonne à quelque chose : sans ce péché mis au nombre des sept péchés capitaux, je serais privé du plaisir d'apprendre aux lecteurs aussi gourmands que nous, que le miel est pour Saint-Béron et Domessin l'objet d'un commerce important.

Les abeilles, trouvant sur ces montagnes alpestres des fleurs au suc parfumé, se plaisent dans ces localités et donnent en abondance des produits estimés. — Nulle part, en effet, je n'ai vu autant de ruches que dans ces deux villages et dans leurs environs.

Puisque nous en sommes sur le chapitre de la gourmandise, disons encore que nous bûmes au dessert d'un vin blanc très-agréable, appelé *vin des Altesses*, mousseux et pétillant comme le champagne. Ce nom pompeux lui est donné parce que les vignes qui le fournissent proviennent de plants apportés de l'île de Chypre par les ducs de Savoie, qualifiés d'Altesses, quand ils prirent le titre de roi de ce pays éloigné. — C'est, selon moi, le meilleur tribut que ces princes aient retiré de leur royaume *in partibus*.

Afin de couper plus droit dans la direction du lac de Paladru, et d'éviter la chaleur et la réverbération du soleil sur la route poudreuse et blanchâtre du Pont-de-Beauvoisin, nous traversons le Guiers dans une petite barque, en face de Saint-Béron, à un endroit appelé le *Bateau*. Puis ensuite, nous gravissons la berge escarpée sur laquelle s'élèvent les ruines solitaires du vieux château de Vaulserre.

Ce château devait avoir un aspect imposant ; il s'élevait à l'extrémité d'un promontoire formé par la jonction du Guiers et de l'Eynan, cours d'eau torrentueux qui vient de Saint-Geoire ; un fossé large et profond coupait de l'un à l'autre ravin la partie supérieure du promontoire, qui présentait ainsi un triangle isolé et inexpugnable.

Comme j'adore les ruines, j'interrogeais ces pierres éparses, ces murailles croulantes qui pour moi paraissaient s'animer ; je me reportais à plusieurs siècles en arrière ; je rétablissais par la pensée cette demeure féodale, avec ses remparts et son donjon où flottait la bannière armoriée, son pont-levis et sa herse, ses hommes d'armes aux créneaux, la sentinelle qui sonnait du cor pour annoncer l'approche d'un étranger. La pique sur l'épaule, je me mêlais à la suite du seigneur partant pour une expédition de guerre ou pour les fêtes d'un tournoi ; le faucon sur le poing, j'accompagnais la noble châtelaine à une partie de chasse. Le soir, errant dans les vastes et ténébreux corridors du château, et sous l'empire des idées de ces temps de crédulité, je me signais, effrayé, à la vue d'un fantôme ou aux plaintes d'une âme en peine qui revenait de l'autre monde pour réclamer une prière ; je gémissais sur le sort du prisonnier enfermé dans les profondes oubliettes ; puis, enfin, installé sous le large manteau de la cheminée, j'écoutais les légendes merveilleuses des varlets, les prouesses du chevalier, les confidences d'un jeune page amoureux d'une gente damoiselle, le lai du ménestrel et les récits des pélerins qui revenaient de la Terre-Sainte, possesseurs de reliques que chacun baisait avec respect.

Je laissais mon imagination voguer en plein Moyen-Age quand, à l'angle d'une tour, je fus rappelé à la réalité par un douanier français, qui se dressa brusquement devant moi. Assuré que nous n'étions pas des fraudeurs, il nous fit entrer dans une petite cabane de feuillage qui lui servait de poste d'observation ; il nous offrit quelques fruits et même un cigare étranger. Quoique douanier français, il n'en fumait pas moins le tabac prohibé par son gouvernement. — Economie à part, je ne sais vraiment pas ce qui peut faire préférer le tabac étranger : à mon avis, aucun ne vaut le tabac français ; vive notre pur *caporal !..*

Dans le cours de la conversation, j'appris combien est misérable l'existence que mènent les douaniers ; elle est celle d'un soldat en campagne. Bivouaquant en plein air ou sous de petits abris improvisés, en observation au fond d'un ravin, dans les bois, les montagnes, sur les cols les plus élevés, toujours sur le qui-vive, ils gardent les moindres passages ; les nuits les plus obscures, les temps les plus orageux, sont les moments où la surveillance est aussi la plus active ; rusés, infatigables, ils luttent d'adresse avec les contrebandiers dont ils parviennent souvent à déjouer les plans. Ils passent ainsi une semaine, après quoi ils vont prendre le mot d'ordre et de nouvelles instructions aux résidences voisines ; puis, la carabine au bras, du pain et du fromage dans leur sac, ils retournent de rechef à leur pénible service.

Ce pays a toujours été fréquenté par les contrebandiers.

La nature des lieux s'y prête singulièrement : partout des forêts épaisses, des rochers escarpés, des cavernes profondes, des ravins encaissés, et surtout une population très-bien disposée à seconder les fraudeurs. Le souvenir de Mandrin y est passé à l'état légendaire ; chacun raconte ses exploits ; tous savent l'histoire dramatique de ce chef de bande, dont l'adresse, le courage, les connaissances variées, eussent fait un homme remarquable, si les circonstances l'avaient placé dans un autre milieu.

C'est près du Pont-de-Beauvoisin, au château de Rochefort, que, trahi, dit-on, par une femme, il fut arrêté par la maréchaussée française qui ne craignit pas de violer le territoire sarde. Telle était la sympathie qu'il excitait, que la population de Saint-Genix-d'Aoste et les habitants de la frontière firent tous leurs efforts pour l'arracher des mains de la maréchaussée, qui dut faire usage de ses armes pour conserver son prisonnier et rentrer en France.

Conduit et jugé à Valence, Mandrin fut condamné à être roué ; il subit son supplice le 26 mai 1755. Il n'était âgé que de vingt-neuf ans.

VII

Le lac de Paladru et la Chartreuse de Silve-Bénite. — Comment les moines écrivent l'histoire.

Après avoir pris congé de notre représentant de la prohibition légale, nous descendons du promontoire par l'autre versant ; nous franchissons l'Eynan qui fait mouvoir un moulin très-pittoresque, et continuons notre marche par des chemins de village, à l'ombre des châtaigniers, nombreux dans cette localité exposée au nord. On aperçoit, se dérobant dans le feuillage, les maisons de Saint-Albin et le nouveau château de Vaulserre, bâti à mi-coteau et d'un abord plus facile que l'ancien donjon. L'un et l'autre château appartiennent aux *Corbeau*, marquis de Vaulserre, — nom ou surnom singulièrement caractéristique pour les seigneurs d'un lieu aussi sauvage.

Ne connaissant pas le pays qui sépare Saint-Albin

de Paladru, nous cherchions des renseignements, quand nous rencontrâmes fort à propos deux jeunes bergers qui gardaient un troupeau de moutons; l'un d'eux se chargea de nous conduire jusqu'à Montferrat, sur la grande route, d'où il nous devenait alors facile de gagner le lac.

Notre marche était assez pénible, au travers de terres labourées, de vastes landes communales, de bois en partie défrichés, en partie conservés, et de ravins dont il fallait descendre, puis remonter les deux versants, le plus souvent très-raides. — On eût dit que notre guide avait une antipathie prononcée pour tout sentier frayé, et qu'il pensait que nous avions le jarret de ses chèvres.

De rares villageois, quelques bergers qui nous regardaient passer avec curiosité, nous prouvaient que le pays était peu fréquenté par les voyageurs.

En effet, nous n'en rencontrâmes aucun et ne vîmes dans notre trajet que les hameaux éloignés de la Charrière et d'Avelane. — C'est un pays fait à souhait pour les contrebandiers...

Du bourg de Montferrat où nous fîmes halte un instant, une demi-heure suffit pour atteindre la pointe supérieure du lac de Paladru qui s'étend sur les confins de la contrée connue sous le nom de *Terres-*

Froides, contrées ainsi nommées à cause des brouillards épais et froids que les anciens marais de Bourgoin et de la Tour-du-Pin y entretenaient jadis, avant qu'ils fussent desséchés.

Cette nappe d'eau est fort remarquable; c'est une des plus vastes qui soit en France, elle a cinq mille mètres de long sur douze à quinze cents de large; elle est très-profonde et surtout très-poissonneuse. Le gibier abonde également sur ses bords et donne lieu à un braconnage très-suivi et à de grandes parties de chasse. Elle est alimentée par les eaux qui proviennent des coteaux voisins, par les marais et les étangs de Valencogne, et par de petits ruisseaux qui s'écoulent de Saint-Pierre et de Montferrat. Son trop-plein entretient la Fure, qui, à deux lieues plus bas, porte l'activité et la richesse aux nombreuses usines de Rives, avant d'aller se perdre dans l'Isère, près de la ville de Tullins.

Propriété autrefois de la Chartreuse de Silve-Bénite, ce lac appartient aujourd'hui à quelques particuliers et aux communes riveraines. Le nom de Paladru vient, selon quelques savants, de deux mots celtiques qui signifient eaux de Pallas, parce que le lac était dédié à cette déesse, par les anciens Gallo-Romains.

Après la statistique, voici le pittoresque, puis l'histoire, ensuite la légende.

Nous partons du hameau de Paladru, situé à l'extrémité septentrionale du lac, et nous prenons la rive orientale par un petit chemin qui en suit exactement toutes les sinuosités. A notre gauche, ce sont des prairies, plus haut des champs cultivés, plus haut encore des bois qui couronnent la colline; à droite, c'est la vaste étendue liquide sillonnée par des barques de pêcheurs. Nous traversons le village de Billieu tout tapissé de filets séchant au soleil ou que des femmes raccommodaient, et peu après, nous arrivons à l'endroit où, les coteaux s'adoucissant, finissent par disparaître dans une petite plaine marécageuse qui se trouve à l'extrémité méridionale du lac.

De l'autre côté de la plaine, les collines se sont relevées comme pour servir de support aux ruines du château de Clermont *(Clarus Mons)*, dont le donjon pentagone domine le cours sinueux de la Fure et tout le pays d'alentour.

Le château appartenait à cette ancienne famille des seigneurs de Clermont, si puissants au Moyen-Age, et qui prenaient le titre de premiers barons du Dauphiné. On prétend que l'empereur Charles-le-Chauve y a séjourné quelque temps.

Avant d'entrer au village de Charavines, situé à peu de distance du lac, sur la Fure, nous nous plongeâmes dans ces eaux tranquilles, à l'abri du soleil, sous un dôme de verdure formé par des saules et des vernes.

Il était midi, et nous marchions depuis quatre heures du matin.

Les eaux du lac, chaudes, douces, onctueuses, nous procurèrent un délassement nécessaire après les courses que nous avions déjà faites depuis notre entrée en campagne.

On a mis à profit les propriétés de ces eaux pour y créer un établissement de bains, d'assez modeste apparence il est vrai, mais qui est très-fréquenté pendant la belle saison.

Après notre bain, nous prîmes à Charavines un dîner excellent qui nous fit apprécier la saveur délicate des poissons du pays.

En sortant du village, nous contournons le lac, en le laissant toutefois à quelque distance; et par un chemin qui s'engage sur un coteau boisé, nous arrivons en trois quarts-d'heure à l'ancienne Chartreuse de Silve-Bénite *(Silva-Benedicta)*.

Les ruines de cette Chartreuse, fondée en 1160 par l'abbé Thierry, fils naturel de l'empereur Frédéric

Barberousse, gisent sur le flanc du coteau qui regarde le lac, au milieu d'arbres rabougris, restes dégénérés de l'ancienne et vaste *forêt-bénite* dont parlent toutes les traditions. Ces ruines se composent de murs d'enceinte renversés, où l'on distingue encore la grande porte d'entrée, de voûtes écroulées, de cloîtres délabrés, de cellules à jour et de décombres informes, au sein desquels on a établi une tuilerie et une maison de cultivateurs avec une grange et des écuries. La Courrerie, mieux conservée, est à une portée de fusil de cet ancien monastère.

Ces bâtiments ne sont ruinés que depuis le siècle dernier. Les Chartreux, les trouvant petits et incommodes, les avaient abandonnés pour un nouveau couvent situé sur la droite.

Ce dernier couvent est loin d'être complet : il ne put être achevé à cause de la Révolution, qui dispersa les Chartreux et vendit toutes leurs propriétés. Une partie de l'édifice est affectée à la demeure d'un garde forestier.

On visite avec intérêt un vaste cloître sur lequel s'ouvrent les cellules et qui entoure le cimetière planté aujourd'hui de choux et de pommes de terre. L'église est dans un état parfait de conservation. Le mauvais goût du dernier siècle a présidé à son ornementation :

ce sont de ces décorations, de ces statuettes, de ces groupes, de ces anges joufflus, de ces gentils petits *culs-nus*, genre pompadour qui fait naître d'autres pensées que des pensées religieuses, et qui serait mieux placé dans un boudoir de petite-maîtresse que dans un lieu consacré à la méditation et à la prière.

Les rives du lac ont été témoins de deux terribles événements arrivés dans les premiers siècles du Moyen-Age.

Avant la fondation du couvent de Silve-Bénite, une ville florissante, la ville d'Ars, existait sur les collines de la rive occidentale du lac. Des querelles ne tardèrent pas à s'élever entre les habitants de la ville et les nouveaux Chartreux, au sujet des délimitations de leurs propriétés respectives et de droits féodaux que ceux-ci voulaient s'attribuer. Les moines, toujours envahissants, en appelèrent à l'empereur et au pape, qui les confirmèrent dans leurs usurpations et même leur octroyèrent la suzeraineté sur la ville et sur ses habitants. Les Arsois, indignés de cette décision injuste qui les dépouillait de leurs biens et de leur liberté en faveur du monastère, firent parvenir leurs plaintes à leur suzerain, le comte de Savoie. Mais le comte n'osa se prononcer entre ses vassaux et les Chartreux : il redoutait l'empereur et surtout les foudres de l'Eglise.

Réduits à leurs seules forces, les Arsois ne craignirent pas de reprendre leurs domaines, de chasser de la ville les Chartreux qui en disposaient en maîtres et de les reléguer dans leur couvent. Le pape lança l'excommunication sur les auteurs d'un pareil sacrilége, et l'empereur accourut avec une armée pour venger l'insulte faite à son fils, prieur de Silve-Bénite. Les moines furent réintégrés dans leurs propriétés, augmentées encore de toutes celles confisquées sur leurs ennemis ; les habitants furent chassés de leur ville livrée au feu et au pillage ; et ceux mêmes qui s'étaient réfugiés dans les églises, au pied des autels, furent massacrés impitoyablement, ainsi que leurs femmes et leurs enfants.

En 1168, peu de temps après ces massacres, la colline sur laquelle se trouvaient les ruines de cette malheureuse ville s'abîma tout-à-coup dans le lac.

Voici comment on explique cette catastrophe : Les collines qui bordent le lac reposent sur des rochers de poudingues ; des infiltrations d'eau de pluie ont pu dissoudre ou désagréger les sédiments calcaires qui relient entre eux les cailloux roulés dont se compose le poudingue. Ces infiltrations, combinées avec l'érosion du pied de la colline, opérée par l'action incessante des eaux, devaient amener inévitablement la chute de cette même colline dans le lac où elle s'engloutit. Mais les moines surent profiter de ce phénomène naturel ; ils abusèrent des populations crédules et épouvantées en leur insinuant que Dieu avait fait disparaître une ville dont les habitants avaient osé porter des mains sacrilèges sur les biens de l'Eglise (1).

Il n'en fallut pas davantage pour donner naissance à une foule de légendes qui dénaturent l'histoire et qui sont parvenues jusqu'à nous.

Les unes attribuent la disparition de la ville d'Ars à une punition divine, les autres à la puissance diabolique, celles-ci à un tremblement de terre, celles-là à une éruption volcanique.

Les riverains prétendent que dans les basses eaux on découvre encore les églises et les maisons de la ville abîmée. Il en est même qui vont jusqu'à dire que, certains jours de grande fête, on entend le son des cloches partant des profondeurs du lac. Les pêcheurs, dit-on, amènent encore accrochés à leurs

---

(1) On conservait même aux archives du couvent un titre où on lisait que la ville d'Ars avait été submergée par un juste châtiment de Dieu. — *Urbs Arsi fuit, justo Dei judicio, submergatu.*

filets des ustensiles de ménage, et les tempêtes détachent des poutres et des planches que l'on recueille sur le rivage. On assure également qu'au nord du lac il existe un endroit dont on n'a jamais pu sonder le fond, et que l'on nomme pour cette raison le *Puits-d'Enfer*....

En écoutant ces légendes, qui sont le merveilleux de l'histoire, en visitant les ruines de la Chartreuse et en jouissant de la vue que l'on a sur le lac, sur le plateau des Terres-Froides et jusque sur les montagnes du Bugey, de la Savoie et du massif de Grenoble, nous regrettions qu'un pareil pays fût aussi délaissé : on se croirait dans des contrées lointaines, et cependant on se trouve à deux pas de la Tour-du-Pin et de Voiron, villes riches et populeuses. Je n'ai jamais vu de landes aussi sauvages, de champs plus mal cultivés, de chemins plus déserts, de paysans plus pauvres. Les pêcheurs n'ont pas même un bateau : un tronc d'arbre grossièrement creusé, véritable pirogue indienne, leur en tient lieu. Espérons qu'on réalisera le projet de relier le chemin de fer de Bourgoin à celui de Grenoble par la vallée de l'Eynan, à proximité du lac. Alors ces populations rurales, arriérées de plusieurs siècles, participeront aux bienfaits de la civilisation moderne, et les voyageurs pourront sans frais et sans fatigues, venir planter leur tente sur des rivages empreints de cette poésie calme et sereine que l'on est heureux de rencontrer quand on revient d'une excursion au cœur des Alpes dauphinoises.

Nous reprenons notre route en descendant de la colline, et, de l'autre côté du petit vallon marécageux où coule le ruisseau de Valencogne, nous remontons d'autres collines boisées qui s'abaissent à l'extrémité supérieure du lac, près du village de Saint-Michel de Paladru. Nous traversons rapidement Montferrat, Recoin, et nous arrivons aux Abrets, à l'auberge Belmont, accablés de lassitude.

Le temps nous avait manqué pour pousser notre excursion jusqu'au bourg de Saint-Geoire, dont le château et l'église, à peine connus des artistes, méritent cependant d'être cités et étudiés. — L'église est d'une ancienne et noble architecture ; le château a la forme d'un C, — initiale de ses fondateurs, les seigneurs de Clermont.

Le lendemain, nous nous dirigeâmes sur le petit village de Romagnieux, où demeurait un de mes parents, M. D***, chez lequel nous avions l'intention de passer un jour ou deux.

VIII

Souvenirs romains. — Ah! quel plaisir de voyager à pied !.... — Une famille de Bohémiens. — Un vieil ami.

Romagnieux est bâti sur l'emplacement d'une villa romaine, à quelques minutes des bords heureusement accidentés du Guiers. Son nom indique suffisamment son origine.

Une demi-lieue le sépare d'une autre localité également ancienne, Aoste (*Colonia Augusti* ou *Augusta Allobrogum*).

Préfecture romaine, Aoste, placée sur la route d'Italie dans les Gaules, était considérable, si l'on en juge par les tombeaux, les urnes, les bas-reliefs, statues, monnaies, fragments de mosaïque, débris de tuiles, de briques et de poterie, que l'on découvre fréquemment dans le sol.

Il existe aussi sur la place publique une grande

table de pierre, autel druidique qui servait jadis aux sacrifices chez les Gaulois.

J'ai vu, entre les mains d'un des fils D***, plusieurs objets anciens, entre autres une statuette en bronze représentant Mercure, et dont le travail me parut très-soigné.

Le conseil-général du département venait de voter trois à quatre cents francs par an pour encourager les fouilles, qui, dirigées avec intelligence, doivent donner d'heureux résultats.

Après un séjour de vingt-quatre heures dans la famille de M. D***, nous nous remîmes en route pour Montalieu-de-Vercieu. Entre autres invitations que nous avions reçues, grâce aux bons souvenirs que mon père avait laissés dans le pays depuis 1814 et 1815, époque où il commandait les gardes nationales mobilisées de l'arrondissement, nous ne pûmes accepter qu'un déjeûner de M. C..., maire de la ville d'Aoste, et un dîner des frères M..., propriétaires dans la commune de Veyrins. — Ces deux stations ne dérangeaient en rien notre itinéraire ; elles se trouvaient sur notre route et la coupaient même agréablement.

Quel joli voyage ! Quelle charmante hospitalité ! Quel accueil cordial !.. Je crois que s'il nous avait fallu accepter toutes les invitations que l'on nous fit, nous ne serions jamais sortis du pays...

A deux heures de l'après-midi, nous partîmes de Veyrins avec le dessein de jeter l'ancre à moitié chemin et de coucher chez M. R..., curé de Courtenay.

L'estimable M. D... mit son char-à-banc à notre disposition et nous offrit de nous accompagner ; mais nous refusâmes, préférant voyager en touristes.

J'aime beaucoup les voyages à pied ; j'aime cette liberté qui me permet de m'arrêter où bon me semble, de passer à l'ombre ou au soleil, de marcher vite ou lentement, de quitter la grande route pour un petit sentier, en un mot, de ne connaître d'autre guide que mon goût, ma fantaisie, ma volonté. Aussi, allais-je en amateur : je flânais, je chassais un caillou avec ma canne, je brisais une branche de buisson, je cueillais une fleur, je m'asseyais sur l'herbe pour admirer un point de vue ou prendre quelques notes ; je causais avec les paysans, je visitais les tourbières exploitées dans les marais de ce canton ; j'aimais à entendre les chants joyeux du travailleur mêlés au cri plaintif de l'essieu mal graissé du char qui rentre les récoltes à la ferme. — Oh ! dites-moi ?... Quand on est jeune, bien portant ; quand on a l'avenir devant soi et quelques écus dans le gousset ; oh ! dites-moi, quand on voyage ainsi, est-il une vie plus heureuse?... Quels biens sont plus précieux ?...

Le chemin que nous suivions est tracé sur la lisière d'anciens marais défrichés qui sont devenus des terres d'une fertilité étonnante; il nous fit traverser Thuellin, Curtin et plusieurs autres villages et hameaux dont j'ai oublié les noms. Cependant, je savais n'être pas éloigné de la plaine de Vézeronce, témoin de deux batailles sanglantes livrées au VIe et au IXe siècle, la première entre Gondemar et Clodomir, la seconde entre Louis III et Carloman, contre Bozon, fondateur du deuxième royaume de Bourgogne.

Nous approchions de Morestel *(Moriscum statio, Mons retium)*, guidés par une haute tour carrée, reste unique d'un vieux donjon qui domine la contrée et lui donne un beau style, au point de vue de l'artiste.

Nous traversâmes cette petite ville sans nous y arrêter. Disons néanmoins en passant, qu'elle est très-ancienne, qu'elle fut plusieurs fois saccagée par les comtes de Savoie, et que, dans le cours des guerres religieuses, elle fut tour à tour assiégée et enlevée par les catholiques et les protestants.

De l'autre côté de Morestel, la route devient monotone et fatigante à l'œil; elle cotoie des étangs remplis de roseaux, du milieu desquels s'échappent le cri des poules d'eau et le coassement des grenouilles, paisibles habitants de ces solitudes.

Nous dépassons Arandon, Lancin, et laissons à gauche le village de Courtenay, bâti sur le sommet d'une colline.

Comme la journée n'était pas encore assez avancée pour désespérer de parvenir à Montalieu avant la nuit, nous brûlons l'étape de Courtenay, en saluant du cœur le brave curé R***, chez lequel nous avions eu l'intention de passer la nuit.

Chemin faisant, nous fûmes témoins d'une scène qui nous impressionna beaucoup par son caractère d'originalité, et par les réflexions toutes de circonstance qu'elle fit naître en nous.

Une famille de Bohémiens, comme on en trouve encore quelques-unes autour de nos frontières, s'était arrêtée sur le bord du chemin pour y passer la nuit. La femme préparait le repas du soir; une demi-douzaine d'enfants ramassaient du bois pour entretenir le feu sur lequel une marmite était suspendue au moyen de deux branches disposées en forme de fourche; un homme assis sur le revers du fossé raccommodait les harnais d'un cheval efflanqué qui broutait l'herbe à côté d'une charrette recouverte de toile, véritable maison roulante de cette famille nomade.

Ces pauvres diables, au teint hâve et aux traits amaigris, étaient vêtus de guenilles indescriptibles, d'un ensemble saisissant et éminemment pittoresque. — C'était une scène digne du crayon de Callot...

Ils vivaient de plusieurs industries qu'ils avouaient, sans compter probablement celles qu'ils n'avouaient pas. Le mari guérissait les bestiaux malades, vendait des recettes pour tous les maux, et, à l'aide de la baguette tournante, découvrait des sources et des trésors cachés dans le sein de la terre. La femme disait la bonne aventure et conjurait le sort. Les enfants chantaient, faisaient des tours d'adresse et imitaient le cri de tous les animaux. Tantôt en France, tantôt en Savoie, ils séjournaient peu dans le même lieu et ne reparaissaient qu'à de longs intervalles dans le même village. Véritables parias de notre ordre social, redoutés des paysans, pourchassés par l'autorité, ces gens-là ont-ils une patrie, ont-ils une religion?..

Nous donnâmes quelques pièces de monnaie à cette famille dont la misère nous navrait le cœur, et nous allions continuer notre chemin, quand une autre scène vint frapper nos regards.

Un château s'élevait à peu de distance au milieu d'un parc ; une barrière de fer s'ouvrait sur la route et permettait de voir dans l'intérieur. Une société nombreuse s'y trouvait réunie ; des jeunes gens des deux sexes, à la mise élégante, dansaient sur la pelouse : ils paraissaient heureux et insouciants. Ils ne se doutaient certainement pas que, près du théâtre de leurs jeux, une famille, déshéritée des biens de ce monde et de ses jouissances, avait à peine de quoi satisfaire sa faim et n'avait pas même un toit pour s'abriter...

Les enfants du Bohémien, attirés par le bruit de la fête, jetaient sur ce château, sur ces jardins, sur ces richesses, un regard de curiosité, peut-être même de convoitise... Nous nous éloignâmes en pensant à cette jeunesse insoucieuse qui nous représentait les favorisés de la fortune, et à ces pauvres enfants qui pour nous étaient le peuple avec tous ses besoins.

Tout en méditant sur les inégalités sociales, nous hâtâmes le pas, car la nuit avançait. Enfin, dépassant la plaine de Polérieux et de Chauzieux, un petit marécage, et les villages de Bouvesse et d'Egnieu, nous traversons rapidement les bois d'Orsivant, et à huit heures du soir, nous entendons sonner l'*Angelus* : c'était la cloche de l'église de Montalieu... Nous étions arrivés au bas d'une longue descente qui précède le village ; bientôt après nous embrassions M. le curé B***.

Sa bonne réception nous fit bien vîte oublier les fatigues de cette journée qui se termina au sein des plus doux épanchements et de projets d'exploration pour le lendemain.

IX

Montalieu et Quirieu. — Les bords du Rhône. — Le défilé de Saint-Alban et la cascade de Glandieu.

Le village de Montalieu-de-Vercieu est situé au nord du département de l'Isère, à une courte distance du Rhône qui le sépare du département de l'Ain. Bâti sur la nouvelle route de Grenoble à Bourg, il est d'origine moderne, et les habitants, peu adonnés aux travaux de l'agriculture, sont occupés aux belles carrières de pierres de taille dont l'exploitation répand l'aisance dans le pays.

Du côté du nord, la vue est bornée par d'énormes rochers qui sont les premières assises des hautes montagnes du Bugey; du côté du Dauphiné, elle se repose sur les coteaux boisés de Vercieu, d'Egnieu et de Bouvesse, sans jamais s'égarer sur de vastes horizons. Je vais décrire quelques-uns de ces environs qui, sans offrir de grandes beautés pittoresques, ne manquent pas cependant d'un certain charme. — A tout seigneur, tout honneur, je commence par Quirieu...

Quirieu est un ancien bourg fortifié, assis sur un monticule de cent mètres environ de hauteur, et commandant le cours du Rhône. Il est situé à une petite heure de Montalieu.

Abrupt du côté du fleuve, ce monticule présente partout ailleurs une pente peu rapide, mais un château et des remparts en défendaient les abords. On prétend que les Romains y avaient établi un camp sous les ordres d'un chef nommé Quirinus ou Curius, d'où viendrait le nom de *Quiriacum* ou *Quirieu*. Les Sarrasins l'auraient occupé à leur tour pendant leur séjour dans le Dauphiné et le Bugey.

Quoi qu'il en soit de cette étymologie et de cette hypothèse, ce fut pendant le Moyen-Age un point stratégique de premier ordre, dont la garde était confiée à une garnison que les Dauphins y entretenaient constamment. Il défendait cette partie de la frontière, alors que le Bugey était sous la domination des comtes de Savoie.

Pendant les guerres de la Réforme, il resta entre les mains des catholiques et fut vainement assiégé par les huguenots.

N'ayant plus sa raison d'être depuis la conquête du Bugey, Quirieu perdit sa garnison, et ses remparts furent démantelés, par suite de l'arrêt qui frappait du même coup Crémieu et les autres places couvrant cette ancienne frontière.

Aujourd'hui, il ne présente plus qu'un tableau de ruines et de décombres, et à peine y voit-on quelques familles que la misère y a retenues, tandis que les autres habitants sont descendus sur le bord du Rhône où ils ont bâti de nouvelles maisons.

M. le curé B***, M. l'abbé G***, son vicaire, Bine, mon frère et moi, nous continuons notre exploration au milieu des remparts démantelés, des maisons abandonnées, sans portes ni croisées, et la plupart sans toitures. Ces murailles dégradées, ces rues où l'herbe pousse à travers les ruines, ces ravages du temps et des hommes, ce silence profond, tout présente le spectacle le plus désolant.

Heureusement, le correctif se trouve sur le versant qui domine le fleuve et d'où l'on découvre une vue grandiose.

Un des épisodes les plus dramatiques dont Quirieu fut le théâtre, c'est le jugement de François de Bardonêche.

François de Bardonêche était un seigneur dauphinois qui, pour se venger du Dauphin, séducteur de sa fille, n'avait pas craint de tourner ses armes contre son suzerain. Il fut arrêté et enfermé dans les cachots du château de Quirieu. Accusé d'avoir trahi son pays, il fut condamné à être noyé dans le Rhône.

On le conduisit en chemise, pieds et poings liés, dans un bateau au milieu du fleuve où on le précipita. Mais, comme si les eaux ne voulaient pas être complices de cette mort, elles laissèrent surnager la malheureuse victime. On lui attacha alors des pierres aux pieds et au cou, et cette fois le fleuve dut l'engloutir.

La date de ce drame lugubre est l'an 1345.

Mais poursuivons notre voyage dont le but est la cascade de Glandieu.

Nous descendons au nouveau Quirieu, qui se divise en deux parties, le *Port* et le *Bayard;* nous traversons le pont en fils de fer, et nous voici transportés sur la rive droite du fleuve, contrée désignée dans les anciens titres sous le nom de *bande du Rhône*.

Négligeant le village de Briord, qui sous la domination romaine était le séjour d'un Préteur, et qui pour l'archéologue offre d'intéressants vestiges, nous passons devant Montagneux, renommé pour les vins blancs mousseux que produisent ses coteaux, et nous dépassons la Brive, torrent dont les Romains détournèrent le cours pour alimenter de ses eaux toujours fraîches les fontaines de Briord. Ils avaient creusé un canal de dérivation de près de cent mètres à travers le rocher qui sépare ces deux localités.

Non loin de Montagneux se trouvent de vastes marécages qui occupent un ancien lit du Rhône et que le fleuve entretient à chaque crue ; une de ces flaques d'eau a été utilisée et donne lieu à un assez fort commerce de sangsues.

Mais qu'apercevons-nous à une courte distance ?.. Avançons encore...

Quel charmant coup d'œil présente la modeste chapelle de Saint-Léger qui couronne un monticule isolé au milieu de la plaine !.. Quoi de plus mélancolique et de plus grandiose à la fois que ce monticule à la base caressée par une courbe gracieuse du Rhône et par les marécages bordés de beaux arbres et recouverts de roseaux entremêlés de larges plantes aquatiques !.. Quelle opposition entre ces collines habillées d'une fraîche verdure et ces rochers abrupts chaudement colorés !.. Quelle grandeur dans cette sombre gorge de Saint-André où disparaît la route, et dans ce défilé sauvage de Saint-Alban d'où le Rhône débouche mugissant !..

Et pour complément, qu'elles sont douces les mille nuances de ce voile vaporeux que l'éloignement semble avoir posé sur les montagnes de la Savoie, comme pour en dissimuler les trop rudes contours!.. C'est un sujet tout composé que la nature a placé là comme pour provoquer le pinceau de l'artiste.

Nous laissons à droite la chapelle de Saint-Léger, nous approchons insensiblement des montagnes et nous arrivons à cette gorge de Saint-André, autrefois défendue par la forteresse dont la masse informe paraît au-dessus des bois, laissant encore soupçonner son ancienne importance.

La plaine qui se trouve entre cette ruine et le Rhône vit, dans la première année du XVIIe siècle, le fameux duel du duc de Créqui, gendre de Lesdiguières, avec le frère naturel du duc de Savoie, le bâtard Don Philippin, qui y fut tué d'un coup d'épée. — Douze gentilshommes dauphinois et autant de seigneurs savoyards étaient les témoins des deux champions.

La route que nous suivions est l'ancienne voie romaine de Lyon à Genève par Belley, et l'on y découvre encore de distance en distance quelques pierres à inscriptions latines presque indéchiffrables. Au-delà de la gorge, après avoir traversé le hameau insignifiant de Vérizieux, construit avec les débris de la forteresse de Saint-André, on revoit avec plaisir le Rhône qui coule rapide dans un lit étroit, profond et étranglé entre de hautes falaises.

Sur la rive dauphinoise, dans l'endroit le plus sombre, appelé *Malarage*, on voit une roche isolée qui s'avance dans le fleuve et qui dans les fortes crues se trouve entourée par les eaux. Elle supporte des pans de murailles noircies par les années, seules traces du monastère de Saint-Alban, brûlé, dit la légende, par le feu du ciel qui avait voulu punir les moines de leurs dérèglements.

Chaque nuit, ils passaient, dans une barque, sur l'autre rive, où se trouvait un couvent de nonnes, dont il ne reste aucun vestige, et qui fut détruit en même temps que le monastère de Saint-Alban, par la même cause et pour le même motif.

Au-dessus de ces ruines, le regard se porte alternativement de l'une à l'autre rive pour admirer la jolie cascade de Rix et le château de Mérieu, aux tourelles élancées. Ce château est placé sur des collines dont le pied plonge dans les eaux du fleuve, tranquilles à cet endroit avant de s'engager dans le défilé de Saint-Alban. Il appartient à la famille Pourroy, de Quinsonnas.

Lors de la dévastation des châteaux, en 1789, tout ce que Mérieu contenait, titres, parchemins, manuscrits, chartes, archives, matériaux si précieux pour l'histoire locale, tout fut porté au village de Grôlée et brûlé au pied de l'arbre de la liberté. — Je ne pense jamais à ces actes de sauvagerie sans gémir sur l'aveuglement des misérables de tous les partis qui s'acharnent contre les monuments et l'histoire.

En signalant ces excès, n'imitons pas certains écrivains qui cherchent à donner le change à l'opinion, en rendant la Révolution responsable de tous les crimes commis en son nom.

Les rives de la commune de Creys succèdent à celles de Mérieu et présentent la même fraîcheur, le même ombrage, la même silhouette.

Depuis peu de temps seulement, ce lieu est connu des peintres lyonnais qui recherchent une nature à la fois sévère et gracieuse. — Espérons qu'il saura inspirer la verve de nos artistes, et qu'aux prochaines Expositions, nous retrouverons sur leurs toiles la reproduction des rivages de Creys...

On exploite dans cette commune des carrières de très-belles pierres grises qui imitent le marbre, et qui sont employées à la construction de quelques-uns de nos monuments publics.

Une ruine majestueuse, qui date de la Révolution, annonce de loin au voyageur le village de Grôlée. C'est le berceau d'une illustre famille du Bugey, qui a fourni des sénéchaux à l'Eglise de Lyon, des maréchaux au Dauphiné et des gouverneurs à l'ancienne province du Lyonnais. Le roi Henri IV logea dans ce château, lors de son voyage dans la Bresse et le Bugey, nouvellement annexés à la France.

De Grôlée, la route dépasse le hameau de Neyrieu et descend dans une longue plaine. Là encore on retrouve des souvenirs romains. Dans un endroit appelé Sessieu *(Saxiacum)*, le sol était jonché des débris d'un ancien temple payen, lorsque, vers le milieu du IXe siècle, un abbé entreprit d'y fonder un couvent de Bénédictins.

Richement dotée en vassaux et en domaines, sanctifiée par la possession de précieuses reliques, cette abbaye n'eut pas cependant une longue existence. Un siècle après sa fondation, elle fut détruite par les Hongres. L'église seule resta debout ; elle est probablement la plus ancienne de la province, et l'antiquaire y vient étudier avec intérêt les fragments du temple payen qui ont servi à sa construction. Les maisons du village de Saint-Benoît-de-Sessieu, groupées autour de l'église, présentent également, dans leurs murailles, des briques et des pierres romaines provenant des ruines de l'abbaye, où les paysans avaient puisé comme dans une carrière.

Entre Saint-Benoît et Glandieu, dans cette longue plaine que la nature des arbres indique comme étant marécageuse, nous eûmes beaucoup à souffrir du soleil dont la chaleur était réflétée par les rochers. La marche était accablante ; nulle autre ombre que celle des vernes et des saules bordant de larges fossés vaseux. A force d'allonger le pas, nous avons enfin raison de cette route ennuyeuse ; des ruisseaux d'eau vive égaient alors nos yeux, et des noyers nous protègent de leur ombrage. Nous approchons de la fameuse cascade de Glandieu, dont les eaux blanchissantes d'écume se précipitent d'une grande hauteur en formant trois chutes superposées d'un fort bel effet. Le volume en est considérable ; après avoir traversé la route et fait tourner les roues d'un moulin, le torrent du Gland va se perdre dans le Rhône, à une demi-lieue de distance, près d'Evieu, qui possède un pont suspendu sur lequel passe la route de Morestel à Belley.

Nous nous reposons une heure sur la pelouse au milieu d'une atmosphère rafraîchie par la poussière d'eau que le vent enlevait à la cascade. Il fallut abréger cet agréable repos, car le bateau à vapeur, par lequel nous devions revenir, ne pouvait tarder de relâcher à Cordon. Nous nous dirigeons donc vers ce village, où l'on remarque de vieilles ruines couronnant un mamelon, et un pont en fils de fer dont l'aspect ne manque pas d'un certain caractère. Les piles qui soutiennent les câbles sont du style Moyen-Age ; on dirait des tours crénelées destinées à défendre le cours du Rhône.

Un panache de fumée et le tintement d'une cloche nous annoncent de loin l'approche du paquebot ; nous nous embarquons bientôt, et, emportés à toute vapeur sur un courant rapide, nous venons débarquer au port de Quirieu.

Une heure après, nous étions de retour à Montalieu, l'estomac creux et le gosier sec, car nous n'avions rien pris du jour qu'un très-frugal déjeûner dans une ferme perdue aux environs de Grôlée. Un bon souper et une bonne nuit réparèrent nos forces et nous mirent à même d'entreprendre le lendemain une nouvelle tournée.

X

La grotte de Notre-Dame de la Balme. — Vertrieux. — La louve enragée de la forêt de Servérin. — Le Sault du Rhône.

En remontant le Fouron, qui prend sa source dans les bois de Boulieu et qui baigne le village de Montalieu, on arrive bientôt devant le moulin de Valière, admirablement situé ; là, le ruisseau coule en murmurant le long du taillis, sur une lisière de verdure enrichie de boutons d'or, de primevères et de pâquerettes, gracieuses et modestes fleurs des champs, mille fois plus belles, à nos yeux, que les fleurs savamment cultivées de nos parterres...

A deux ou trois portées de fusil plus haut, on voit un autre moulin, le moulin de Tabouret, placé sur une digue qui retient les eaux, lesquelles, rassemblées, forment un étang de médiocre longueur. — Digue et moulin avec leurs massives assises de pierres sont d'un effet sévère au milieu du paysage… Mais bientôt la nature reprend sa douce physionomie, qu'elle conserve sur les bords de l'étang et jusque dans une gorge ombragée, déserte, mystérieuse, où l'oreille est réjouie par le bruit de l'eau jaillissant d'un rocher qui ferme toute issue.

La cascade de Chougneux ornée de longues touffes de mousses humides, les eaux qui s'arrondissent en deux ou trois filets comme des rubans soulevés par le zéphir, la petite grotte creusée au pied du rocher et à moitié cachée par de verdoyants arbrisseaux, les oiseaux qui fuient les ardeurs du soleil, et qui, abrités dans les bocages, font entendre leurs gentils gazouillements, tout cet ensemble vous charme et vous retient captif dans cet endroit que l'on quitte à regret, mais en se promettant d'y revenir…

Sortis de ce lieu si romantique, nous retrouvons le ruisseau dont nous suivons les bords jusqu'au village de Charête.

Charête relève, quant au spirituel, de la succursale de Montalieu; il est situé dans un bassin assez bien cultivé sur le revers duquel on rencontre le triste et vieux manoir d'Ecottier, où François Ier coucha une nuit, en 1517.

A l'extrémité inférieure du bassin, les coteaux, se

resserrant, forment la Combe d'Amblérieux. Un marécage occupe le fond de la Combe, et une chapelle abandonnée, le Prieuré, s'élève sur la rive. Ce Prieuré dépendait de la Chartreuse de Salette, et à certaines fêtes de l'année on y venait en procession des villages voisins. La Combe débouche sur la route de Crémieu à Lagnieu, en face de l'ancienne maison forte d'Amblérieux, appropriée de nos jours en bâtiments d'exploitation rurale.

Un trajet de vingt minutes sur cette route tracée au pied des rochers qui terminent brusquement les coteaux, nous amène à la Balme *(castrum Balmæ)*.

Le village est d'origine romaine, comme le prouvent les cippes, autels, sarcophages, lampes sépulcrales, pierres épigraphiques, amphores, médailles, statuettes et autres objets usuels ou artistiques, que les cultivateurs trouvent fréquemment dans la terre. Quelques-uns de ces fragments sont déposés dans la grotte même de la Balme, où chacun peut les examiner; mais la plus grande partie a passé entre les mains des antiquaires.

Flanqué d'un château fort, ce village était remarquable par sa position topographique, qui permettait aux anciens barons de la Tour-du-Pin et aux Dauphins de surveiller leurs vastes et riches domaines du

Bugey. Une tour carrée, percée de nouvelles fenêtres, badigeonnée à la chaux, et dont les vieux créneaux et les étroites croisées ont disparu dans une maçonnerie moderne, est tout ce qui reste debout du vieux château bâti par les premiers Dauphins, et qui eut également l'honneur de recevoir François Ier.

On en fait remonter la construction au commencement du XIIIe siècle. L'église est, dit-on, de la même époque, ainsi qu'une commanderie des Templiers et deux ou trois maisons de cultivateurs.

A la suite du déjeûner que nous avait offert M. le curé R***, nous allâmes visiter la célèbre grotte.

La grotte de la Balme, qui a donné son nom au village et dont la réputation attire un grand nombre de curieux, est comptée au nombre des sept anciennes merveilles du Dauphiné, qui sont : la Tour-sans-venin, la Montagne-inaccessible, la Fontaine-ardente, les Cuves-de-Sassenage, la Motte-tremblante, la Manne-de-Briançon et la Grotte-de-la-Balme.

Vous qui lisez ces lignes, ne comptez pas sur une description géologique de cette merveille! De plus érudits que moi se sont déjà chargés de ce travail. Ne comptez pas non plus sur ces phrases admiratives, enthousiastes, chaudes, colorées, fantaisistes, dont la plupart des écrivains se servent pour faire le récit de cette exploration souterraine !.. — C'est l'antre de la Sybille, c'est la porte du Tartare, c'est la gueule de l'Enfer, et autres licences poétiques dont l'emploi a toujours lieu aux dépens de la vérité...

Cette grotte s'ouvre derrière le village, dans le sein de la montagne, et son ouverture a près de cent pieds de haut sur soixante-cinq de large. L'aspect en est imposant. Elle fut d'abord consacrée au culte druidique ; ensuite, les Romains substituèrent leurs divinités aux divinités gauloises ; et depuis que, à leur tour, les unes et les autres ont cédé la place au Dieu des chrétiens, elle a vu s'élever à son entrée un petit édifice qui renferme deux chapelles superposées, la première dédiée à la Sainte-Vierge et la seconde à saint Jean-Baptiste. Cet édifice, bâti dans les premières années du XIIe siècle et restauré par les dons du roi François Ier, repose sur des substructions d'origine romaine ; il a longtemps servi de demeure à des ermites ; deux fois par an on y accourt encore en dévotions de plusieurs lieues à la ronde. Placé à cheval sur le torrent qui sort de la grotte et sert de déversoir au lac souterrain, il occupe à peu près les trois quarts de l'ouverture ; une barrière de bois ferme l'autre partie et interdit l'entrée de la grotte à quiconque n'a pas payé une redevance à l'aubergiste Moly, qui a acquis de la commune le monopole de fournir des guides aux amateurs, curieux de visiter cette merveille.

Précédés d'un guide portant une torche allumée, nous pénétrons dans l'intérieur, et, après quelques instants de marche, la lumière du jour n'arrive plus jusqu'à nous. Tout est dans l'obscurité, excepté les reliefs des rochers éclairés par la lueur blafarde que projettent nos torches. Peu à peu, la vue s'habitue à cette faible clarté et finit par distinguer les lieux que l'on parcourt.

C'est d'abord un immense vestibule qui se rétrécit insensiblement et du fond duquel partent deux corridors. L'entrée de celui de droite est rendue difficile par des débris de rocher et des excavations; mais, quand on avance, ces difficultés ne tardent pas à disparaître. Une stalagmite colossale, appelée le *Capucin*, arrête le regard. Depuis des siècles, une goutte d'eau tombe incessamment de la voûte, et les sédiments calcaires qu'elle contient ont donné naissance à cette façon de statue qui ressemble à peu près à un capucin. Quant à l'eau qui suinte le long des parois du corridor, elle produit de capricieuses concrétions, des stalactites représentant des tuyaux d'orgue, des colonnes, des candélabres, des lustres, des culs-de-lampe, des festons, de grandes draperies d'un blanc mat. — Ces curiosités, jeux bizarres de la nature, changent peu à peu de forme et de volume à mesure que de nouvelles couches se superposent aux anciennes.

Une particularité due, sans doute, à l'inclinaison des fissures et des assises du rocher, c'est que la paroi de droite est exempte d'humidité, et que son état de sécheresse a permis à de nombreuses troupes de chauve-souris d'y fixer leur demeure. Ces hideux animaux la tapissent dans toute sa hauteur; et leurs déjections, espèce de *guano* accumulé à sa base, est une mine productive pour le père Moly, qui vend aux paysans le droit de venir enlever ce fumier dont ils engraissent leurs champs. Le guide a soin de recommander aux visiteurs de ne pas effaroucher ces chauve-souris qui, dans leur vol saccadé, pourraient éteindre les torches et vous plonger dans une dangereuse obscurité.

Il est dans ce corridor un semblant de statue de femme et un passage qui portent l'un et l'autre un nom mal sonnant pour des oreilles françaises, et que la pruderie conventionnelle de notre langue m'empêche d'écrire textuellement; mais, notre vieux patois dauphinois, étant, comme le latin, moins collet-monté, ne craint point de le nommer franchement...

Cette statue affecte une pose indescriptible, et le passage est obstrué par un rocher incliné et très-uni, le long duquel on est obligé de se laisser glisser pour continuer sa route. — On comprend sans peine que les hommes ne trouvent aucun inconvénient à exécuter cette glissade ; quant aux dames, si elles négligent d'attacher leur robe par le bas, elles se chargent de justifier clairement le nom réprouvé donné à ce passage.

Le corridor de gauche suit une montée un peu rude sur le bord du torrent, dont le lit est presque à sec pendant l'été. Sur le point culminant, les amateurs du merveilleux ont l'habitude d'allumer des flammes de Bengale. Les reflets rougeâtres qui éclairent en tremblottant la figure des visiteurs et les parties saillantes du rocher ; la hauteur de la voûte où la lumière arrive avec peine ; les profondeurs où elle ne peut parvenir ; tout cela, avec l'accompagnement obligé de coups de pistolet, de cris infernaux et de gestes bizarres, présente un spectacle des plus fantastiques, vis-à-vis duquel sont bien pâles les plus belles scènes analogues de nos grandes pièces féeriques...

Dans ce corridor on voit aussi, un monument des plus curieux : que l'on se figure une masse sédimenteuse qui de la base au sommet offre une série de bassins parfaitement circulaires, dont la dimension va toujours en diminuant et desquels s'échappe une eau limpide. Comme pour le *Capucin*, c'est à un filet d'eau suintant de la voûte que sont dues la formation de cette fontaine et son alimentation continuelle. Le voyageur, dans son admiration, fera bien de regarder où il pose les pieds, afin d'éviter les nombreuses cavités, pleines d'eau et plus ou moins profondes, qui entourent cette curiosité naturelle...

Après avoir dépassé cette fontaine, on descend rapidement jusqu'à l'endroit où toutes les eaux de la grotte se rassemblent pour former le fameux lac souterrain. Ce lac paraît avoir une vingtaine de pieds de large ; quant à sa longueur, on ne peut guère l'apprécier : il se perd en contours sinueux dans les profondeurs de la montagne. Un bateau était, il est vrai, à la disposition de ceux qui auraient voulu essayer une exploration ; mais le mauvais état de cette embarcation rendait alors dangereux un voyage sur ces eaux dont l'immobilité est vraiment effrayante.

Le guide nous apprit que les rochers se rapprochaient tellement dans certaines parties du lac qu'ils laissaient tout juste assez de place pour passer, et que la voûte, s'abaissant jusqu'au niveau de l'eau, forçait les navigateurs à se tenir couchés dans le bateau sur lequel on peut ainsi parcourir l'espace d'un quart de lieue.

Ce voyage, du reste, n'est pas sans danger : la tradition rapporte qu'avant François I*er* personne n'avait osé l'entreprendre, et que ce roi promit leur grâce à deux condamnés à mort s'ils voulaient aller reconnaître la place où le lac prend sa source. Au retour de leur expédition, ces hommes racontèrent des choses merveilleuses qui contribuèrent encore à accroître l'effroi inspiré par ces lieux ténébreux...

Sur le bord du lac, on voit la boutique dite du *Charcutier*, formée de stalactites qui figurent tant bien que mal des saucissons, des jambons, ou plutôt tout ce que veut l'imagination. Un bloc de pierre représente le comptoir, un autre la marchande...

Revenant sur nos pas, nous visitons une petite galerie pleine de cristallisations sur lesquelles se joue la lumière vacillante des torches, et nommée pour ce motif *Galerie des Diamants*. — Des diamants ! nom pompeux et menteur qui en dit plus que la réalité... Nous terminâmes notre exploration en traversant le *Labyrinthe*, passage fort étroit, qui après des contours multipliés, aboutit à une salle ronde et élevée, appelée la *Chambre des Faux-Monnayeurs*.

Elle servit, dit-on, d'asile à Mandrin et à ses compagnons qui avaient su mettre l'ermite dans leurs intérêts. On prétend aussi que ce même ermite entraînait dans sa grotte les jeunes filles venues en pèlerinage à Notre-Dame de la Balme...

Je laisse la responsabilité de ces accusations à notre guide, grand amateur des histoires terribles.

Ce qu'il y a de vraiment fantastique dans cette chambre, c'est le panorama que l'on découvre d'une ouverture en forme d'œil-de-bœuf : on voit à une grande profondeur le vestibule principal, la chapelle à l'entrée de la grotte et même une échappée de la campagne.... Je crois que cette salle s'appelle aussi l'*Appartement du Roi*, en souvenir de François Ier qui la visita.

Le trajet dans le *Labyrinthe* n'est pas des plus agréables ; la fumée des torches vous suffoque ; outre cela, il faut s'aider des pieds et des mains, se baisser, se tordre pour avancer ; je ne conseille pas aux hommes d'une certaine corpulence d'essayer jamais de l'entreprendre.

Outre ces galeries à la portée de tous les visiteurs, il en est d'autres supérieures dont l'abord est si escarpé et si dangereux que l'on ne peut y parvenir qu'à l'aide d'une échelle. Par mesure de prudence, l'autorité a défendu aux guides d'y laisser monter personne.

Avant de nous éloigner de ce village, rappelons que le roi François Ier vint en dévotions à la chapelle de Notre-Dame de la Balme. Ce n'était point ce prince voluptueux, aimant les plaisirs et les fêtes, c'était un religieux vêtu d'une robe de laine blanche, comme un pénitent de la confrérie du Confalon; il devait continuer son pélerinage à pied, jusqu'à Chambéry, pour s'y prosterner devant le Saint-Suaire qui, à cette époque, était en grande vénération parmi les fidèles.

Le couvent des dames Chartreusines de Salette vers lequel nous nous dirigions, est agréablement situé, sur les bords du Rhône, à une demi-lieue du village de la Balme.

Fondé à la fin du XIIIe siècle par le dauphin Humbert Ier, il eut pour première abbesse la fille de ce prince, Marie, qui y mourut après une vie exemplaire. Son tombeau s'y voyait encore avant la Révolution.

Une majestueuse avenue de tilleuls séculaires aboutissant à un grand portail d'un beau style, décoré d'un fronton où se lit une inscription en l'honneur du Dauphin; une église, des cloîtres et surtout de vastes jardins disposés en terrasse et descendant jusqu'au fleuve, peuvent donner une idée de ce que le couvent devait être en 1660, époque à laquelle il fut reconstruit. Vendus comme biens nationaux, les domaines ont été morcelés ; les bâtiments où un industriel avait établi une fabrique, qui n'a pas prospéré, ont été négligés et sont dans un délabrement complet.

Nous regagnons la route du port de Lagnieu, en coupant les prairies et les champs qui longent le Rhône, et nous prenons le chemin de Vertrieux. Ce chemin traverse un bois taillis au milieu duquel une croix élevée dans un carrefour rappelle un épisode de la Révolution.

Des habitants du pays, après avoir saccagé l'abbaye de Salette, pillé et incendié les châteaux de Verna, d'Hières et d'Amblérieux, se dirigeaient vers celui de Vertrieux. Arrivés à ce carrefour, ils furent reçus par une décharge de coups de fusil qui en tua ou blessa plusieurs. Surpris par cette attaque soudaine, ils s'arrêtent aussitôt pour reconnaître à qui ils ont affaire. Il reconnurent le seigneur de Vertrieux, qui, avec quelques serviteurs dévoués, s'était embusqué dans le bois afin de défendre les abords du château. Cette courageuse résistance en imposa tellement aux pillards, que, renonçant à leurs coupables projets, ils se hâtèrent de tourner les talons.

On enterra les morts sur place, et c'est en mémoire de cet événement que la croix fut érigée.

Le village de Vertrieux est petit, mal construit,

mais les champs resserrés entre la montagne et le Rhône sont d'une fertilité remarquable ; le mûrier y vient à ravir et donne une récolte assurée. La température y est chaude, grâce aux rochers, puissants réflecteurs qui renvoient sur les terres les rayons du soleil.

A la sortie du village, sur un mamelon détaché de la montagne, se présente un donjon à l'architecture irrégulière, abandonné depuis des siècles aux rats et aux corbeaux, mais dont les murailles et les tours encore solides, malgré leur vétusté, ont conservé un caractère des plus intéressants (1).

Si ces habitations perchées comme des nids de vautours avaient leur raison d'être, sous le rapport de la défense et de la sécurité, alors que les châteaux se faisaient la guerre entre eux et que le pays était infesté de bandits et de coureurs, en revanche elles devaient offrir un détestable séjour. Un peu plus

(1) Une dame amie des arts et des beautés pittoresques vient de faire rétablir les toitures et les planchers de ce donjon, qu'elle a disposé en un observatoire d'où l'on domine le cours du Rhône et les campagnes riveraines. Mme de la Rouillère, fille de M. Battéon, de Vertrieux, a eu le bon goût de conserver à ce château son cachet féodal et de ne pas ressembler à tant d'autres propriétaires, — épiciers enrichis pour la plupart, — qui restaurent de nobles demeures en les badigeonnant et en en faisant de véritables monstruosités, le désespoir des artistes...

tard, les anciens seigneurs prirent l'habitude de construire leurs demeures en des lieux moins inaccessibles et d'y introduire un peu de confortable...

Le château moderne de Vertrieux est situé au bord du Rhône ; il est entouré de beaux arbres qui l'abritent de leur ombrage et l'embellissent de leur verdure. En face, à Saint-Sorlin, même tableau qu'à Vertrieux ; le vieux donjon se montre solitaire sur son rocher, tandis que le nouveau château s'étend sur la rive du fleuve.

Mme la princesse Pauline Borghèse, sœur de l'empereur Napoléon Ier, séjourna avec sa suite dans le château de Vertrieux, habité alors par M. Battéon. Malade, elle voyageait à petites journées sur le Rhône et se rendait aux eaux d'Aix.

Nous remontâmes le Rhône par un chemin bien ombragé et bordé de haies vives. Les deux abbés qui nous accompagnaient s'agenouillèrent en passant devant la chapelle consacrée à saint Vérin, que les mariniers invoquaient autrefois dans les moments de danger.

L'immense forêt de Saint-Vérin, par corruption *Servérin*, couvrait autrefois tout le pays. Elle a été morcelée, défrichée ; il en reste cependant encore quelques lambeaux sur les montagnes et dans les endroits peu susceptibles de culture ou que la charrue ne peut atteindre. Des fermes, des hameaux, des villages se sont élevés dans les éclaircies, et depuis lors on entend rarement parler des dévastations et des malheurs qu'occasionnaient journellement les bêtes fauves dont elle était peuplée.

Il y a un certain nombre d'années, un événement dramatique qui eut un grand retentissement, effraya le pays ; il se passa entre Optevoz et Châtelan, où l'on trouve encore des bois épais, parties conservées de cette ancienne forêt.

Une louve enragée parcourait ces contrées. Dans ses courses vagabondes elle semait partout la terreur; des bestiaux avaient été dévorés, plus de quatre-vingts personnes avaient été attaquées et plusieurs avaient succombé aux suites de leurs blessures. Rarement on se hasardait seul dans la campagne, et surtout sans être armé...

Un huissier de Crémieu, nommé David, qui était venu porter une signification à un habitant de Châtelan, quittait ce village pour s'engager dans un chemin creux, lorsque la louve débouchant d'un fourré s'élança sur lui. Acculé contre le talus et armé d'un trident qu'un paysan lui avait fait prendre par précaution, il maintint l'animal à distance. Mais ses forces faiblissaient, le manche du trident s'était brisé ; il allait succomber quand le ciel lui envoya un sauveur.

C'était son fils, jeune homme d'une vingtaine d'années, qui, inquiet de l'absence prolongée de son père, accourait à sa rencontre. Il parut à l'extrémité du chemin creux dans cet instant critique. Armé d'un couteau seulement, il eut bientôt franchi la distance qui le séparait de la louve. Celle-ci se retourne aussitôt, et la gueule béante s'élance contre son nouvel ennemi : sans se déconcerter, le jeune David lui saisit la langue de la main gauche, et de la main droite il lui laboure la tête avec son couteau, pendant que le père ayant ressaisi le fer du trident l'en frappait à coups redoublés. La lutte fut longue, terrible ; l'animal succomba enfin sous les efforts de ses deux assaillants et expira à leurs pieds. Dans cette lutte affreuse, David le père n'avait pas été atteint, mais le fils était couvert de blessures ; les chairs du bras gauche surtout étaient entamées jusqu'à l'os.

Des paysans le transportèrent à Crémieu sur un brancard ; pendant quarante jours, il resta cloué sur un lit de douleur. Au bout de ce temps, l'hydrophobie se déclara et il mourut après d'horribles souffrances. Il est enterré dans l'ancien cimetière de Crémieu, où une pierre commémorative rappelle ce terrible événement.

Tout en parlant de ce fait, et déplorant le sort de cet infortuné que nous avions connu dans notre enfance, nous arrivâmes devant le pont du Sault *(Saltus)*.

Ce pont doit son nom au bouillonnement des eaux occasionné par un banc de rocher. Datant de 1826 et bâti en belles pierres de taille, il a remplacé un ancien pont d'origine romaine ou bourguignonne, dont l'arche centrale, détruite sous les guerres religieuses, avait été rétablie au moyen de poutres et de planches, qui durèrent jusqu'à cette reconstruction.

Lorsque quelques années auparavant j'avais descendu le Rhône du lac du Bourget à Lyon, je mentionnai les difficultés que la navigation rencontrait au passage du Sault. Grâce à une nouvelle digue, le danger a un peu diminué; espérons qu'on le fera disparaître tout-à-fait!

Je ne puis comprendre que dans un pays riche comme la France et avec les moyens que la science moderne met à la disposition des ingénieurs, je ne comprends pas, dis-je, qu'un pareil obstacle existe encore, et soit une solution de continuité dans la navigation de ce magnifique cours d'eau. A la montée, ce n'est qu'avec des peines infinies, de la prudence et la sonde à la main, que l'on peut franchir le Sault du Rhône ; à la descente, même embarras, même perte de temps, mêmes dangers. — Les Américains ont canalisé le Niagara, qui est aujourd'hui sillonné par de gros navires, et nous, nous laissons l'un des plus beaux fleuves de France obstrué par de misérables blocs de rochers !...

L'anecdote suivante a tout naturellement sa place ici. Henri IV se trouvait sur le Rhône supérieur après la conquête de la Bresse et du Bugey ; on l'engageait à s'embarquer pour continuer son voyage. Mais, comme il se souciait fort peu de traverser le Sault, alors très-redouté, il refusa par une gasconnade spirituelle :

« — Nous ne sommes pas encore au jour des Rois, dit-il, et je ne veux pas fournir l'occasion de faire crier : *Le Roi boit !..* »

En 1814, la rive du Rhône comprise entre le village de Vertrieux et le pont du Sault fut témoin de diverses escarmouches et devint l'objet d'une active surveillance, afin de défendre le passage du fleuve aux Autrichiens, qui avaient envahi le département de l'Isère.

Mon père, chargé de cette défense, avait établi son quartier-général au château de Vertrieux et avait fait enlever la passerelle en bois jetée sur les vieilles piles du pont du Sault : au préalable, il s'était transporté sur la rive droite, malgré les patrouilles autrichiennes qui battaient le pays ; il avait fait détacher et amener sur la rive gauche tous les bateaux qui auraient pu favoriser le passage.

Nos braves gardes nationaux firent au pont du Sault une telle résistance que l'ennemi ne put utiliser les madriers qu'il avait apportés pour le rétablissement de la passerelle.

Chemin faisant, je racontais à mes compagnons divers épisodes de cette glorieuse, mais malheureuse campagne de 1814.

Nous tournons le dos au fleuve et prenons un sentier qui s'enfonce dans un vallon où l'on retrouve une partie de la forêt de Servérin, et où les eaux profondes du petit lac de Lavant dorment presque ignorées. Le sentier nous mène droit au pied d'un rocher sur lequel une habitation pittoresque se donne un faux air de manoir féodal.

C'est le presbytère du village d'Amblagneux, dont l'estimable curé, M. F***, nous fait les honneurs avec une bonté parfaite. Nous y dînons, et le soir nous rentrons à la cure de Montalieu.

XI

Benonce. — Manière économique de déjeûner. — La Chartreuse de Porte. — Une bonne aubaine.

Sur pied au premier chant du coq, nous nous mettons en route pour la Chartreuse de Porte, située sur les montagnes du Bugey qui séparent la large vallée du Rhône de la vallée secondaire de l'Albarine. Le jour nous prit sur le pont de Quirieu. De même que l'avant-veille, nous laissons Briord derrière nous, et, traversant la plaine, nous arrivons à Serrière qui possède une curieuse église du XV° siècle et qui ferme la gorge étroite d'où débouche le Pernas.

Nous gravissons alors un chemin tracé sur la rive droite du torrent que l'on entend mugir à une grande profondeur, au pied de rochers qui ressemblent à des forteresses défendant l'entrée du pays. Ces rochers servent d'assises à de vieilles murailles attribuées aux Sarrasins ; ils recèlent dans leurs flancs plusieurs cavernes qui, au dire de la tradition et de l'histoire, ont servi de retraite aux Infidèles pendant leur séjour dans le Bugey. Des armes, des bracelets et autres objets appartenant à ces peuples y ont été trouvés, et c'est d'une de ces cavernes que sort le fameux oliphant de Roland, neveu de Charlemagne. Le cor d'ivoire aurait appartenu à l'héroïque paladin, venu dans ces pays pour combattre les Infidèles ; à la suite d'une défaite, il l'aurait laissé comme trophée entre leurs mains.

Ce précieux morceau archéologique, artistement travaillé, fut découvert il y a cinq à six cents ans dans une grotte située entre Benonce et Seillonas, par des bergers qui l'offrirent à la Chartreuse de Porte. Renfermé dans le trésor de la maison, il ne sortait jamais de son enveloppe que pour être montré aux étrangers de distinction ; sous la Révolution, le dernier prieur, Dom Mérille, le sauva du pillage de la Chartreuse en le déposant entre les mains des autorités de Lagnieu. Il enrichit maintenant le cabinet de M. le duc de Luynes.

Au bout d'une heure de marche, nous arrivons au village de Benonce, dont les alentours, malgré leur élévation au-dessus de la plaine, mais grâce à une heureuse exposition, produisent de l'excellent vin ; une autre richesse du pays consiste dans de beaux pâturages qui nourrissent un nombreux bétail.

Je n'ai vu nulle part une population plus mélangée et plus laide que celle de ce canton. L'explication m'en paraît simple : presque tous les enfants trouvés de l'hospice de la Charité de Lyon sont mis en nourrice dans ces hautes vallées, où la plupart se fixent définitivement ; souvent ils se marient dans les familles des paysans qui les ont élevés et chez lesquels ils sont restés en service.

Beau comme un enfant d'amour !.. est un dicton populaire ; mais, à coup sûr, ce n'est point ici que ce dicton a pris naissance...

Une petite mésaventure dont nous fûmes victimes nous indisposa vivement contre le curé du lieu.

Il est assez d'usage dans ces campagnes que les prêtres en voyage descendent chez un confrère plutôt qu'à l'auberge. MM. de Montalieu avaient pensé déjeûner chez M. de Benonce. Grand fut notre désappointement ! M. de Benonce était absent du presbytère...

« — Oh ! mon Dieu !.. quel malheur... monsieur le curé vient de sortir, et il sera pour longtemps dehors !... » nous dit d'un air dolent la servante qui nous recevait sur le seuil de la porte, et qui se hâta de nous offrir... devinez quoi ?.. des excuses au nom de son maître, qui à son retour serait désolé de ce contre-temps...

Et cependant notre estomac n'avait pas encore reçu son pain quotidien !.. Après une course matinale de plus de cinq heures, des excuses, c'est très-bien ! mais c'est par trop digestif...

Nos deux abbés se prirent à sourire, en s'éloignant de ce toit inhospitalier, et l'un d'eux s'écria :

« — Et nous aussi, nous sommes *benoncés !..* »

Ne comprenant pas la signification de ce participe, que j'entendais pour la première fois, et qui ne se trouve sans doute dans aucun dictionnaire, je priai le même abbé de suppléer à mon ignorance, et voici l'explication qu'il me donna :

« — M. le curé de Benonce, dit-il, a la réputation d'être très-serré ; jamais il ne reçoit un confrère à sa table. Sa servante éconduit tous les visiteurs, avec l'excuse invariable que son maître est absent. Aussi l'expression de *benoncé* est-elle employée ordinairement pour exprimer qu'on a éprouvé un refus.

» Après tout, mes amis, ajouta-t-il gaîment, nous en serons quittes pour serrer notre ceinture et fumer une pipe de plus... »

Tout en riant au récit de diverses anecdotes concernant ce curé si habile à éluder les préceptes de la charité chrétienne, nous arrivons dans une gorge élevée, plantée de quelques sapins souffreteux, et séparée de la vallée du Rhône par la montagne de Cuny.

Sur le point culminant de cette montagne, les paysans ont érigé une croix au pied de laquelle ils vont processionnellement allumer de grands feux, le 30 juillet, jour de la fête de saint Abdon, à l'effet de prier ce saint d'éloigner de la contrée les fléaux qui détruisent les récoltes.

Parvenus à l'extrémité de la gorge, nos voyageurs doublent un monticule, gravissent une côte rapide et arrivent enfin devant la Chartreuse de Porte.

Ce couvent n'a pas l'importance de la Grande-Chartreuse ; les bâtiments sont ruinés, les voûtes effondrées, les cloîtres encombrés ; l'herbe et les ronces ont envahi les cours. La partie la mieux conservée sert d'habitation à un fermier, et quelques cellules ont été changées en écuries. Le site manque de majesté et de pittoresque ; les montagnes sont privées de forêts, et leurs sommets sont arrondis en forme de ballon ; point de torrents écumeux, de cascades bondissantes ; point de perspectives lointaines, rien qui captive les yeux et impressionne l'imagination.

Stimulés par l'exemple de saint Bruno dont ils admiraient la règle, Bernard et Ponce, religieux de l'abbaye d'Ambronay, se retirèrent au désert de Porte en 1115, et y jetèrent les fondements de cette Chartreuse. Bernard, le premier prieur, se voyant avancé en âge, se démit bientôt de sa direction en faveur de son ancien disciple Anthelme, évêque de Belley.

Cette Chartreuse, troisième maison de l'ordre, ne tarda pas à s'enrichir des nombreuses donations des comtes de Savoie et des seigneurs de la contrée. Les archevêques de Lyon se distinguèrent surtout parmi ses plus zélés bienfaiteurs; l'un d'eux y trouva un asile lorsque, en 1158, il fut chassé de son palais par Guy, comte de Forez, qui avait surpris la ville, saccagé les églises et dispersé le clergé. Elle s'honore de la visite du roi Louis-le-Jeune; elle n'eut pas à subir les désastres qui, dans le Moyen-Age, causèrent plusieurs fois la ruine de la maison-mère; mais moins favorisée que celle-ci, en 1789, elle fut littéralement dévastée par des bandes de paysans, et les propriétés furent vendues par l'Etat à divers particuliers.

Pendant plusieurs années le domaine de Porte a appartenu à M. Roselly-Mollet, avocat du barreau de Belley et qui fut membre de l'Assemblée constituante, en 1848. A l'époque où nous nous y trouvions il en était encore propriétaire (1).

Après avoir visité ces ruines sans y rencontrer âme qui vive, nous allions sortir de la grande cour qui les précède quand, ô surprise! une dame, une véritable dame, mise avec goût, nous arrête au passage.

« — Messieurs, veuillez me suivre ; venez vous reposer un instant et vous rafraîchir ! nous dit-elle avec un langage parfait et avec les formes les plus polies, en nous indiquant la partie du couvent convertie en ferme. »

Une dame au milieu de ces ruines !.. Une invitation à dîner dans ce désert !.. Est-ce un jeu, une tentation de l'esprit malin ?.. En tout cas, le diable avait pris une enveloppe gracieuse et avait à la bouche des paroles qui auraient touché de moins... *benoncés* que nous. Au nom de nos deux compagnons, qui par trop de réserve n'osaient profiter de cette bonne fortune, —quoique l'envie ne leur en manquât point,—nous acceptons l'invitation.

Aussitôt introduits dans une vaste pièce restaurée depuis peu, nous voyons table mise, œufs à la coque,

---

(1) Depuis peu de temps, le couvent a été racheté par des Chartreux qui, après y avoir fait les réparations les plus urgentes, s'y sont établis et l'ont rendu à sa destination première.

saucisson fumant, fromage à la crème, beurre, fraises, etc... et surtout bouteille suant de petites gouttelettes perlées qui laissaient soupçonner la fraîcheur du contenu.

Une seconde dame parut bientôt, et de même que son amie, nous reçut avec une exquise affabilité. Leur conversation dénotait un esprit cultivé, l'habitude du monde ; elles étaient au courant des nouvelles du jour. Nous ne revenions pas de notre surprise, quand une de ces dames nous apprit comment, à la suite de circonstances qu'il est inutile de rapporter, M. B***, son mari, qui était notaire dans une petite ville de la Bourgogne, devint fermier de la Chartreuse de Porte. L'autre dame était sa belle-sœur.

Séquestrées dans le couvent pendant les mois de l'hiver, et dans l'été ne descendant point de leurs montagnes, depuis trois ans, nouvelles Chartreusines, elles menaient cette vie retirée. Néanmoins, chaque semaine elles recevaient le *Journal des Modes*, de la musique et des romans nouveaux. C'était un bonheur, quand par hasard elles voyaient dans ce séjour une figure humaine, autre que les grossiers montagnards que, par une délicatesse exagérée de femmes du monde, elles ne pouvaient se résoudre à considérer comme des hommes ; elles saisissaient avec empressement l'occasion d'offrir l'hospitalité au touriste égaré dans ce désert...

La dame termina son récit en nous témoignant le regret que lui causait l'absence de son mari, occupé à surveiller des travaux dans la montagne.

Nous prenons congé de ces excellentes personnes, dont je me souviens toujours avec plaisir. Il m'est vraiment bien doux d'écrire ce qu'il y avait de prévenant, d'affectueux, d'aimable dans cette hospitalité. Je fais des vœux pour le bonheur de cette intéressante famille ; mais je ne sais ce qu'elle est devenue depuis que les Chartreux ont repris possession de l'ancienne maison de leur ordre. Chaque fois que je me retrouve avec M. le curé B***, nous aimons à nous rappeler les incidents de ce voyage...

A quelque distance du couvent, dans une espèce d'entonnoir, se cache l'ancienne Courrerie qui a formé le misérable hameau de Porte, dont la modeste chapelle revendique l'honneur de posséder le corps du bienheureux saint Anthelme, qui est en grande vénération auprès des fidèles de ces contrées.

Notre retour s'effectuant par un autre chemin que celui que nous avions pris le matin, nous arrivons à l'ouverture supérieure de l'anfractuosité large et profonde où sont bâtis les villages de Buis et de Villebois.

De ce point, la vue est immense : on découvre la vallée du Rhône et la plus grande partie du Dauphiné depuis les Alpes de la Savoie jusqu'aux Alpes de Briançon. Comme on n'a plus qu'à descendre par un sentier serpentant sur un des flancs de la montagne de Cuny, nous avons bientôt atteint la plaine et les bords du fleuve que nous traversons en bateau à Bigarra, qui est le port de Montalieu.

XII

Le château de Brotel. — Dupe et friponne. — Une ville disparue. — Retour à Lyon.

A notre retour à Montalieu, nous trouvâmes au presbytère un ami de M. le curé B***, M. Br***, desservant du village de Saint-Baudile. Cet abbé soupa avec nous ; puis, connaissant notre faible pour les excursions, il nous parla du château de Brotel qui se trouvait sur sa paroisse.

« — Venez déjeûner demain chez moi, nous dit-il gracieusement, je vous conduirai moi-même au vieux manoir que nous visiterons tout à notre aise !... »

Nous acceptâmes de grand cœur cette invitation, et le jour suivant nous nous mîmes en route. Voici l'ancien village de Vercieu, situé sur le revers d'une colline boisée, et d'où est sorti le nouveau village de Montalieu. Il n'y reste plus que quelques mauvaises maisons groupées autour d'une grosse ferme et d'une vieille église dans laquelle on serre du bois et du fourrage.

Avant la Révolution, cette église était un prieuré desservi par un des aumôniers de Salette, et le village lui-même était un des nombreux domaines de l'abbaye. On découvre encore les armoiries de la Chartreuse, taillées sur le portail de l'église et sur les murs de la ferme, mais à moitié perdues sous les petites mousses parasites qui croissent sur la pierre.

Au-delà de Vercieu, dans un endroit désert et au coin d'un bois taillis, s'élevait jadis l'oratoire de Notre-Dame-de-Gorge, lieu redouté des paysans du voisinage; des fantômes y apparaissaient chaque nuit et prenaient leurs ébats à la clarté mystérieuse de la lune... Malheur à l'imprudent qui venait interrompre ces jeux!..

Voici le hameau du Vernet, arrosé par le Fouron; puis, au sommet d'une côte rapide et rocheuse, voici enfin la colline sur laquelle se trouve le village de Saint-Baudile. Après un modeste mais cordial déjeûner, nous partons pour Brotel, conduits par l'obligeant curé Br***.

La gorge que le château commande prend naissance au village d'Optevoz et descend dans la plaine, où elle débouche, un peu au-dessus du village d'Hières. Elle sert de lit au ruisseau d'Amby qui coule silencieusement ; l'aspect en est triste : des rochers grisâtres sur les côtés, un horizon borné, un vrai désert ! Le château lui-même, placé sur un mamelon qui se détache de la montagne, ne me produisit pas l'effet que j'en attendais : nous arrivions d'un point supérieur et sa silhouette ne pouvait s'enlever sur la couleur terne des rochers. Le temps était sombre, et nul doute que vu du fond de la gorge, par un beau soleil, il ne dût offrir un autre aspect. Nous le parcourûmes néanmoins avec intérêt ; certains détails en sont charmants et quelques-uns très-bien conservés.

Un mur fortifié demi-circulaire lui sert d'enceinte du côté de la montagne ; entre ce mur et le château, une vaste cour coupée autrefois par un fossé dont on distingue les traces ajoutait encore à sa défense ; le précipice le bornait des autres côtés. Selon toute probabilité, cet emplacement a dû être occupé par un castrum romain.

Une espèce d'original en grosses lunettes et en bonnet de laine nous reçut avec bonhomie ; à son accent traînant, je reconnus aussitôt un de ces vieux canuts de Lyon dont le type est à peu près perdu de nos jours. En effet, le père Gerbaut, maîtreveloutier du quartier Saint-Georges, était devenu propriétaire de ce vieux castel, domaine morcelé de l'immense fortune des La Poype, qui possédaient également les terres et le château d'Hières, situés à peu de distance. Serrière, Brotel, etc., tout le patrimoine de cette illustre famille est échu en partage à des négociants lyonnais... La navette a dépossédé l'épée... Un écheveau de soie recouvre le blason !..

L'histoire du père Gerbaut est assez curieuse, et c'est lui-même qui nous l'a racontée... D'une foi robuste aux merveilles de la sorcellerie et du magnétisme, ce vieux brave homme apprit d'une somnambule qu'un trésor était enfoui dans les souterrains du château de Brotel. — Comment la pythonisse connaissait-elle ce château ?... Etait-elle commère du paysan qui voulait s'en débarrasser, et en reçut-elle un courtage ?.. C'est ce que j'ignore ! Toujours est-il que voilà le père Gerbaut en route pour Brotel où le marché fut conclu à beaux deniers comptants. Il s'y établit avec sa femme et sa fille, et le bruit de trois métiers de tisseur vint se mêler au cri des chats-huants et des corneilles qui hantent les combles du manoir.

Il se mit aussitôt à l'œuvre, des recherches furent faites, des fouilles pratiquées ; mais rien, point de trésor !.. Voyage à Lyon pour consulter de nouveau la sorcière, à un petit écu par séance... Retour à Brotel, mêmes recherches infructueuses... Second voyage à Lyon, et cette fois promesses brillantes et positives : la sorcière inspirée, sous l'influence du sommeil magnétique, se voit tout-à-coup transportée dans un souterrain ; mais elle est arrêtée par un obstacle... — Un petit écu glissé dans sa main lève toutes les difficultés. — Ses yeux pénètrent alors l'épaisseur de la muraille ; elle est éblouie des richeses qui s'étalent à sa vue...

Enthousiasmé, le père Gerbaut, de retour à Brotel, se remit à l'ouvrage ; un souterrain fut découvert, exploré en tous sens ; les murs furent percés, le sol fut sondé, mais de richesses, néant !.. — Depuis plusieurs années qu'il est acquéreur de ces ruines, il ne s'est point rebuté.

Peu de temps avant notre visite, il crut tenir le magot ; voici à quelle occasion.

Dans une des principales pièces, existe une vaste cheminée armoriée, au-dessus de laquelle se trouvent deux lettres sculptées sur la pierre et entourées de lacs et d'ornements dans le goût du XVIe siècle. Ces deux lettres, *L P*, par effet du hasard ou par caprice de l'artiste, sont sensiblement inclinées vers le plancher. Le père Gerbaut a cru voir dans cette devise et dans son inclinaison la direction à suivre pour continuer ses recherches. *L P*, qui sont les initiales du nom de La Poype, veulent dire, selon lui, — le plancher. — Le voilà donc à bouleverser ses planchers comme il avait fait de ses caves, et à entasser ruines sur ruines. Il ne désespère pas ; sa foi est plus vive que jamais. — Je crois qu'elle ne s'évanouira que lorsque son dernier écu aura passé de sa main dans les griffes de la sorcière.

Cette exploration terminée et une bonne réussite souhaitée à ce brave homme, nous quittâmes le vieux manoir.

La tradition du pays prétend qu'une ville sarrasine disparue depuis dix ou douze siècles existait dans les environs. Je priai nos trois abbés de nous conduire sur l'emplacement désigné.

Descendus de Brotel par un sentier serpentant le long du rocher, nous remontâmes la gorge et le ruisseau d'Amby jusqu'à une digue qui retient les eaux et au pied de laquelle tourne lentement la roue d'un moulin qui fait entendre son monotone tic-tac, seul bruit qui interrompe le silence de cette morne solitude... Une maison bourgeoise de l'aspect le plus triste et un jardin à peu près stérile sont à côté du moulin, dans une atmosphère humide et sur un terrain marécageux.—Tout dans ce lieu porte au spleen : Young aurait aimé ce séjour, et le souvenir d'un événement tragique, arrivé il y a quelques années, ne contribue pas peu à lui donner un aspect funèbre.

Cette propriété appartenait à un M. T***, courtier pour la soie à Lyon, qui vint s'y suicider. Le meunier montre encore aux amateurs le pistolet qui servit à accomplir l'acte fatal, et la chambre où les traces du sang ont à peine disparu. — Comme tout cela est gai ! Quelle agréable exhibition !...

Le propriétaire actuel est un autre Lyonnais, M. J***, qui vient y passer une partie de la belle saison, si toutefois il y a une belle saison au moulin d'Amby. — Je lui souhaite bien du plaisir ; quant à moi, j'aimerais autant habiter un cimetière...

Amby ! encore un domaine des La Poype aux mains d'un Lyonnais !...

Nous gravîmes les rochers opposés à ceux de Brotel, et arrivâmes sur un plateau désert, à l'extrémité d'un promontoire dont la pointe et les à-côtés sont coupés à angle droit.

Ce promontoire, appelé par les habitants du pays *Dossier d'Hières* ou *Dent d'Hières*, appartient à la chaîne de petites montagnes qui se prolongent de

Crémieu à Vertrieux, et dans les flancs desquelles la nature a creusé la grotte de la Balme, à une lieue plus au nord.

Il domine le cours du Rhône ainsi que la grande plaine de Ponchéry, et défend l'entrée de la gorge de Brotel et le village d'Hières assis à ses pieds. Partout des ravins et des taillis ; des rochers ressemblant à des murailles et à des tours gigantesques en rendent l'accès difficile. Certaines parties bossuées et des ruines indescriptibles sur lesquelles la végétation est plus sèche qu'ailleurs, une ligne régulière où le terrain, un peu en relief, marque encore la direction des remparts, font que l'œil peut néanmoins y reconnaître l'emplacement de l'ancienne ville de Larina....

Les Gaulois, les Romains et les Sarrasins l'occupèrent successivement ; mais le souvenir de ces derniers a seul survécu dans le pays.

La tradition raconte que les chrétiens des environs eurent recours à la ruse pour reprendre sur les Sarrasins cette position contre laquelle ils avaient fait maintes attaques infructueuses.

Au sein des ténèbres d'une nuit d'orage, ils conduisirent au pied et sur le flanc du rocher qui regarde Hières, des chèvres aux cornes desquelles ils avaient attaché des lanternes. Les Sarrasins accoururent sur le rempart pour chercher à se rendre compte de ces lueurs inusitées qui couraient dans tous les sens, sans aucun moteur visible. Profitant de l'étonnement de leurs ennemis, les chrétiens abordèrent à l'improviste le rocher et les remparts qui avaient été dégarnis de soldats ; ils se ruèrent sur les Sarrasins, dont il firent un grand carnage, et se rendirent ainsi maîtres de la ville.

Le lecteur n'est pas tenu d'ajouter une foi entière à cette tradition ; mais ce qui est plus authentique, c'est que pendant longtemps les villageois ont allumé de grands feux sur cette montagne, peut-être en mémoire de cet événement. Il existe même encore sur le plateau le *creux des Morts* et le *creux des Brandons,* probablement nommés ainsi de ce qu'ils servirent à l'incinération ou à l'inhumation des Sarrasins tués pendant le combat. De nos jours, on a érigé sur l'extrême pointe du promontoire une statue de la Vierge, supportée par quatre colonnes entre lesquelles est placé un fanal, espèce de lanterne que l'on allume toutes les nuits, sans doute en souvenir de cette victoire...

C'est au milieu de ces ruines, kromleck gaulois, castrum romain et forteresse sarrasine, que le savant géographe Cassini s'était établi pendant quelque temps lorsqu'il leva la carte géographique de France.

Après avoir examiné en tous sens le terrain sous lequel est enfouie cette ville, et admiré le point de vue qui se déroule au regard, nous passons près d'une source, *Source des Sarrasins*, abritée dans le rocher par une voûte grossièrement construite, et nous rentrons à la cure de Saint-Baudile. Nous y passons l'après-midi à jouer aux boules et à déguster le petit vin blnac du crû.

Les jours suivants, nous parcourûmes les rives du Rhône et les Carrières; nous visitâmes le castel à moitié ruiné de Connilieu, construit par un comte de Tournon, fils naturel, dit-on, de Louis XV, castel témoin des fêtes scandaleuses que ce bâtard y donnait pour ses maîtresses et pour ses favoris. Nous donnâmes enfin le baiser d'adieu à M. le curé B*** et à M. l'abbé G***, et nous partîmes attristés de quitter d'aussi bons amis.

Après deux heures de marche, traversant Vercieu, le Vernet, Chapieux et quelques autres hameaux, nous arrivâmes dans la vallée d'Optevoz *(Optima vallis* ou *locus optivus).*

Cette vallée où les Romains séjournèrent longtemps recèle dans ses champs des médailles, des débris d'armes, des ustensiles domestiques de différentes sortes et de nombreux vestiges romains. Le Musée de Lyon a recueilli quelques-unes de ses antiquités.

Ce lieu était admirablement choisi pour l'établissement d'un camp retranché. De la plaine, deux côtés seulement y donnaient accès : au midi, la gorge de Saint-Jullin, commandée par la colline de Saint-Laurent, à Crémieu; au couchant, la gorge d'Amby, près du village d'Hières, fermée par l'ancien castrum de Larina et par celui de Brotel. Outre ces deux défilés et sur un espace de trois lieues, les rochers intermédiaires, sauf quelques mauvais sentiers, ne présentaient aucun point accessible. Du côté du nord et du côté du levant, des bois, des ravins et d'autres obstacles naturels ajoutaient encore à la défense.

Un peu au-delà d'Optevoz, nous voyons en passant, le Grand-Molard, le Petit-Molard, le solitaire étang de Gilieux, le village de Siccieu, les étangs de la Sizette, les bois et le château de Saint-Jullin, l'étang de Riz, et enfin Crémieu, où nous arrivons vers le milieu de la journée.

Dans la soirée du même jour, nous étions de retour à Lyon, l'esprit vivement impressionné des souvenirs enchanteurs qu'y avaient gravés nos excursions dans les campagnes du Dauphiné, de cette belle province si peu connue des touristes, et cependant, — nous ne cesserons de le répéter, — plus digne que bien d'autres d'exciter la curiosité.

Arrivé à la fin de mon travail, je ne saurais trop exprimer ma reconnaissance à mes souscripteurs dont le concours bienveillant m'a permis de le livrer à la publicité.

Heureux si j'ai réussi à réveiller de doux souvenirs dans l'esprit de ceux qui connaissent déjà les lieux que j'ai décrits ; heureux surtout si j'ai pu faire naître chez ceux qui ne les connaissent pas le désir de visiter ces mêmes lieux, et de leur servir de *cicerone* dans ces excursions à travers le Dauphiné.

FIN.

TABLE DES MATIÈRES.

PREMIÈRE PARTIE.

                                                Pages

I. — Départ de Lyon. — Arrivée à Grenoble. — Sassenage. — La fée Mélusine. — Mme l'Etudiante 5

II. — Le Sapey. — Arrivée au couvent de la Grande-Chartreuse. — Négociations pour y entrer 18

III. — Le Désert. — Coup-d'œil historique sur la Grande-Chartreuse 30

IV. — Fiez-vous aux récits d'un romancier !... — Intérieur de la Grande-Chartreuse. — Revenons à nos quatre voyageurs. . . 38

V. — Bizarre rencontre : un dessinateur en capuchon. — Détails d'intérieur. — Duchesse et actrice. 52

VI. — Ascension du Grand-Som. — Les Bergeries de Bovinant. — Le Saut-du-Chartreux 71

VII. — Nouveaux Schababaham. — Frère Jean-Marie et M. Rahoult. 84

VIII. — Le Pont-Péran. — Fourvoirie. — Saint-Laurent-du-Pont. 90

IX. — La procession de la Fête-Dieu en Savoie. — La Percée des Echelles 101

Pages.

X. — Chambéry. — Le conseiller Bonneau et le milord Lyonnais.
— Aix-les-Bains.................................. 115

XI. — Autour du lac du Bourget. — Les moines de Haute-Combe
et les lapins blancs de Saint-Innocent. — La dent du Chat. . 128

XII. — Retour d'Aix à Lyon par les bateaux à vapeur du Rhône. 145

DEUXIÈME PARTIE.

I. — Entrée en campagne. — Beauvoir ; souvenirs historiques. —
Pont-en-Royans. — Les Goulets.................... 157

II. — Monsieur l'Abbé et Zénobie. — Le Saut-du-Moine. — Vizille.
— Une noce villageoise........................... 185

III. — L'Oisans. — Le grand déluge. — Vénose. — Une saison
pour les amours. — Les Montagnards émigrants 194

IV. — Le Clapier. — Les Sources-Bénites et le Pont-Maudit. — La
Bérarde. — Le lac de Lauvité...................... 207

V. — La gorge des Infernets. — Le Lautaret. — Bonne fortune.
— La Combe de Gavet. — Uriage 221

VI. — Un vieil ami. — Voreppe. — Les Bergers provençaux. —
Monsieur le Docteur.............................. 248

VII. — Saint-Laurent-du-Pont. — Mascarille et Jodelet. — C'est
chââmant!... c'est chââmant!...................... 260

VIII. — Encore la Grande-Chartreuse. — Les cinq parties du
du monde. — Un muletier qui n'a pas de chance....... 274

IX. — Le col du Pas de-Fer. — Un monsieur qui sort par la fenêtre
et rentre par la porte. — La vallée du Graisivaudan. — Mort
aux Anglais !.................................... 291

X. — Allevard. — Un Mécène au fourneau et le *petit bourgeois* de
M. Guindrand. — La Ferrière..................... 300

XI. — Une cascade qui a deux noms. — Nos voisins cornus. — Les
Sept-Laux....................................... 322

DES MATIÈRES.

XII. — La Chartreuse de Saint-Hugon. — Le Pont-du-Diable et le Grand-Charnier. — Agréable rencontre. — Retour 337

TROISIÈME PARTIE.

I. — Arrivée à Crémieu. — Précis historique et descriptif sur cette ville. 355

II. — Saint-Jullin et la Fusa. — Conseils à mes compatriotes. — Combat nocturne. — Promenade autour de la ville 367

III. — Montlouviers. — Un gentilhomme de race et un enfant du peuple. — Plaisir et déception. 387

IV. — Souvenirs d'enfance. — Les Marais. — Saint-Chef et Saint-Savin. — Halte-là ! 397

V. — Bourgoin. — Jean-Jacques Rousseau et le sacrifice d'Abraham. — De Bourgoin au Pont-de-Beauvoisin 407

VI. — Le lac d'Aiguebelette. — La gorge de Chailles. — En plein Moyen-Age. — Un douanier français. 417

VII. — Le lac de Paladru et la Chartreuse de Silve-Bénite. — Comment les moines écrivent l'histoire. 429

VIII. — Souvenirs romains. — Ah ! quel plaisir de voyager à pied !.. — Une famille de Bohémiens. — Un vieil ami. 440

IX. — Montalieu et Quirieu. — Les bords du Rhône. — Le défilé de Saint-Alban et la cascade de Glandieu. 448

X. — La Grotte de Notre-Dame de la Balme. — Vertrieux. — La louve enragée de la forêt de Servérin. — Le Sault du Rhône. 459

XI. — Benonce. — Manière économique de déjeûner. — La Chartreuse de Porte. — Une bonne aubaine. 479

XII. — Le château de Brotel. — Dupe et friponne. — Une ville disparue. — Retour à Lyon. 489

www.ingramcontent.com/pod-product-compliance
Lightning Source LLC
Chambersburg PA
CBHW050554230426
43670CB00009B/1126